통치론

돋을새김 푸른책장 시리즈 **028**

통치론

초판 발행 2019년 6월 30일

지은이 | 존 로크
옮긴이 | 권혁
발행인 | 권오현

펴낸곳 | 돋을새김
주소 | 서울시 종로구 이화동 27-2 부광빌딩 402호
전화 | 02-745-1854~5 팩스 | 02-745-1856
홈페이지 | http://blog.naver.com/doduls
전자우편 | doduls@naver.com
등록 | 1997.12.15. 제300-1997-140호

인쇄 | 금강인쇄(주)(031-943-0082)

ISBN 978-89-6167-253-5 (03160)
Copyright ⓒ 2019, 권혁

값 12,000원

돋을새김
푸른책장
시 리 즈

0 2 8

통치론

존 로크 지음 | **권혁** 옮김

돋을새김

* * *

자연 상태에서 모든 인간은
자유와 평등을 누리며 자신의 재산을 보호할 권리가 있다.

존 로크 John Locke(1632~1704)

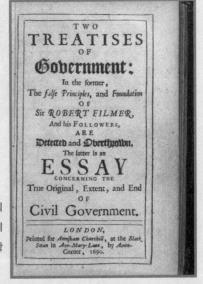

* * *

사냥터의 찰스 1세(1600~1649).
통치권은 신이 부여한 불가침의 권위라고 주장하는 왕권신수설을 고수하며 재임 기간 동
안 10년도 넘게 의회도 소집하지 않고 잉글랜드를 통치했다. 민중의 삶에는 관심이 없었
던 그는 결국 시민들에 의해 처형을 당하는 최초의 군주가 되었다(1649년).

***

잉글랜드 내전(1640~1660).
국왕 찰스 1세를 옹호하는 왕당파와 그에 반대하는 의회파 간의 갈
등으로 시작되었다. 올리버 크롬웰의 등장으로 의회파가 승리했다.

***

영국의 의회는 17세기 명예혁명과 권
리장전을 정점으로 의회민주주의 제
도를 개척했다. 존 로크의 《통치론》
은 절대왕권을 반대하고 명예혁명의
정당성을 이론적으로 뒷받침했다.

* * *

미국의 독립선언문를 작성하고 있는 프랭클린, 애덤스, 제퍼슨(위)과 1776년에 발표된 독립선언문(아래).
'모든 사람은 평등하게 태어났으며, 창조주에 의해 결코 양도할 수 없는 권리, 즉 생명, 자유, 행복 추구를 부여받았다.'라는 문장은 여러 학자들에 의해 존 로크의 영향을 받은 것으로 평가된다.

차 례 content

일러두기

1. 이 책은 Second Treatise of Government의 1764년 판본을 원본 텍스트로 했다.

2. 이 책의 본문에 인용된 성서는 대한성서공회의 번역을 따랐다.

제1장

시민 정부의 올바른 기원과 범위 그리고 목적에 관한 시론

AN ESSAY CONCERNING THE TRUE ORIGINAL, EXTENT AND END OF CIVIL GOVERNMENT

1. 앞선 논문(《통치론》은 2개의 논문으로 구성되어 있다.)에서 다음과 같이 증명되었다.

i. 아담에게는 아버지로서의 자연권에 의해서나 신의 명확한 증 여에 의해서도, 현재 주장되고 있는 것처럼 자식들에게 행사 할 수 있는 그런 권위나 세상을 지배할 권한도 없다.

ii. 만약 그에게 그런 권위나 지배권이 있다 해도, 그의 상속자 들에게는 그것에 대한 권리가 전혀 없다.

iii. 만약 그의 상속자들에게 권리가 있다 해도, 제기될 수 있는 모든 주장들에 있어, 누가 정당한 상속자인지를 결정할 자연 법이나 명확한 신법도 없으므로 상속의 권리와 그 결과로서 얻게 될 통치권은 명확하게 결정될 수 없다.

iv. 비록 그러한 것이 결정되었다 할지라도 아담의 자손들 중에서 누가 장자(長子)의 혈통인지에 대한 지식은 너무 오래 전에 사라졌으므로 인류의 종족들과 세상의 가문들 중에서 장자의 집안이므로 남들보다 우선하여 상속권을 가져야 한다는 최소한의 구실도 남아 있지 않다.

이러한 모든 전제들이 명확하게 밝혀졌다고 생각하므로, 현재 지상의 통치자들이 모든 권력의 원천이라고 여겨온 아담의 사적인 지배권과 아버지로서의 권한으로부터 어떤 이득을 취하거나 최소한의 권위를 이끌어내는 것은 불가능하다.

그러므로 세상의 모든 통치권은 단지 힘과 폭력의 산물이며 인간은 오직 가장 힘센 자가 지배하는 야수의 법칙에 의해서만 어울려 살기 때문에 끊임없는 무질서와 불행, 소요, 선동 그리고 반란(기존의 가설을 추종하는 사람들이 떠들썩하게 반대하는 일들)의 근거가 된다고 생각하지 않는 사람이라면, 로버트 필머 경(Robert Filmer 1588~1653: 왕권신수설을 주장한 영국의 사상가)이 우리에게 가르쳐주었던 것과는 다른 통치권의 발생과 정치권력의 기원 그리고 그것을 소유할 인격을 구상하고 구별할 다른 방법을 당연히 찾아내야만 한다.

2. 이런 목적을 위해 내가 무엇을 정치권력이라고 이해하는지 밝혀두는 것이 적절하리라 생각한다. 신민에 대한 위정자(Magistrate)의 권력은 자식에 대한 아버지(Father)의 권력, 하인에 대한 주인(Master)의 권력, 아내에 대한 남편(Husband)의 권력, 노예에 대한 소유주(Lord)의 권력과 구분될 것이다. 이처럼 구별되는 권력들이 동시에 동일한 사람에게 있는 경우, 만약 서로 다른 이해관계에 따라 고려해본다면 이러한 권력들을 재산으로부터 생긴 권력인지 한 가족의 아버지 그리고 갤리선의 선장이 가진 권력인지를 구별하는 데 도움이 될 것이다.

3. 그렇다면 정치권력(Political Power)이란 재산을 규정하고 보호하기 위해 사형과 그 이하의 모든 형벌에 대한 법을 제정하는 권리이며, 그러한 법을 집행하고 외국의 위해로부터 국가를 지키기 위해 공동체의 무력을 사용하는 권리이다. 그리고 이 모든 권리는 오직 공공의 이익만을 위한 것이다.

제2장

자연 상태에 대하여 OF THE STATE OF NATURE

4. 정치권력을 올바르게 이해하고, 그 기원으로부터 추론하기 위해 우리는 모든 인간이 자연적으로 처해 있는 상태를 검토해보아야만 한다. 자연적인 인간의 상태는 자연법의 범위 내에서 허락을 구하거나 다른 누구의 뜻에 의존하지 않고 스스로 적합하다고 생각하는 바에 따라 자신의 행동을 규율하고 자신의 소유물과 인신을 처분할 수 있는 완전한 자유의 상태이다.

또한 평등의 상태이기도 하며, 여기에서는 모든 권력과 권한이 호혜적이어서 남들보다 더 많이 차지하는 사람은 없다. 동일한 종류와 계층의 피조물은 자연의 동일한 혜택 그리고 동일한 능력의 사용을 위해 차별 없이 태어났다는 것이 분명하다. 그러므로 그들의 주인이자 지배자가 자신의 의지를 명시적으로 표명하는 것에 의해 누군가를 남보다 높은 곳에 배치하고, 분명하고 명백한 지정에 의해 확실한 지배권과 주권을 그에게 수여하지 않는 한 복종하거나 종속되지 않고 서로 간에 평등해야만 한다.

5. 현명한 후커(Richard Hooker 1554~1600: 16세기 영국의 신학자. 헨리 8세의 영국 국교회를 옹호했다.)는 타고난 인간의 평등 그 자체를 지극히 명백한 것으로 보았으며 인간들 사이에 서로를 사랑해야 할 의무의 토대로 삼았다. 그 토대 위에 인간이 서로에게 가져야 할 의무들을 확립하고, 그것으로부터 정의와 자비에 관한 위대한 금언을 이끌어냈다. 그는 이렇게 말한다.

비슷한 자연적인 동기(動機)는 사람들을 자기 자신들만큼이나 타인을 사랑하는 것도 의무라는 사실을 이해하게 했다. 평등하다는 것을 알아차리기 위해서는 모두가 동일한 기준을 가져야 할 필요가 있기 때문이다. 만약 내가 누구나 스스로에게 바랄 수 있는 것만큼 모든 사람들로부터 좋은 것을 받고 싶다면, 똑같은 본성을 지닌 다른 사람들도 분명히 갖고 있는 비슷한 욕망을 충족시키는 데 조심하지 않으면서 어떻게 나의 욕망을 조금이라도 충족시키겠다고 기대할 수 있을까?

이런 욕망과 반대되는 것을 그들에게 제공하면 반드시 모든 면에서 나만큼이나 그들을 슬프게 만들게 된다. 그러므로 만약 내가 해를 끼친다면 나도 고통받게 될 것이라고 생각해야만 한다. 그들이 나로부터 받은 것보다 더 많은 사랑을 내게 베풀어야만 할 이유는 없다. 그러므로 사실상 나와 평등한 사람들의 사랑을 최대한 많이 받으려는 나의 욕망은 그들에게도 그와 똑같은 사랑을 베풀어야만 한다는 자연적인 의무를 나에게 부과한다. 천부적인 이성은 우리들 자신과 그들 사이의 평등한 관계로부터 몇 가지 규칙과 규범을 인생의 지침으로서 얻어냈으며, 그것을 모르는 사람은 없다.(《교회정치론》제1권)

6. 그러나 비록 이것이 자유의 상태이기는 하지만 방종의 상태는 아니다. 비록 이 상태에 있는 인간은 자신의 인신이나 소유물을 처분할 수 있는 통제받지 않는 자유를 갖고 있지만, 자기 자신을 파괴할 자유는 없으며, 있는 그대로 보존하는 것보다 더 숭고한 용도가 있지 않는 한, 자신이 소유하는 어떠한 피조물도 살해할 자유는 없다.

자연 상태를 지배하는 자연법은 모든 사람에게 적용된다. 바로 그 법인 이성은 그것을 따라야만 하는 전체 인류에게 모든 인간은 평등하고 독립적이므로 다른 사람의 생명, 건강, 자유 또는 소유물을 해칠 수 있는 사람은 아무도 없다고 가르친다.

인간은 모두 전능하며 한없이 지혜로운 조물주의 작품이며, 모두가 탁월한 주인의 하인들로서 그의 명령에 의해 그의 사업을 위해 세상에 보내졌기 때문이다.

그들은 신의 재산이며, 신의 작품인 그들은 서로의 뜻이 아닌 신의 뜻에 따라 살도록 만들어졌다. 그리고 비슷한 재능을 부여받았으며 모두 하나의 자연공동체를 공유하므로, 열등한 피조물들이 우리를 위해 만들어졌듯이, 마치 우리도 서로의 이익을 위해 만들어진 것처럼, 서로를 죽일 수도 있는 권한을 갖는 그런 종속 관계를 우리들 사이에서는 전혀 생각할 수 없다.

모든 사람이 스스로를 지켜야 하고 고의로 자신의 지위를 포기해서는 안 되듯이, 그와 비슷한 이유로, 자신을 보호하기 위해 다투고 있지 않을 때에는 최대한 다른 사람들을 지켜야 하며 범죄자를 처벌하는 것이 아니라면 다른 사람의 생명을 빼앗거나 해쳐서는 안 된다. 또한 타인의 생명, 자유, 건강, 신체 또는 재물의 보호에 이바지하는 것을 빼앗거나 해쳐서도 안 된다.

7. 그리고 타인의 권리를 침해하거나, 서로를 해치는 일은 누구에게나 금지될 것이다. 모든 사람의 평화와 보호를 꾀하는 자연법은 지켜져야 하며 그런 상태에서 자연법의 집행은 모든 사람의 손에 맡겨진다. 그로 인해 모든 사람은 자연법의 침해를 막을 수 있을 정도까지 자연법의 위반자를 처벌할 권리를 갖고 있다. 인간과 관련된 이 세상의 다른 모든 법들이 그렇듯이, 만약 자연

상태에서 그 법을 집행할 권력을 갖고 그 권력에 의해 결백한 사람을 보호하고 범죄자를 제지할 사람이 없다면 무용한 것이 되고 말 것이기 때문이다. 그리고 만약 자연 상태에서 누군가가 다른 사람이 저지른 해악을 처벌할 수 있다면, 모든 사람이 그렇게 할 수 있을 것이다. 태어날 때부터 다른 사람을 능가하는 우월성이나 지배력이 전혀 없는 완전한 평등의 상태에서 누구라도 그 법을 집행할 수 있다면, 모든 사람이 그것을 집행할 권리를 반드시 가져야만 하기 때문이다.

8. 그러므로 자연 상태에서 다른 사람보다 뛰어난 권력을 가진 사람이 나타나게 되지만, 그 권력은 범죄자를 붙잡았을 때 격정적인 감정에 따르거나 그 자신의 의지를 과도하게 무제한적으로 사용할 수 있는 절대적이거나 독단적인 권력은 아니다. 오직 냉정한 이성과 양심의 한도 내에서 범죄자의 침해 행위의 정도에 비례하여 되갚을 수 있는, 배상과 억제를 위해 필요한 정도의 권력이다. 이 두 가지가 어느 한 사람이 합법적으로 타인에게 위해를 가할 수 있는 유일한 이유이기 때문이며, 우리는 이것을 처벌이라고 부른다.

자연법을 위반하는 것은 신이 상호간의 안전을 위해 인간의 행위들에 부과해놓은 척도인 이성과 공통된 형평이 아닌 다른 규칙에 따라 살겠다고 범죄자 스스로가 선언한 것이다.

그러므로 그는 인류에게 위협이 되며 인류를 위해와 폭력으로부터 보호해주기 위한 연결망은 그에 의해 무시되고 파기된다. 그것은 인류 전체 그리고 자연법에 의해 제공된 평화와 안전을 침해하는 것이므로, 누구든 이런 이유로 전체 인류를 보호해야 할 권리에 의해 그들에게 해를 끼치는 일들을 제지해야 하고 필요하다면 소멸시킬 수 있다. 그리하여 그 법을 어긴 사람에게 위해를 가하여 그런 행위를 후회하도록 만들고 그것에 의해 그는 물론 그의 예를 통해 다른 사람들도 그와 비슷한 위해를 끼치지 못하도록 예방하려는 것이다. 그리고 이 경우는 '모든 사람은 범죄자를 처벌하고 자연법의 집행자가 될 권리를 갖는다.'라는 근거에 따른 것이다.

9. 어떤 사람들은 이것을 매우 이상한 견해로 볼 것이 분명하다. 하지만 비난을 하기 전에 군주나 국가가 자신들의 나라에서 범죄를 저지른 외국인을 어떤 권리에 의해 사형시키거나 처벌할 수 있는지에 대해 납득할 만한 설명을 해주기를 바란다. 공표된 의지로부터 부여받은 입법부의 그 어떤 강제력에 의해서도 그들의 법은 분명 외국인에게는 미치지 않는다. 그들의 법은 외국인을 대상으로 한 것도 아닐 뿐더러, 만약 그렇다고 해도 그는 그

법에 귀를 기울일 의무도 없다. 그 국가의 국민들에게 효력을 끼치는 입법부의 권위가 그 외국인에게는 아무런 권한도 없다. 영국과 프랑스 또는 네덜란드에서 법을 제정할 최고의 권력을 가진 자들도 어느 한 인디언의 입장에서는 이 세상의 나머지 사람들처럼 아무런 권위도 없는 사람일 뿐이다.

그러므로 만약 자연법에 의해 그것을 어긴 사람에게 그 사건에 요구되는 냉정한 판단에 따라 벌을 줄 권력이 없다면, 어떻게 어느 한 나라의 위정자가 다른 나라의 사람을 처벌할 수 있는지 이해할 수 없다. 그 외국인에 대하여 그들은 모든 사람이 타인에 대해 자연적으로 가질 수 있는 것 이상의 권리를 가질 수 없기 때문이다.

10. 게다가 범죄는 법을 어기고 올바른 이성의 법칙으로부터 벗어나는 것에 의해 이루어지며, 그로 인해 한 사람이 타락하게 되어 스스로 인간 본래의 원칙들을 포기하고 해로운 피조물이 될 것이라 선언하는 것이다. 범죄는 일반적으로 어떤 사람이거나 다른 사람에게 위해를 가하는 것으로, 누군가가 그의 위반행위에 의해 피해를 입게 된다. 이 경우에 일정한 피해를 입은 사람은 자신과 다른 사람들이 공통으로 갖고 있는 처벌할 권리 외에도 위반행위를 저지른 사람으로부터 배상을 요구할 특별한 권리를 갖

는다. 그리고 그것이 정의롭다고 생각하는 사람 또한 피해를 받은 사람과 협력하여 범죄자로부터 그가 받은 피해에 대한 충분한 보상을 받도록 도울 수 있다.

11. 범죄를 억제하고 유사한 위반을 예방하기 위해 모든 사람에게 속하는 처벌할 권리와 오직 피해를 입은 측에게만 속하는 배상받을 권리라는 뚜렷이 구분되는 이 두 가지 권리들로부터 행정관(치안판사)이 나타나게 되었다. 처벌할 공통의 권리를 갖고 있는 행정관은 종종 공공의 이익이 법의 집행을 요구하지 않는 경우 범죄 행위에 대한 처벌을 자신의 권한으로 면제할 수 있다. 그러나 피해를 입은 어떤 개인에게 응당히 치러져야 할 손해에 대한 보상을 면제할 수는 없다.

피해를 입은 사람은 자기 혼자 보상을 요구할 권리가 있으므로 오직 그만이 면제할 수 있다. 피해를 입은 사람은 자기 보호의 권리에 의해 범죄자의 재물이거나 봉사를 자신에게만 충당할 권리가 있는 것이다.

전 인류의 보호를 위한 권리에 의해 모든 사람이 범죄를 처벌하고 재발을 막을 수 있는 권력 그리고 그 목적을 위해 합당한 모든 일들을 할 수 있는 권력을 가지고 있는 것과 같다.

그러므로 자연 상태에 있는 모든 사람은 살인자를 죽일 권력을 갖고 있다. 모든 사람이 수행하는 처벌의 본보기에 의해 어떤 보상으로도 상쇄할 수 없는 그와 비슷한 침해를 저지르지 못하도록 막고 또한 인간을 범죄자의 공격으로부터 보호하기 위한 것이다. 범죄자는 신이 인류에게 준 공동의 규칙과 기준인 이성을 포기하고 어떤 사람에게 부당한 폭력과 살인을 저지르는 것으로 전 인류에게 전쟁을 선포하는 것이다. 그러므로 사자나 호랑이처럼 살해될 수 있다.

인간은 그처럼 잔혹한 야수들과는 사회를 이룰 수도, 안전을 보장할 수도 없다. "누구든지 사람은 죽인 자는 죽임을 당할 것이다."(창세기 9장 6절)이라는 위대한 자연법은 이것에 근거하고 있다. 그리고 모든 사람이 그러한 범죄자를 살해할 권리가 있다고 너무 확신했던 카인은 자신의 동생(아벨)을 살해한 후에 "저를 만나는 사람마다 저를 죽이려고 할 것입니다."(창세기 4장 14절) 라고 외쳤다. 모든 인류의 가슴속에 그처럼 분명하게 새겨져 있었던 것이다.

12. 동일한 이유로 자연 상태에 있는 인간은 경미한 법의 침해도 처벌할 수 있다. '사형으로 처벌할 수 있는가?'라고 물어볼 수도 있을 것이다. 나는 각각의 범죄 행위는 범죄자에게 불리한 조건이 되기에 충분할 정도로 가혹하게 처벌하여 그가 후회하도록

만들고 다른 사람들이 그와 유사한 범죄를 저지르는 것을 두려워하게 만들 정도로 처벌되어야 한다고 대답할 것이다.

자연 상태에서 저질러질 수 있는 모든 범죄 역시 국가에서 처벌되는 것과 마찬가지로 자연 상태에서도 동등하게 처벌될 수 있다. 비록 여기에서 자연법의 상세한 내용이나 처벌의 기준까지 깊이 파고드는 것은 현재의 목적을 벗어나는 것이지만 그러한 법이 있다는 것은 확실하며, 그 법 역시 합리적인 피조물과 그 법의 연구자에게는 국가의 명확한 법률만큼이나 이해하기 쉽고 명백하다.

아니, 오히려 더 명백한 것일 수도 있다. 말로 표현된 상반되고 숨겨진 이해관계를 따르는 인간의 변덕스러운 생각이나 얽히고설킨 계략보다 이성이 사실상 이해하기 더 쉽다. 여러 국가들의 갖추고 있는 대부분의 국내법들이 실제로 그렇기 때문이다. 그 법들은 오직 자연법에 근거하는 경우에만 정당하며, 자연법에 의해 규정되고 해석된다.

13. 자연 상태에서 모든 사람이 자연법을 집행할 권력을 갖고 있다는, 이런 생소한 견해에 대해 분명 다음과 같은 반론이 제기될 것이다. 즉, 사람들이 자기 자신과 관련된 사건에서 재판관이 되는 것은 비합리적이며, 이기심은 자기 자신은 물론 자신의 친

구들에게도 편파적이 되도록 만들게 된다는 것이다.

　다른 한편으로 악한 성품, 열망과 복수심이 다른 사람들을 너무 심하게 처벌하도록 만들게 된다는 것이다. 그로 인해 오직 혼란과 무질서가 뒤따르게 되므로 인간의 편파성과 폭력성을 억제하기 위해 분명히 신이 정부를 정했다는 것이다. 나는 시민정부가 자연 상태의 불편부당한 일들에 대한 적절한 치료책이라는 것을 기꺼이 인정한다. 인간이 자기 자신의 사건에서 재판관이 될 수 있다면 자연 상태의 불편부당함은 분명 심하게 나타날 것이다. 자신의 형제에게 피해를 입힐 정도로 불공평한 사람이라면 자신에게 유죄를 내릴 만큼 공정하지는 않을 것이라는 점은 쉽사리 예상할 수 있기 때문이다.

　그러나 나는 이런 반론을 제기하는 사람들이 절대군주들도 인간일 뿐이라는 사실을 기억하기를 바란다. 만약 인간들이 자신의 사건에서 재판관이 되는 것으로부터 필연적으로 수반되는 폐단들을 정부가 방지할 수 있으므로 자연 상태는 지속되지 않을 것이라면, 대체 그것이 어떤 종류의 정부이며, 자연 상태보다 얼마나 더 좋다는 것인지 알고 싶다.

　어느 한 사람이 다수를 지휘하면서 자기 자신의 사건에서 재판관이 될 자유를 갖고 있고, 자신이 원하는 일이라면 모든 신민들에게 시킬 수 있으며, 자기 뜻대로 집행하는 것에 대해 어느 누구도 문제를 제기하거나 통제할 수 있는 최소한의 자유마저 갖지 못하는 곳이 더 좋다는 것일까? 그리고 그의 행동이 이성이나 착오 혹은 울분에 의한 것이라도 상관없이 복종해야만 하는 것이 더 좋다는 것일까? 타인의 불공정한 의지에 복종하지 않아도 되며 재판을 하는 사람이 자기 자신이거나 타인과 관련된 사건에서 잘못된 판결을 내린다면 그것에 대해 다른 모든 사람들에게 책임을 져야 하는 자연 상태보다 훨씬 더 좋다는 것인지 알고 싶다.

14. 도대체 어느 곳에서 어떤 인간이 그런 자연 상태에 있었다는 것인가?라는 질문이 종종 강력한 반론으로서 제기되곤 한다. 그것에 대해 현재는 다음과 같은 답변으로 충분할 것이다. '전 세계에 걸쳐 독립된 정부의 모든 군주와 통치자들은 자연 상태에 있기 때문에, 그런 상태에 있는 인간 구성원들이 없는 세상은 과거에도 없었고 앞으로도 결코 없을 것은 분명하다.'
나는 다른 통치자들과 동맹관계에 있든 그렇지 않든 상관없이 독립된 공동체의 모든 통치자라고 지칭했다. 모든 협약이 아니라 오직 서로 간에 하나의 공동체에 들어가기로 합의하여 하나의 정치체제를 만드는 협약만이 인간들 사이의 자연 상태를 끝내기 때문이다. 다른 사람들과 그 밖의 약정과 협약을 맺는다 해도 사람들은 여전히 자연 상태에 있는 것이다. 따라서 가르실라소 데 라

베가(1539~1616: 에스파냐의 군인, 역사가)가 자신의 페루 역사책에서 언급했듯이, 무인도에서 그 두 사람이 맺은 교역을 위한 약정이나 거래 또는 아메리카의 숲 속에서 스위스인과 원주민이 맺은 약정은 그들을 구속한다. 그럼에도 불구하고 그들은 서로에 대해 완벽한 자연 상태에 있는 것이다. 진실과 약속을 지키는 것은 사회의 구성원이 아닌 인간으로서 마땅한 일이기 때문이다.

15. 그 어떤 인간도 자연 상태에 있었던 적이 없었다는 주장에 대해 나는 단순하게 현명한 후커의 권위를 내세워 반박하지는 않겠다. 그는 《교회정치론》 제1권 10장에서 이렇게 말한다.

지금까지 언급된 법들 즉, 자연법은 인간들을 확고하게 구속한다. 비록 그들이 일정한 단체를 결성하거나 해야 할 일과 하지 않을 일들을 그들 사이에서 진지하게 합의하지 않았다 해도 인간이라는 것으로 그들을 확고하게 구속한다. 그러나 우리는 독립적으로 우리의 본성이 욕망하는 삶, 인간의 존엄성에 부합하는 삶에 필요한 물품들을 충분히 공급하지 못하기 때문에, 자신의 힘만으로 혼자 사는데 있어 부족하고 불완전한 것을 보완하기 위해 자연스럽게 다른 사람들과 함께 하고 단체를 맺으려 하게 된다. 이것이 인간들이 정치적인 사회를 결성하게 되는 첫 번째 원인이다.

그러나 나는 모든 인간이 당연히 자연 상태에 있으며, 그들이 일정한 정치사회의 구성원이 되겠다고 스스로 동의할 때까지는 그 상태에 남아 있을 것이라고 확언한다. 그리고 이 논문의 결론에서 그것은 더욱 명확하게 밝혀질 것이다.

제3장

전쟁 상태에 대하여 OF THE STATE OF WAR

16. 전쟁 상태는 적의와 파괴의 상태이다. 그러므로 격렬하고 조급한 말이나 행동이 아니라 진지하고 확고한 계획으로 다른 사람의 생명을 빼앗겠다고 선언하는 것으로, 그러한 의도를 선언한 상대방과 맞서는 전쟁 상태에 놓이게 된다. 그렇게 하여 자신의 생명을 상대방이거나 그를 지키는데 참여하거나 그의 주장을 지지하는 사람들에게 빼앗길 수 있는 힘 앞에 노출시키는 것이다.

나를 살해하겠다는 협박을 소멸시킬 권리를 가져야만 한다는 것은 합리적이며 정당하다. 기본적인 자연법에 의해 인간은 최대한 보호받아야 하며, 모두가 보호받을 수 없을 때 무구한 사람들의 안전이 우선되어야 하기 때문이다. 늑대나 사자를 죽일 수 있는 것과 똑같은 이유로 자신을 죽이려 하거나 자신의 존재에 대해 적의를 보이는 자는 살해할 수 있다. 그런 사람들은 공통적인 이성의 법에 얽매이지 않으며, 오직 힘과 폭력 외의 다른 규칙은 갖고 있지 않기 때문에 위험하고 언제든 자신들의 손아귀에 빠진 인간을 살해할 것이 분명한 맹수처럼 취급해도 된다.

17. 그러므로 다른 사람을 자신의 절대적인 권력 내에 놓아두려고 시도하는 자는 스스로를 그와의 전쟁 상태에 놓이게 하는 것이다. 이것은 그의 생명을 빼앗겠다는 의도를 선언한 것으로 이해되어야 한다. 나의 동의 없이 나를 지배하려는 사람은 나를 자신의 뜻대로 부리려고 할 것이며 그럴 의향이 생길 때면 나를 죽일 수도 있다고 결론을 내릴 이유가 있기 때문이다.

나의 자유권에 반하는 것을 강요하는 것 즉 나를 노예로 만들려는 것이 아니라면 나를 자신의 절대적인 권력 하에 놓기를 원할 수 있는 사람은 아무도 없기 때문이다. 그런 강요로부터 벗어나는 것은 나를 보호하기 위한 유일한 방어책이며, 나의 이성은 그를 나를 보호해줄 울타리인 자유를 빼앗아갈 적으로써 간주할 것을 명한다. 그러므로 나를 노예로 삼으려 시도하는 사람은 스스로를 나와 전쟁 상태로 놓아두는 것이다.

자연 상태에서 타인의 자유를 빼앗으려는 사람은 반드시 모든 것을 빼앗아가려는 계획을 갖고 있는 것이라고 가정해야만 한다. 자유는 다른 모든 것의 기반이 되기 때문이다. 사회 상태에서 그 사회나 국가에 소속된 사람들의 자유를 빼앗으려는 사람은 그들로부터 모든 것을 빼앗아가려는 것이라고 생각해야만 하므로 전쟁 상태에 있는 사람으로 보아야 하는 것과 같은 경우이다.

18. 이로써 나를 해치려 하거나 생명을 빼앗으려는 의도를 표명하지 않은 채 단지 무력을 사용하여 돈이거나 자신이 원하는 것을 빼앗으려는 도둑을 죽이는 것은 합법적인 일이 된다.

아무런 권리도 없으면서 무력을 사용하여 나를 자신의 권력 하에 두려는 의도가 명확하기 때문이다. 즉, 나의 자유를 빼앗으려는 자가 나를 자신의 권력 하에 두게 되었을 때 나머지 모든 것을 빼앗지는 않을 것이라고 생각할 이유는 전혀 없는 것이다.

19. 여기에서 자연 상태와 전쟁 상태 사이의 명확한 차이를 알 수 있다. 그 차이를 혼동하는 사람들도 있지만 평화와 선의, 상호 원조 그리고 보호의 상태와 적의, 악의, 폭력, 상호파괴의 상태가 서로 다르듯이 자연 상태와 전쟁 상태는 전혀 다른 것이다.

인간이 그들 사이의 분쟁을 판결해줄 우월한 존재를 공유하지 않으면서 이성에 따라 함께 어울려 사는 것이 올바른 자연 상태이다. 하지만 도움을 요청할 공통의 우월한 존재가 없는 곳에서 타인을 향해 힘을 사용하거나 힘을 사용하겠다는 의도를 공표하는 것은 전쟁의 상태이다. 그런 도움을 요청할 수 없다는 것이 비록 같은 사회의 동료라 할지라도 공격하는 자에게 맞서는 전쟁의 권리를 부여한다.

그러므로 내가 소중하게 여기는 모든 것을 훔쳐간 도둑에 대해 법에 호소하는 것 외에는 위해를 가할 수는 없지만, 그가 나의 말이나 외투를 훔쳐가는 것 외에 나의 생명을 빼앗으려 할 때는 그를 죽일 수 있다.

당면한 무력으로부터 나의 생명을 지키기 위한 법이 개입할 수 없는 곳에서 생명을 잃게 된다면 아무런 보상도 가능하지 않으므로, 나를 보호하기 위해 만들어진 법은 나 자신의 방어와 공격자를 죽일 자유를 허용하기 때문이다. 공격자는 돌이킬 수 없는 해악을 방지하기 위한 공통의 재판관이나 법의 판결에 호소할 시간을 허용하지 않기 때문이다.

권위를 갖춘 공통의 재판관이 없다는 것은 모든 사람을 자연 상태에 처하게 한다. 권리도 없이 한 인간의 인신에 강제력을 행사하는 것은 공통의 재판관이 있는 곳에서나 없는 곳에서나 전쟁 상태를 만들어낸다.

20. 하지만 실질적인 무력의 행사가 끝나면 사회 내에서 그들 사이의 전쟁 상태는 끝나게 되고, 양측 다 동등하게 공정한 법의 결정에 따르게 된다. 그때가 되면 과거의 손해에 대한 호소와 미

래의 위해를 막을 해결책이 열려 있기 때문이다.

하지만 자연 상태에서처럼 확고한 법과 권위를 갖춘 재판권이 없어서 그런 호소를 할 수 없는 곳에서는 전쟁 상태가 다시 시작되고 지속된다. 공격자가 평화를 제안하고 자신이 이미 저지른 과오들을 보상할 수 있는 조건들로 화해를 원하고 미래의 안전을 보장할 때까지 죄가 없는 측에서는 언제든지 상대방을 살해할 권리를 갖는다.

그렇기는 하지만, 법에 호소하고 재판관을 구성할 수 있는 곳에서도 명백하게 정의를 왜곡하고 특정한 사람들이나 집단의 폭력이나 위법행위들을 보호하거나 면책해주기기 위해 노골적으로 법을 곡해하는 것에 의해 해결책이 부정된다면 전쟁 상태 외의 다른 상태를 생각하기는 어렵다.

폭력이 사용되고 피해가 일어나는 곳에서는 비록 정의를 집행하도록 임명된 권력에 의해서도 그것은 여전히 폭력이며 피해인 것이기 때문이다. 법이라는 이름과 명분 혹은 형태를 띤다 해도 법 아래에서는 모두가 법의 공평한 적용에 의해 무고한 자를 보호하고 배상하는 것이 목적인 것이다. 법이 진실하게 집행되지 않는 곳에서 고통 받는 자들은 전쟁에 빠져들고, 보상을 호소할 곳이 없는 그들에게는 그런 경우에 오직 하늘에 호소하는 것 외에는 남아 있는 해결책이 없다.

21. 이러한 전쟁 상태를 피하려는 것이(하늘에 호소하는 수밖에 없으며, 아주 작은 차이도 파국이 되기 쉬우며, 경쟁자들 사이에서 결정을 내려줄 권위 있는 자가 없는 곳에서) 인간들 스스로가 사회에 편입되고 자연 상태를 멈추게 되는 중요한 한 가지 이유가 된다. 세상의 권력을 가진 권위자가 있다면 호소에 의해 구제될 수 있기 때문에 전쟁 상태의 지속은 차단되며 다툼은 그 권력에 의해 결정된다.

이스라엘의 입다와 암몬 백성들 사이에 벌어진 권리 주장을 판정할 수 있는 뛰어난 재판관이나 법정이 있었다면 그들은 결코 전쟁 상태를 맞이하지 않았을 것이다. 하지만 우리는 그가 하늘에 호소할 수밖에 없었다는 것을 알고 있다.

"심판자이신 주님께서 오늘 이스라엘 자손과 암몬 자손 사이를 판가름해 주실 것입니다."(사사기 11장 27절) 그리고 나서 호소를 집행하고 자신의 호소에 의거해 군대를 전장으로 이끌고 나간다.

그러므로 그러한 다툼에서 제기되는 '누가 심판자가 되어야 할까?' 라는 질문은 누가 이 다툼을 판단할 것인가를 의미할 수 없다. 여기에서 입다가 주님이 판단해야 한다고 우리에게 말하고 있다는 것은 모두 다 알고 있다.

이 세상에 재판관이 없을 때, 하늘에 있는 신에게 호소하게 된다. 그렇다면 그 질문은 다른 사람이 나와 전쟁 상태에 들어선 것

인지 아닌지 그리고, 입다가 그랬듯이, 내가 하늘에 호소할지 말
지를 누가 판단할지를 의미하는 것일 수는 없다. 그것에 대해서
는 심판의 날에 모든 인간의 최고의 재판관에게 대답하게 되듯이
나 자신만이 스스로의 양심으로 판단할 수 있다.

| 제4장 |

노예에 대하여 OF SLAVERY

22. 인간의 타고난 자유는 이 세상의 그 어떤 우월한 권력으로부터 자유로운 것이다. 다른 사람의 의지나 입법권의 영향을 받지 않고 오직 자연법만으로 자신을 규정한다. 사회에서 살고 있는 인간의 자유는 국가 안에서 동의에 의해 제정된 입법권의 영향만을 받는다. 또한 그 어떤 의지이거나 법의 제약에 지배되지 않으며 오직 입법부가 위임받은 신탁에 따라 제정한 법에만 지배된다.

그렇다면 자유는 로버트 필머 경이 (《아리스토텔레스에 관한 논평 (1652)》 P.55에서) 말하듯이, 모든 사람이 자신이 하고 싶은 것을 하고, 자신이 원하는 대로 살며 그 어떤 법에도 얽매이지 않을 자유가 아니다.

정부 하에 있는 인간의 자유는 그 사회 내에 설립된 입법권에 의해 제정되고 그 사회의 모든 사람이 공유하며 살아갈 불변의 규칙을 갖는 것이다.

그 규칙을 정하지 않은 곳에서는 모든 일에서 나 자신의 의지에 따를 자유이며 다른 사람의 변덕스럽고, 불확실하며, 알 수 없는 자의적인 의지에 지배되지 않을 자유이다. 자연의 자유가 자연법 외에는 다른 어떤 구속 하에 놓이지 않는 것과 같다.

23. 절대적이며 독단적인 권력으로부터 벗어날 자유는 인간의 보존에 반드시 필요하면서 밀접하게 연결되어 있으므로 자신의 보호와 생명을 동시에 상실하게 만드는 상황 외에는 남에게 내어줄 수 없다.

인간은 자신의 생명에 대한 권력을 갖고 있지 않기 때문에 협정이거나 그 자신의 동의에 의해 다른 누구의 노예도 될 수 없으며 또한 자기 마음대로 자신의 생명을 빼앗도록 타인의 절대적이며 독단적인 권력에 그 자신을 맡길 수 없다.

아무도 자신이 갖고 있는 것보다 더 큰 권력을 내줄 수는 없다. 즉, 자기 자신의 생명을 빼앗을 수 없는 사람이 생명에 대한 또 다른 권력을 내줄 수는 없는 것이다.

게다가, 자신의 과오나 죽어도 될 만한 어떤 행위에 의해 자신의 생명을 상실하게 되었다면, 생명을 빼앗을 수 있게 된 사람은 (그가 자신의 권력 내에 있을 때) 생명을 빼앗는 것을 미루고 자신의 뜻대로 부릴 수 있으며, 그렇게 한다 해도 그 사람은 전혀 위해를 가하는 것이 아니다.

자기 생명의 가치보다 노예 생활의 고통이 더 크다고 생각할 때는 언제든 자기 주인의 뜻을 거스르는 것으로 자신이 원하는 죽음을 스스로 선택할 권력이 있기 때문이다.

24. 이것이 노예 상태의 완벽한 조건으로, 합법적인 정복자와 포로 사이에서 전쟁 상태가 지속되는 것일 뿐이다. 일단 그들 사이에 협정을 맺어 한편은 제한된 권력을 사용하고 다른 한편은 복종하는 것으로 동의한다면 그 협정이 지속되는 한 전쟁 상태와 노예 상태는 중지되기 때문이다. 앞서 말했듯이 그 자신도 갖고 있지 않은 자신의 생명에 대한 권한을 협의에 의해 다른 사람에게 넘겨줄 수는 없기 때문이다.

우리는 다른 민족들뿐만 아니라 유대인들 사이에서도 인간이 스스로를 팔아넘겼다는 것을 알고 있다. 하지만 그것이 노예가 되기 위해서가 아니라 단지 고된 노동을 위한 것이었다는 점은 분명하다. 팔린 사람이 절대적이고 독단적이며 포악한 권력 하에 있지 않았다는 것은 분명하기 때문이다. 주인이 언제든지 그를 죽일 권력을 가질 수는 없었기 때문이다. 일정한 시기가 되면 자유롭게 노역에서 벗어나도록 풀어주어야만 했다. 그런 노예의 주인은 그의 생명에 대한 독단적인 권력을 전혀 갖고 있지 못했으므로 자기 마음대로 상해를 입힐 수도 없을 뿐만 아니라 눈이나 이를 잃게 되면 자유롭게 풀어주어야만 했다.(출애굽기 21장)

| 제5장 |

소유권에 대하여 OF PROPERTY

25. 인간은 한번 태어나면 자신들을 보호할 권리를 갖고 있으며, 그에 따라 자신들의 생존을 위해 자연이 제공하는 고기와 음료 등과 같은 것들에 대한 권리를 갖고 있다고 전하는 천부적인 이성을 검토해보거나, 신이 세상을 만들어 아담과 노아 그리고 그의 자손들에게 양도했다는 이야기를 전해주는 계시를 검토해보면, 다윗 왕이 시편 115장 16절에서 말하듯이, 신이 인간의 자손에게 땅을 주었다는 것, 즉 인류에게 공통적으로 주었다는 것은 지극히 명확하다.

하지만 어떤 사람이 어떻게 하여 어떤 사물에 대한 소유권을 갖게 되었는지를 가정해보는 것을 대단히 어렵게 생각하는 사람들이 있는 것으로 보인다. 다음과 같이 대답하는 것은 나 자신에게도 만족스럽지 않을 것이다. 즉, 만약 신이 이 세상을 아담과 그의 자손들에게 공통으로 주었다는 가정에 근거해 재산권을 이해하는 것이 어렵다면, 신이 이 세상을 아담과, 나머지 모든 자손을 제외한, 그의 직계자손들에게만 주었다는 가정에 근거한다면 한 명의 보편적인 군주 외의 누구라도 소유권을 가져야 한다는 것을 이해하는 것은 불가능하다.

그러나 나는 신이 인류에게 공통으로 준 땅의 개별적인 지역에서 인간이 어떻게 소유권을 갖게 되었는지, 그리고 모든 공유권 소유자들의 명시적인 협정도 없이 인간이 어떻게 소유권을 갖게 되었는지를 증명하도록 노력할 것이다.

26. 이 세상을 인간에게 공통으로 준 신은 인간의 삶에 가장 유리하게 그리고 마음껏 활용하도록 인간에게 이성 역시 주었다. 대지와 그 안에 있는 모든 것은 인간의 생존을 뒷받침하고 안락하게 살도록 그들에게 주어진 것이다.

자연스러운 자연의 작용에 의해 만들어지는 것이므로 자연의 힘으로 대지가 생산해내는 모든 과실과 사육하는 짐승들은 공통으로 인류에게 속한다. 인간이 자연적인 상태에 있는 한, 나머지 인류의 그 어느 누구를 배제하고 처음부터 사적인 지배권을 갖고 있는 사람은 아무도 없다. 하지만 인간이 활용하도록 주어진 것이므로, 어떤 용도이거나 특정한 사람에게 이익이 되도록 활용되기 전에 다양한 방식으로 적절하게 사용할 수단이 반드시 필요하게 된다.

울타리(15~16세기 영국에서 공유지에 울타리를 쳐서 사유지로 만든 인클로우저 운동)에 대해 전혀 모르면서 줄곧 공유지에서 거주하는 미개한 인디언의 먹이가 되는 과일이거나 사슴고기는 그의 삶을 유지하는데 도움이 될 수 있기 전에 그의 것이 되어야만 한다. 다른 사람이 더 이상 그것에 대한 권리를 가질 수 없는 그의 것, 즉 그의 일부가 되어야만 한다.

27. 비록 대지와 열등한 모든 피조물들이 모든 인간들의 공유물이지만 모든 사람은 자신의 ·인신에 대한 소유권을 갖고 있다. 이것에 대해서는 그 자신 외에는 아무도 그 어떤 권리를 갖지 않는다. 그의 몸이 하는 노동과 그의 두 손이 하는 작업은 당연히 그의 것이라 말할 수 있다. 그러고 나서 자연이 제공한 상태로부터 무엇인가를 옮기거나 남겨두고, 노동을 통해 자신이 가진 어떤 것을 결합시키는 것에 의해 자신의 소유권을 만들어낸다.

그에 의해 자연이 정해놓은 공유 상태로부터 벗어나고, 그의 노동에 의해 어떤 것이 부가되는 것으로 다른 사람들이 공유할 권리는 배제된다. 이런 노동은 분명히 노동을 한 자의 소유이므로, 적어도 타인들을 위한 공유물이 충분히 남아 있는 곳에서는, 오직 노동을 결합시킨 그만이 그것에 대한 권리를 가질 수 있기 때문이다.

　28. 숲속의 떡갈나무 밑에서 주운 도토리나 나무에서 따 모은 사과로 영양분을 공급받은 사람은 분명 그것들을 혼자 차지한 것이다. 그런 음식물이 그의 것이라는 사실을 아무도 부인할 수 없다. 그렇다면 그 음식물은 언제 그의 것이 되었을까?를 물어보자. 그가 소화시켰을 때일까? 아니면 그가 먹었을 때일까? 아니면 그가 요리를 했을 때? 아니면 집으로 가져왔을 때일까? 아니면 나무에서 땄을 때일까? 만약 그것들을 처음 모았을 때 그의 것이 되지 않았다면, 그 밖의 다른 행위들은 전혀 성립될 수 없다는 것은 분명하다.

　그런 노동이 그것들과 공유물 사이를 구별 짓는다. 만물 공통의 어머니인 자연이 제공한 것보다 더 많은 무엇인가를 그것들에 추가했던 것이다. 그렇게 하여 그것들은 그의 사적인 권리가 된 것이다. 도토리와 사과를 자기 것으로 만들기 위해 모든 인류의 동의를 얻지 않았기 때문에 그가 그렇게 독차지한 것들에 대한 권리가 전혀 없다고 말할 사람이 있을까? 모든 사람들이 공유하는 것을 그렇게 독점하는 것은 강도 행위일까?

　만약 그러한 동의가 필요했다면, 신이 제공해준 풍족함에도 불구하고 인간은 굶어죽었을 것이다. 우리는 협정에 의해 공유지로 남아 있는 곳에서, 공유하는 어느 부분을 선택하여 자연이 남겨놓은 상태로부터 이동시키는 것으로 소유권이 시작된다는 것을 알고 있다. 그런 일이 없이는 공유물은 아무런 소용도 없다.

그리고 어떤 부분을 취할 것인가는 모든 공유자들의 명확한 동의에 좌우되지 않는다. 그러므로 내가 타인들과 공유할 권리를 가진 어떤 곳에서든, 나의 말이 뜯어먹은 풀과 나의 하인이 떼어온 잔디와 내가 캐온 광석은 다른 사람의 양도나 동의가 없어도 나의 소유물이 된다. 노동은 나의 것이며 공유 상태에 있는 그것들을 이동시키는 것으로 그것들에 대한 나의 재산권은 확립되는 것이다.

29. 공유하도록 주어진 것의 일부분을 혼자 차지하는데 모든 공유자의 명시적인 동의가 필요한 것으로 한다면, 자식들이나 하인들은 그들의 아버지와 주인이 각자에게 특정한 부분을 지정하지 않고 그들에게 공유하도록 제공한 고기를 자를 수 없게 된다. 비록 샘에서 흐르고 있는 물은 모든 사람의 것이지만 주전자에 담긴 물은 오직 그것을 샘에서 길었던 사람의 것이라는 사실을 누가 의심할 수 있을까? 그의 노동이 모든 사람들에게 동등하게 속해 있으며 공유하던 자연의 소유로부터 물을 길어내 혼자 차지하게 된 것이다.

30. 그러므로 이러한 이성의 법이 인디언이 죽인 사슴을 인디언의 것으로 만드는 것이다. 비록 그 전에는 모든 사람의 공통적인 권리였지만 자신의 노동을 부여한 그의 소유물로 허용이 되는 것이다.

그리고 문명화된 인류로 인정받으며 소유권을 결정하기 위해 실정법을 제정하고 늘려왔던 사람들 사이에서는 여전히 이러한 최초의 자연법이 과거에는 공유하던 것들 내에서 발생하는 소유권의 시작으로서 제기된다. 이러한 자연법의 효력에 의해 아직도 인류의 공동재산으로 남아 있는 바다에서 잡은 물고기나 그곳에서 추출해낸 용연향은 자연이 남겨놓은 공유상태로부터 그것을 이동시킨 노동에 의해, 그것을 얻기 위해 수고한 사람의 소유가 된다.

그리고 우리들 사이에서도 누군가 사냥하고 있는 산토끼는 그것을 쫓고 있는 사람의 것이라고 생각한다. 여전히 공유물로 간주되는 동물이고 누군가의 사적인 소유물은 아니지만, 토끼를 찾아내고 잡기 위해 그런 종류의 엄청난 노동을 기울인 사람은 누구든 그것을 통해 토끼를 공유하던 자연 상태로부터 떼어놓아 소유물로 삼기 시작한 것이기 때문이다.

31. 이것에 대해, 만약 땅 위의 도토리나 다른 과일들을 모으

는 것이 그것들에 대한 권리를 만들어준다면, 누구든 갖고 싶은 만큼 최대한 독차지하려 할 것이라는 반론이 제기될 수도 있다. 나는 그렇지 않다고 대답하겠다. 우리에게 이런 수단을 통해 소유권을 부여하는 동일한 자연법이 동시에 그 소유권을 제한하기도 하기 때문이다. "오직 우리에게 모든 것들을 풍성히 주셔서…"(디모데전서 6장 17절)는 신령감응에 의해 확인된 이성의 목소리다. 하지만 신은 우리에게 얼마나 많이 주었던 것일까? 누릴 수 있는 만큼이다.

누구든 그것이 썩기 전에 삶에 일정한 이익이 되도록 활용할 수 있는 만큼, 자신의 노동에 의해 소유를 정할 수 있는 만큼 주었던 것이다. 그것을 뛰어넘는 것이라면 무엇이든 그의 몫보다 더 많은 것이며 다른 사람들의 몫에 속하는 것이다. 인간이 썩히거나 파괴하도록 신이 만든 것은 전혀 없다.

그러므로 이 세상에는 오랫동안 자연의 식량은 풍족했으며 소비하는 자는 적었으며, 한 인간의 근면으로 그 풍족함의 일부를 차지할 수 있는 것은 매우 적어서 다른 사람을 침해할 정도는 될 수 없으며, 특히 이성에 의해 자신의 용도에 맞을 만큼 정해진 한계를 지킨다는 점을 고려할 때 그렇게 확립된 소유권에 대한 싸움이거나 논쟁은 거의 일어날 수 없었다.

32. 그러나 이제는 소유권의 주된 문제가 대지의 과일과 그곳에 사는 짐승들이 아니라 그것들을 수용하고 나머지 모든 것들이 살고 있는 대지 자체가 되었다. 나는 그러한 소유권도 역시 앞선 논의와 마찬가지로 얻어지는 것이 분명하다고 생각한다. 한 인간이 땅을 일구어 씨를 뿌리고 개간하고 재배하여 생산해낸 것을 사용할 수 있을 정도의 땅만큼이 그의 소유인 것이다.

사실, 그는 자신의 노동에 의해 그 땅을 공유지와 구분하는 울타리를 친 것이다. 모든 사람이 그 땅에 대해 동등한 소유권을 가지고 있으므로 동료 공유자들인 인류 전체의 동의 없이는 토지를 독차지하거나 울타리를 칠 수 없다고 말하는 것으로도 그의 권리를 무효화하지는 못할 것이다. 신이 이 세상을 모든 인류에게 공유지로 주었을 때, 인간에게 노동할 것을 명했으며 인간의 궁핍한 조건은 노동을 필요로 했던 것이다.

신과 그의 이성은 그에게 땅을 개간하라고 명령했다. 즉 삶에 도움이 되도록 땅을 일구고 그곳에 그 자신의 것인 무엇인가를 투여할 것을 명령한 것이다. 이러한 신의 명령에 복종하여 땅의 어느 한 부분을 경작하고 씨를 뿌린 사람은 그것을 통해 자신이 소유한 무언가를 그 땅에 추가한 것이다. 다른 사람은 그 땅에 대한 소유권을 주장할 수 없으며, 권리를 침해하지 않고는 그것을 빼앗아 갈 수도 없다.

48

33. 또한 개간에 의해 어느 땅의 일부분을 독점하는 것이 다른 어떤 사람의 권리침해도 되지 않는다. 아직 자기 땅을 갖지 못한 사람이 활용할 수 있는 것보다 더 많은 쓸모 있는 땅이 여전히 충분하게 남아 있기 때문이다. 그러므로 사실상 그 사람이 울타리를 친 것 때문에 다른 사람을 위한 토지가 적게 남아 있는 경우는 절대 없다. 다른 사람이 활용할 수 있을 정도로 충분히 남겨놓은 사람은 아무것도 갖지 않는 것이나 마찬가지이기 때문이다.

비록 아주 많이 마셨다 해도 다른 사람이 물을 마신 것에 의해 권리를 침해받았다고 생각할 수 있는 사람은 아무도 없다. 그의 갈증을 채울 수 있는 똑같은 강물이 온전하게 남아 있기 때문이다. 그리고 두 가지 다 충분히 있는 곳이라면 토지나 물의 경우는 전적으로 동일하다.

34. 신은 인간들에게 이 세상을 공통으로 주었다. 그러나 인간들의 이익과 세상으로부터 이끌어낼 수 있는 최대한의 편의를 위해 준 것이기 때문에 이 세상이 언제나 공유물로 개간되지 않은 채 남아 있어야만 하는 것이 신의 의도라고 생각할 수는 없다. 신은 이 세상을 근면하고 합리적인 인간들이 사용하도록 준 것이지 (그리고 노동이 그것에 대한 자격이다) 시비를 걸고 다투기를 좋아하는 자들의 변덕이나 탐욕을 위해 준 것은 아니다.

이미 다른 사람이 차지한 것만큼이나 개간할 땅이 충분히 남아 있는 사람은 불평할 필요가 없으며 이미 다른 사람의 노동으로 개간된 땅에 간섭해서도 안 된다. 만약 그렇게 한다면 분명 자신에게는 아무런 권리도 없는 타인이 노력해 얻은 이익을 바라는 것이며, 신이 다른 사람들과 노동을 하도록 공동으로 그에게 준 땅을 바라지 않는 것이 된다. 신이 준 땅은 타인이 이미 소유한 것만큼이나 충분히 남아 있으며, 그가 다룰 방법을 알고 있거나 자신의 근면으로 차지할 수 있는 것 이상으로 많이 남아 있다.

35. 화폐를 사용하고 상업을 하는 많은 사람들이 정부의 관리 하에 있는 영국이나 그 밖의 다른 나라들이 공유하는 땅은 다른 모든 동료 공유자들의 동의 없이는 어느 부분에도 울타리를 치거나 독차지할 수 없다는 것은 사실이다. 이것은 협약에 의해, 즉 위반해서는 안 되는 그 나라의 법에 의해 공유지로 남아 있기 때문이다. 그리고 비록 그것이 일정한 사람들에게는 공유지이지만, 모든 인류에게 그런 것은 아니다. 그것은 단지 이 나라 또는 이 교구의 공동재산일 뿐이다.

게다가 그처럼 울타리를 친 후에 남은 땅은 나머지 공유자들 전체가 공유지 전부를 사용할 수 있었을 때만큼 충분하지는 않을 것이다. 반면에 이 세상의 거대한 공유지에 사람들이 처음으로 살기 시작했을 때는 사정이 전혀 달랐다. 인간을 지배했던 법은 오히려 토지의 전유(專有)를 위한 것이었다.

신은 노동을 명령했고, 인간의 궁핍함이 노동을 하지 않을 수 없도록 만들었다. 인간이 노동을 했던 곳은 어디나 빼앗을 수 없는 그의 재산이었다. 그런 이유로 우리가 보고 있는 땅을 개간하거나 경작하는 것 그리고 땅을 지배하는 것은 서로 연관되어 있다. 그 한 가지는 다른 한 가지를 주장할 자격을 부여했다. 그렇게 신은 인간에게 땅을 개간하라는 명령으로 그만큼 독차지할 권한을 부여했다. 그리고 노동과 작업할 물자를 요구하는 인간의 삶의 조건은 필연적으로 사유재산을 받아들이도록 했다.

36. 소유권의 한도는 자연이 인간의 노동의 정도 그리고 삶의 편의에 의해 적절하게 규정한다. 어느 누구의 노동도 모든 것을 정복하거나 독차지할 수는 없다. 또한 인간이 향유하며 소모할 수 있는 것도 아주 적은 부분을 넘어설 수 없다. 그러므로 누구든 이런 방식으로 다른 사람의 권리를 침해하거나 이웃에 피해가 될 정도로 소유권을 확보하는 것은 불가능했다. 그의 이웃은 (타인이 그의 것을 차지한 후에도) 여전히 그가 차지하기 전만큼이나 충분하고 넓게 소유할 수 있는 여지가 있을 것이다.

이러한 한도는 모든 인간의 소유를 다른 누구에게도 손해를 끼치지 않고 자신이 혼자 차지할 수 있는 만큼으로 매우 적절하게 제한했다. 이 세상의 최초의 시기에 인간들은 경작할 땅이 부족하여 궁핍에 빠지기보다 집단에서 벗어나 당시의 광대한 황야에서 방황하다 목숨을 잃어버릴 위험이 더 컸다.

이 세상이 사람들로 가득 찬 것으로 보이는 지금도, 다른 누구에게도 해를 끼치지 않는 그와 동일한 기준은 여전히 적용될 수 있다. 아담이나 노아의 자식들에 의해 이 세상에 인간들이 처음 살게 되었던 상황 속의 어느 한 인간이나 가족을 가정해보자. 인간이 아메리카 대륙의 비어 있는 땅에 정착한다고 하자. 우리는 앞서 제시한 한도에 의해 그가 차지할 수 있는 소유물이 그다지 많지 않다는 것을 알게 된다. 또한 오늘날이라 해도, 비록 인간의 종족이 지금 세계의 곳곳에 퍼져 있고 태초의 적은 인구수를 엄청나게 뛰어넘지만, 그의 침입에 의해 나머지 인류가 침해를 받았거나 불평하거나 손해를 입었다고 생각할 이유가 없다는 점도 알게 된다.

뿐만 아니라 노동이 없는 토지의 넓이는 거의 아무런 가치도 없다. 나는 스페인에서는 어떤 사람이 그 자신이 활용한다는 사실 외에는 아무런 권리도 없는 땅에 대해 방해를 받지 않고 개간하고 씨를 뿌리고 수확할 수 있다는 판결이 있었다는 소식을 들었다. 그곳의 주민들은 오히려 그 사람에게 신세를 진 것으로 생각한다. 그 사람의 근면함에 의해 방치되어 불모의 땅이 되어 있던 곳에서 그들이 원했던 곡물의 수확이 늘어났던 것이다.

그러나 사실이 그렇다 해도, 그것을 강조하려는 것은 아니다. 나는 모든 사람이 다른 사람을 괴롭히지 않고 스스로 사용할 수 있는 만큼 소유해야만 한다는 재산에 관한 동일한 규칙은 이 세상에서 여전히 지켜질 것이라고 감히 단언한다. 화폐를 발명하고 인간들의 묵시적인 합의로 화폐에 가치를 부여하여 (동의에 의해) 대규모의 재산과 그것에 대한 권리를 도입하지 않았다면, 이 세상에는 거주민의 두 배를 부양하기에 충분한 땅이 있기 때문이다. 어떻게 이런 일이 이루어졌는가에 대해서는 앞으로 조금 더 상세하게 밝히도록 하겠다.

37. 필요한 것보다 더 많이 가지려는 인간의 욕구가 오직 삶에 대한 유용성에 따라 결정되는 사물의 본질적인 가치를 변경시키기 전에는 즉, 마모되거나 썩지 않는 황금색의 작은 금속 조각이 큼직한 고기 덩어리나 곡물 한 더미만큼의 가치가 있다고 인정하기 전에는 비록 노동에 의한 것이지만, 자연이 제공한 것들을 각자가 사용할 수 있는 만큼 많이 차지할 수 있는 권리를 가졌던 것은 분명하다.

하지만 그와 동일한 근면을 활용하려는 사람들에게 과거와 똑같은 풍성함이 여전히 남아 있는 곳에서는 이러한 권리가 대단한 것이 될 수 없었으며 다른 사람에게 손해를 끼칠 수도 없었다. 여기에 자신의 노동에 의해 땅을 독차지하는 사람은 인류의 공동자산의 가치를 줄이는 것이 아니라 증대시키는 것이라는 점을 덧붙일 수 있다. 인간의 삶을 유지하기 위해 울타리를 치고 경작한 1에이커의 땅에서 생산되는 식량은 똑같이 비옥하지만 황무지로 방치된 1에이커의 공유지에서 생산되는 것보다 (조심스럽게 말하자면) 10배 이상은 되기 때문이다.

그러므로 울타리로 막은 10에이커의 땅에서, 자연에 방치된 100에이커의 땅에서 얻을 수 있는 것보다 훨씬 더 많은 삶의 편의를 얻어내는 사람은 90에이커의 땅을 인류에게 되돌려주고 있는 것이라 말할 수 있다. 이제 그의 노동은 100에이커의 공유지에서 생산되는 식량을 10에이커의 땅으로부터 공급하는 것이기 때문이다.

여기에서 나는 개량된 땅의 생산량이 실제로는 100:1에 훨씬 더 가깝지만 10:1로 매우 낮게 평가했다. 이런 질문을 하기 위한 것이다. 즉, 아메리카 대륙의 천연림과 경작되지 않은 황무지로 개간이나 경작을 하지 않고 자연에 방치된 1000에이커의 땅이 똑같이 비옥하지만 잘 개간된 데본셔의 10에이커의 땅이 제공하는 것만큼 가난하고 비참한 원주민들에게 삶의 편의를 많이 만들어낼 수 있을까?

토지를 전유(專有)하기 전에 최대한 야생의 과일을 모으고 많은 짐승들을 죽이거나 사로잡거나 길들인 사람은 그렇게 하여 자연에 자생하는 생산물에 자신의 노력을 기울이고 자신의 노동에 의해 어떤 식으로든 자연이 놓아둔 상태로부터 변형시키는 것으로 그것들에 대한 소유권을 확보했다.

그러나 만약 그의 소유물이 적절히 사용되지 않고 사라진다면, 즉 그가 소비할 수 있기 전에 과일이 썩거나 사슴고기가 상하게 된다면 공통의 자연법을 위반한 것이며 처벌을 받을 수 있게 된다. 그는 이웃의 몫을 침해한 것이다. 그에게는 자신에게 필요한 것 그리고 자신에게 삶의 편의를 제공할 수 있는 것보다 더 많은 것을 가질 권리는 없기 때문이다.

38. 동일한 기준이 토지의 소유에도 적용된다. 땅을 경작하고 수확하고 저장하고 상하기 전에 사용한 것은 무엇이든지 그 사람의 고유한 권리다. 무엇이든지 땅에 울타리를 치고 기른 가축과 사용한 생산물 또한 그의 것이다. 그러나 울타리를 쳐 놓은 곳의 잔디가 땅 위에서 썩거나 그가 심은 나무에 열린 과일이 수확되어 저장되지 않고 썩어 없어진다면 그의 울타리에도 불구하고 그 부분의 땅은 여전히 황무지로 간주되며 다른 사람의 소유물이 될

수도 있을 것이다.

그러므로 최초에 카인은 개간할 수 있을 만큼의 땅을 차지하고, 그것을 자신의 땅으로 만들었지만, 아벨이 양을 방목하기에 충분한 땅은 남겨두었다. 즉, 몇 에이커의 땅으로 두 사람의 소유를 만족시킬 수 있었다. 그러나 가족들이 늘어나면서 노동으로 저장량이 확대되고 필요에 의해 그들의 소유물도 더불어 확대되었다. 그러나 그들이 모여 살고 정착하면서 도시를 건설하기 전까지 그들이 사용하던 땅에는 일반적으로 확정된 소유권이 없었다. 그후 그들은 동의에 의해 구별되는 영토의 경계를 정하고, 그들과 이웃 사이의 경계에 대해 합의하게 되었다. 그리고 그들 내부의 법에 의해 동일한 사회의 구성원들의 소유권을 결정했다.

우리가 알고 있듯이, 처음으로 인간들이 살게 되고 그 결과로 가장 많이 모여 살게 된 지역은 아브라함의 시대만큼이나 훨씬 오래 전에도 자신들의 재산인 가축과 부락민들을 이끌고 자유롭게 떠돌아다녔다. 아브라함도 그 자신이 이방인이었던 나라를 자유롭게 떠돌아 다녔다.

따라서 적어도 대부분의 땅은 공유되고 있었으므로 거주민들은 크게 가치를 두지 않았으며, 자신들이 활용할 수 있는 것보다 더 많은 땅에 대한 소유권을 주장하지도 않았다는 것은 분명하다. 하지만 동일한 지역에서 자신들의 가축을 함께 방목할 공간이 충분하지 않을 때는 아브라함과 롯이 그랬듯이(창세기 13장 5절) 동의에 의해 자신들에게 가장 적합한 곳으로 목초지를 분리하고 확장시켰다. 에사오도 똑같은 이유로 아버지와 형제 곁을 떠나 세일 산에 정착했다.(창세기 36장 6절)

39. 그러므로 다른 모든 사람을 배제하고 이 세상 전체에 대해, 입증될 수도 없으며 어느 누구의 소유권도 명확히 할 수 없는 아담의 사적인 지배권과 소유권을 가정하기보다 실제로는 이 세상이 인간의 자손들에게 공통으로 주어진 것이라 가정한다면 우리는 노동이 어떻게 하여 인간이 일정한 땅을 개별적으로 사용할 명확한 자격을 갖출 수 있게 만드는지를 이해할 수 있다. 그런 곳에서는 권리에 대한 의혹도 분쟁의 여지도 있을 수 없다.

40. 생각을 깊게 해보기 전에는 그렇게 보일 수도 있겠지만, 노동에 의한 소유권을 토지의 공유보다 더 중시해야 한다는 것은 전혀 이상하지 않다. 실제로 모든 사물에 가치의 차이를 부여해 주는 것이 노동이기 때문이다. 누구에게든 담배나 사탕수수를 심고, 밀 또는 보리의 씨를 뿌린 1에이커의 땅과 전혀 경작되지 않고 공유지로 남아 있는 똑같은 크기의 땅에 어떤 차이가 있는지를 생각해 보게 한다면, 노동으로 개량한 곳이 훨씬 더 큰 가치를

만들어낸다는 것을 알게 될 것이다.

나는 인간의 삶에 유익한 땅의 수확물 중 10분의 9는 노동의 결과라고 말하는 것도 대단히 조심스러운 평가라고 생각한다. 오히려, 우리가 사용하게 된 것들을 올바르게 평가하고 몇 가지 비용을 계산해본다면, 순수하게 자연에서 얻은 것과 노동으로 얻은 것들 중의 대부분인 100분의 99가 전적으로 노동을 투여한 것 때문이라는 사실을 알게 될 것이다.

41. 땅은 비옥하지만 삶을 편하게 해주는 모든 것이 부족한 아메리카의 몇몇 나라보다 더 명확한 증거는 없을 것이다. 자연은 이 나라들에게 다른 어떤 민족만큼이나 풍부한 자원을 넉넉하게 제공해주었다. 즉, 먹고, 입고, 즐기기에 충분한 물자를 풍부하게 생산할 비옥한 땅을 주었다. 그러나 노동에 의한 개량이 부족하여 우리가 누리고 있는 편리함의 100분의 1도 누리지 못하고 있다. 그곳에 넓고 비옥한 토지를 갖고 있는 왕이 영국의 일용직 노동자보다 더 열악한 음식과 집 그리고 옷을 입고 산다.

42. 이것을 좀 더 명확하게 하기 위해 일상적인 생활용품들이 우리가 사용하기 전에 거치는 과정을 추적해 보고 인간의 노동으로부터 얼마나 많은 가치를 부여받았는지 알아보기로 하자. 빵과

포도주 그리고 옷은 우리가 일상적으로 아주 많이 사용하고 있다. 그럼에도 불구하고 노동이 이처럼 보다 유용한 일용품들을 공급하지 않았다면, 도토리와 물과 나뭇잎 또는 동물의 가죽이 우리의 빵과 음료 그리고 의복이었을 것이다.

빵이 도토리보다, 포도주가 물보다 그리고 옷감과 비단이 나뭇잎이나 가죽 또는 이끼보다 더 큰 가치가 있게 된 것은 전적으로 노동과 근면에서 비롯되었기 때문이다. 이것들 중의 한 부류는 자연이 우리에게 제공한 음식과 의복이며 다른 하나는 우리의 노동과 노력이 마련해 준 용품들이다. 어떤 것이 얼마나 더 큰 가치를 갖는지를 평가해본다면, 우리가 이 세상에서 누리고 있는 물건들의 가치에서 노동이 얼마나 큰 부분을 차지하고 있는지 알게 될 것이다. 그리고 그 재료를 생산하는 땅은 거의 평가되지 않으며, 평가될 부분이 있다면 기껏해야 아주 작은 부분을 차지할 뿐이다.

그처럼 가치가 너무나도 적기 때문에 우리들 사이에서도 목축이나 개간 혹은 경작과 같은 개량이 이루어지지 않고 자연 그대로 남아 있는 곳은 실제로 '버려진 땅'이라고 불린다. 우리는 그런 땅에서 얻을 수 있는 이익은 거의 없다는 것을 알게 될 것이다.이러한 사실은 영토의 크기보다 인구수가 얼마나 더 바람직하며 영토의 확장과 더불어 올바른 이용이 통치의 중요한 기술이라는 것을 보여준다. 확립된 자유의 법에 의해 권력의 탄압과 정파의 편협함에 맞서 인류의 정직한 노동을 보호하고 장려하는 현명하고 위엄 있는 군주는 곧 이웃나라들에게는 너무 까다로운 존재가 될 것이라는 것도 보여준다. 하지만 이것은 지금 논의할 문제는 아니다. 현재의 문제로 돌아가자.

43. 영국에서 20부셸(bushel)의 밀을 수확하는 1에이커의 땅과, 동일하게 경작하면 비슷하게 수확하는 아메리카의 1에이커의 땅은 분명 자연적으로는 동일한 본질적인 가치를 갖고 있다. 그러나 인류가 전자(前者)로부터 1년에 얻은 이익이 5파운드 정도이지만, 만약 인디언이 그 땅으로부터 얻은 모든 이익을 평가하고 영국에서 판매한다면 후자로부터 얻는 이익은 1페니도 되지 않을 것이다. 기껏해야 1000분의 1도 되지 않을 것이라고 확실하게 말할 수 있다.

그렇다면 땅에 가장 큰 가치를 부여하는 것은 노동이며, 노동이 없다면 거의 아무런 가치도 없다. 모든 유익한 생산물의 가장 큰 가치는 노동에서 비롯된 것이다. 밀을 심은 1에이커의 땅에서 수확된 모든 밀짚과 겨와 빵은 똑같이 좋은 땅이지만 방치되어 있는 1에이커의 땅에서 생산된 것보다 더 큰 가치를 갖게 되는 것은 모두 노동의 결과이기 때문이다.

우리가 먹는 빵에는 단순히 경작자의 수고와 수확하고 타작한 사람의 노력 그리고 제빵사의 땀만이 아니라 소를 길들이고, 철과 광석을 캐내고 제련하고, 목재를 자르고 다듬어 쟁기와 제분기, 화덕과 같은 아주 많은 도구들을 만드는데 종사한 사람들의 노동이 포함되어야 한다. 씨를 뿌리는 것부터 빵으로 만들어지기까지 곡물에 꼭 필요한 것들이 모두 노동으로 평가되어야만 하며 노동의 결과로서 인정되어야만 한다. 자연과 땅은 그 자체로는 거의 가치가 없는 재료들을 제공할 뿐이기 때문이다.

우리가 먹게 되기 전까지 한 덩어리의 빵에 제공된 노동과 사용된 원료들을 추적해 본다면 기묘한 물품들의 목록이 될 수 있다. 철, 나무, 가죽, 나무껍질, 목재, 돌, 벽돌, 석탄, 석회, 직물, 염료, 약제, 수지, 타르, 돛대, 밧줄 그리고 모든 분야의 노동자가 사용하는 물품을 실어 나르는 배에서 사용되는 모든 재료 등, 물품의 목록은 너무 길어서 일목요연하게 정리하는 것이 거의 불가능하다.

44. 이러한 모든 사실로부터, 비록 자연의 사물들은 공유하도록 주어졌지만, 인간은 그 자신의 주인으로서 그리고 자기 인신의 소유주로서 행위이거나 노동에 의해 여전히 그 자신 안에 소유권의 탄탄한 근거를 갖고 있다는 것은 명백하다. 또한 발명과

기술이 생활의 편리함을 향상시켰을 때, 그 자신을 유지하고 편안하게 만들기 위해 그가 적용했던 것들의 대부분은 완벽하게 그의 소유이며 다른 사람들과 공유하는 것에 속하지 않는다.

45. 그러므로 태초에는 어디에서든 공유하는 것에 기꺼이 노동을 제공하면 소유권이 주어졌다. 아주 오랫동안 인류가 이용할 수 있는 것보다 훨씬 더 많은 부분이 공유물로 남아 있었다.

처음에 인간은 자연이 자체적으로 그들의 필요에 맞춰 제공하는 것에 대부분 만족했다. 하지만 나중에는 이 세상의 일부 지역에서는(화폐의 사용과 더불어 인구와 가축이 늘어나면서 토지가 부족해지면서 일정한 가치를 갖게 된) 몇몇 공동체들이 구별되는 영토에 대한 경계를 정하게 되고, 그들 내부의 법에 의해 사적인 개인들의 소유권을 규정하게 되면서, 결국 노동과 근면에서 시작된 소유권을 협정과 동의에 의해 정착시켰던 것이다.

그리고 다른 나라의 영지에 대한 모든 주장과 권리를 명시적이거나 묵시적으로 내려놓는 것으로 몇몇 나라와 왕국 사이에 이루어진 맹약은 본래는 다른 나라의 땅에 대해 가지고 있던 자연적인 공유권에 대한 주장을 공동의 동의에 의해 포기하는 것이었다. 이렇게 하여 명확한 합의에 의해 지구상의 서로 다른 지역에서 그들 사이의 소유권이 정착되었던 것이다.

하지만 여전히 황무지로 남아 있는 광대한 땅이(거주자들이 나머지 인류와 공통적인 화폐의 사용에 합의하지 않고 있는) 발견될 수 있다. 그곳의 땅은 거주하고 있는 사람들이 사용하고 있거나 사용할 수 있는 것보다 더 넓어서 여전히 공유물로 남아 있게 된다. 물론 이러한 일은 화폐의 사용에 동의한 인류가 살고 있는 지역에서는 거의 일어날 수 없다.

46. 인간의 생활에 정말 유익한 대부분의 것들과 오늘날의 아메리카인들 그렇듯이 이 세상을 최초로 공유했던 사람들이 찾았던 생존의 필수품들은 대부분 오래 지속되지 않는 것들이었다. 이를테면, 사용해서 소비하지 않으면 저절로 썩어서 없어지는 것이다. 금과 은 그리고 다이아몬드는 기호이거나 합의로 생활에서의 필요성과 실제의 용도보다 더 많은 가치가 부여된 것들이다.

이제 자연이 공통으로 제공한 유용한 것들에 대해서는 (앞에서 말했듯이) 누구나 사용할 수 있을 만큼의 권리를 가지며, 자신의 노동으로 변화시킨 모든 것에 대한 소유권을 갖는다. 자연이 제공한 상태를 변형시키기 위해 자신의 노동을 개입시킨 것은 모두 그의 것이다. 100부셸의 도토리나 사과를 모은 사람은 그것의 소유권을 갖는다. 그것들은 주워 모으자마자 그의 재산이 된다.

다만 그것들이 썩어버리기 전에 사용해야 한다는 것만은 알고 있어야 한다. 그렇게 하지 않는다면 자신의 몫보다 더 많이 차지한 것이며 다른 사람의 것을 빼앗은 것이 된다. 실제로 자신이 사용할 수 있는 것보다 더 많이 저장해 두는 것은 정직하지 못할 뿐만 아니라 어리석은 일이다. 만약 다른 누구에게 일부를 주는 것으로 자신의 소유로 있으면서 쓸모없이 사라지지 않도록 한다면, 그것 또한 사용한 것이 된다.

또한 일주일이 지나면 썩을지도 모를 자두를 잘 보관하여 일년 동안 먹을 수 있는 호두와 교환했다면 아무런 피해를 주지 않은 것이며, 공동의 자산을 낭비한 것도 아니다. 즉 자신의 손에서 쓸모없이 사라지는 것이 없는 한, 다른 사람에게 속한 물품을 전혀 파괴시킨 것이 아니다.

그 밖에도 만약 자신의 호두를 색깔이 좋은 금속 한 조각과 바꾸거나, 자신의 양들을 조개껍질과, 양털을 반짝이는 수정이나 다이아몬드와 교환하여 평생 자기 곁에 보관해둔다면 타인의 권리를 침해하지 않은 것이다. 그는 원하는 만큼 그런 내구성이 있는 물건들을 충분히 자기 곁에 쌓아놓을 수 있다. 정당한 소유권의 한계를 넘어서는 것은 소유물의 규모가 아니라 쓸모없이 사라진 어떤 것이 있는가에 따라 결정된다.

47. 이렇게 하여 화폐의 사용이 시작되었다. 화폐는 썩지 않고

인간이 보관할 수 있는 내구성이 있는 것으로, 인간은 상호간의 동의에 의해 대단히 유용하지만 썩기 쉬운 생활용품과 교환할 수 있다.

48. 서로 다른 노동의 정도가 서로 다른 몫의 소유물을 인간에게 주듯이 이러한 화폐의 발명은 인간에게 소유물을 유지하고 확대시킬 수 있는 기회를 제공했다. 세상의 다른 모든 곳과 전혀 교역할 수 없는 고립된 섬을 상상해보자.

그곳에는 단지 100가구만이 살고 있지만, 양과 말, 소를 비롯한 유용한 가축들이 있다. 온갖 과일과 10만 배나 많은 사람들을 먹여 살릴 수 있는 곡물을 생산하기에 충분한 땅도 있다. 그러나 그 섬에 있는 것들은 너무 흔하거나 부패하기 쉽기 때문에 화폐를 대신할 수 있는 것들이 전혀 없다. 그렇다면 그곳의 어느 누가 자신의 노동으로 생산한 것이든 다른 사람들과 교환할 수 있는 상하기 쉽고 유용한 생필품이든, 자신의 가족이 사용하는 것 이상으로 그리고 소비를 위한 넉넉한 공급량 이상으로 자신의 소유물을 늘려야 할 이유가 있을까?

영구적이면서도 희귀해서 저장해 둘 정도로 가치 있는 것이 없는 곳에서는 땅이 제아무리 비옥하고, 차지하는 것이 제아무리 자유롭다 해도 인간들은 자신의 소유를 늘리려고 하지 않을 것이다. 나는 묻고 싶다. 1만 또는 10만 에이커의 비옥한 땅이 이미 개간되어 있고 가축들도 잘 자라고 있지만 아메리카의 대륙 한가운데 있어서 세계의 다른 지역과 교역할 기회가 전혀 없고 생산물을 팔아서 돈을 벌어들일 수도 없다면, 과연 누가 그 땅을 소중히 생각할까? 그런 땅에는 울타리를 칠 가치가 없으며, 자신과 가족에게 생활의 편의를 제공하는 것 이상의 것은 무엇이든 자연이 제공한 야생의 공유지로 다시 버려두게 된다는 것을 확인하게 될 것이다.

49. 이처럼 태초에 모든 세상이 아메리카와 같았으며, 지금의 아메리카보다 더 야생의 상태였다. 화폐 같은 것은 어디에도 없었기 때문이다. 자신의 이웃사람들 중에서 화폐의 용도와 가치를 지닌 어떤 것을 발견한 사람이 있다면 그는 즉시 자신의 소유물을 늘리기 시작한다는 것을 확인할 수 있을 것이다.

50. 그러나 금과 은은 음식과 옷 그리고 이동 수단에 비해 인간의 삶에 거의 쓸모가 없기 때문에 오직 인간들의 동의로부터 그가치를 부여받게 된다. 여전히 노동이 그 가치의 대부분을 결정하지만, 인간들이 불균형적이고 불평등한 땅의 소유에 동의했다는 것은 분명하다. 그들은 묵시적이고 자발적인 동의에 의해 그

자신이 사용할 수 있는 것보다 더 많이 생산할 수 있는 땅을 정당하게 소유할 방법을 찾아낸 것이다. 그들은 과잉 생산물을 금과 은으로 교환하여 받는 것으로 다른 사람에게 해를 끼치지 않고 저장할 수 있었다. 이 금속들은 소유자가 갖고 있는 동안 손상되거나 부패하지 않는다.

이러한 사유 재산의 불균형 속에서 이루어지는 사물의 분배는 인간이 사회의 경계 밖에서 실행할 수 있도록 만든 것이다. 계약도 없이 단지 금과 은에 가치를 부여하는 것에 의해 화폐의 사용을 암묵적으로 동의한 것일 뿐이다. 정부 내에서는 법으로 소유권을 규정하고, 토지의 소유권은 명확한 헌법에 의해 결정되기 때문이다.

51. 그러므로 노동이 어떻게 자연의 공유물에 대한 소유의 자격을 가질 수 있도록 했는지, 그리고 용도에 따른 소비가 어떻게 그 한계를 설정하게 되었는지를 이해하는 것은 매우 쉬운 일이라고 생각한다. 그러므로 소유의 자격에 대해 다툴 이유는 전혀 없으며 노동이 제공하는 소유물의 규모에 대해서도 의구심을 가질 이유도 없는 것이다.

권리와 편의는 조화를 이룬다. 인간은 자신의 노동을 적용할 수 있는 모든 것에 대한 권리가 있으므로 자신이 사용할 수 있는 것보다 더 많은 것에 유혹을 느끼지 않기 때문이다. 이것은 자격에 대한 논쟁은 물론 타인의 권리에 대한 침해의 여지를 남기지 않는다. 어떤 사람이 자신의 힘으로 떼어간 부분은 쉽게 알아차릴 수 있으며, 너무 많은 것을 떼어간다거나 자신에게 필요한 것보다 더 많이 차지하는 것은 부정한 일일뿐만 아니라 아무런 쓸모도 없는 일이다.

| 제6장 |

부권에 대하여 OF PATERNAL POWER

52. 어쩌면 이런 성격의 논문에서 세상에서 통용되고 있는 용어와 명칭의 흠을 잡아내는 것은 적절하지 않은 비판이라고 비난받게 될 것이다. 하지만, 이 부권이라는 용어가 그렇듯이, 오래된 것들이 사람들을 쉽게 오해하도록 만든다면 새로운 것들을 제시하는 것이 잘못된 일은 아닐 것이다. 부권은 마치 어머니에게는 아무런 역할도 없다는 듯이 자식에 대한 부모의 권력이 전적으로 아버지에게 주어진 것처럼 보이게 한다. 그런 반면에 만약 우리가 이성이나 계시에 따라 고려해보면, 어머니도 동등한 자격이 있다는 것을 알게 된다.

이것은, 부권을 부모의 권력이라고 부르는 것이 더 적절하지 않을까? 라고 물어볼 한 가지 이유를 제공한다. 자연과 일족(一族)의 권리가 자식들에게 부과하는 의무가 어떤 것이든, 그러한 의무의 동시적인 원인인 두 사람 모두에게 자식들을 동등하게 구속시킨다는 것은 명확하기 때문이다. 따라서 우리는 신법이 자식들의 복종을 명령할 때, 모든 곳에서 명확하게 부모를 차별 없이 하나로 이어주고 있는 것을 보게 된다. "너희 부모를 공경하여라."(출애굽기 20장 12절) "아버지나 어머니를 저주하는 사람은…"(레위기 20장 9절) "너희는 저마다 어머니와 아버지를 공경하여라."(레위기 19장 3절) "자녀된 이 여러분, (주 안에서) 여러분의 부모에게 순종하십시오."(에페소서 6장 1절)라는 것이 구약과 신약의 표현이다.

53. 이 문제를 더 깊이 생각해보지 않는다 해도, 만약 이 한 가지 사실만 잘 생각해보았다면 이러한 부모의 권력에 대해 그동안 저질러온 심각한 실수는 범하지 않았을 것이다.

어찌되었든, 부권이라는 명칭 하에서 아버지에게 적합한 것처럼 보였으므로 크게 거슬리지 않고 절대적인 지배와 제왕의 권위라는 명목을 지닐 수 있었다. 하지만 자식들에 대한 절대적인 권력이 부모의 권력으로 불리고 그로 인해 그것이 어머니에게도 속한다는 것이 밝혀졌다면 부권이라는 명칭은 이상한 것이며 그 자체가 불합리한 것임을 알게 되었을 것이다.

어머니 역시 그 권력의 일정한 몫을 가져야 한다는 것은, 그들이 말하는 이른바 아버지로서의 절대적인 권력과 권위를 그처럼 강하게 주장하는 사람들의 견해를 전혀 충족시키기 못할 것이기 때문이다. 그리고 그들이 옹호하는 군주제를 지지하는 데에도 적합하지 않을 것이다. 바로 그 명칭으로 인해 그들이 한 인물이 지배하는 정부를 옹호하기 위해 도출하고자 하는 근본적인 권위가 한 사람이 아닌 두 사람에게 공동으로 속하는 것으로 나타날 것이기 때문이다. 그러나 명칭의 문제는 이 정도로 해두자.

54. 비록 앞의 제2장에서 '모든 인간은 태어날 때부터 평등하다'고 했지만, 모든 종류의 평등이라는 뜻이라고 전제할 수는 없다. 연령이거나 미덕은 인간에게 정당한 우선순위를 제공할 수 있다. 자질이 뛰어나고 공적이 있는 사람은 공통적인 수준보다 더 높은 위치에 놓일 수 있다. 어떤 사람은 출생으로 그리고 다른 사람들은 결연이거나 이익으로, 태생이거나 감사하는 마음 혹은 그 밖의 관계로 인해 당연히 따르게 된 사람들을 복종시킬 수 있다. 그러나 이 모든 것은 다른 사람에 대한 재판권이거나 지배권에 관해서는 모든 사람이 평등하다는 것과 일치한다. 이것은 앞서 언급한 평등으로, 모든 사람은 다른 사람의 의지나 권위에 복종하지 않고 자신의 천부적인 자유에 대해 평등한 권리를 갖는 당면한 관심사로서 타당한 것이다.

55. 어린이들은 비록 평등하게 태어나지만 이러한 완전한 평등의 상태로 태어나지 않는다는 것은 인정한다. 그들이 태어났을 때 그리고 그후 일정한 기간 동안 부모는 그들에 대해 일종의 지배를 행사하고 재판권을 갖는다. 하지만 그것은 일시적인 것일 뿐이다. 이런 종속적인 결속은 연약한 유아시기에 그들을 감싸주고 보호하는 배내옷과 같은 것이다. 그들이 자라면서 연령과 이성은 그 결속을 마침내 완전히 벗어날 때까지 약화시키며, 한 인간이 자신의 뜻대로 살도록 만든다.

56. 아담은 완전한 인간으로 창조되었으며, 그의 신체와 정신은 힘과 이성을 완벽히 갖추고 있었다. 그러므로 처음부터 자신을 보호하고 보존할 수 있었다.

신이 그에게 심어놓은 이성의 법이 지시하는 바에 따라 자신의 행동들을 통제할 수 있었다. 그에게서 비롯되어 이 세상에 모여 살게 된 자손들은 모두 지식이나 깨달음이 없는 약하고 의지력이 없는 유아로 태어났다. 하지만 이 불완전한 상태의 결함들을 성장을 통한 개선과 나이로 제거하게 될 때까지, 아담과 이브 그리고 그 후의 모든 부모들은 자연법에 의해 자신들이 낳은 자식들을 보호하고 부양하고 교육할 의무에 따라 보완했다. 자식들은 그들의 작품이 아니라 그들을 창조한 전능한 신의 작품이므로 자식들에 대해 책임을 지도록 되어 있다.

57. 아담을 지배하는 법은 그의 모든 후손을 지배하는 것과 동일한 이성의 법이었다. 그러나 그의 자손들은 그와는 다른 방식으로 이 세상에 들어오게 되었다. 무지하고 이성의 사용 없이 태어나는 자연적인 출생에 의해 그들은 즉각적으로 그 법의 지배하에 있게 되지는 않는다.

자신에게 공표되지 않은 법의 지배를 받는 사람은 아무도 없기 때문이다. 그리고 이 법은 오직 이성에 의해서만 공표되거나 알려지기 때문에 자신의 이성을 아직 사용하지 못하는 자는 이 법의 지배하에 있다고 말할 수 없다. 아담의 자식들은 태어나자마자 즉시 이러한 이성의 법의 지배하에 들어가는 것이 아니므로 즉시 자유롭지도 않다.

실질적인 개념으로 보자면, 법은 자유롭고 지적인 행위자의 적절한 권익에 대한 제한이기보다는 지침이며 그 법의 지배하에 있는 자들의 일반적인 이익의 범위를 넘어 규정하지 않기 때문이다. 만약 법 없이도 행복할 수 있다면 법은 쓸모없는 것이 되어 자연히 사라지게 될 것이다. 단지 수렁이나 절벽으로 인한 위험을 막기 위한 것을 제한이라는 이름으로 부르는 것은 적절하지 않다.

그러므로 비록 오해될 수는 있다 해도, 법의 목적은 자유를 폐지하거나 억누르는 것이 아니라 유지하고 확장시키는 것이다. 법을 운용할 수 있는 창조된 존재들의 모든 국가들 중 법이 없는 곳에서는 자유가 없기 때문이다. 자유는 타인의 구속과 폭력으로부터 자유로운 것인데, 법이 없는 곳에서는 자유로울 수 없기 때문이다. 그러나 자유란 우리가 들어왔던 것처럼 모든 사람이 자신이 하고 싶은 것을 하는 권리가 아니다. (다른 모든 사람들이 그에게 권력을 휘두르려 한다면 누가 자유로울 수 있을까?) 그것은 자신을 지배하는 그러한 법이 허용하는 범위 내에서 자신의 뜻대로 자신의 인신, 행위, 소유물 그리고 모든 재산을 처리하고 규제할 수 있는 권리이다. 거기에서 타인의 독단적인 의지에 복종하는 것이 아니라 자신의 의지를 자유롭게 따르는 것이다.

58. 그렇다면 부모가 자식들에게 갖는 권력은 유년시절의 불완전한 시기를 보내는 동안 보살펴주도록 그들에게 부과되어 있는 의무에서 비롯된 것이다.

이성이 자리를 잡고 부모의 수고를 덜어줄 때까지 아직은 무지한 그들의 미성년기에 정신을 훈련시키고 행동을 관리하는 것은 자식들에게 필요한 것이고 부모가 반드시 해야 할 일이다. 신은 인간에게 자신의 행위를 이끌어갈 이해력을 제공하면서 그를 지배하는 법의 한도 내에서 그에게 의지의 자유와 행위의 권리가 당연히 그에게 속하는 것으로 허용했기 때문이다. 그러나 자신의 의지를 이끌어갈 수 있는 이해력을 갖추지 못한 시기에 있는 동안에는 따라야 할 자신만의 의지를 갖추지 못하고 있는 것이다.

그를 대신해 이해력을 갖춘 사람이 그를 위해 의지도 갖추어야 한다. 그 사람이 그의 의지를 규정하고 행동을 통제해야만 한다. 그러나 아버지를 자유인으로 만들어주었던 그 시기에 이르게 되면 아들 역시 자유인이 된다.

59. 이것은 자연법이거나 시민법이거나 상관없이 인간을 지배하는 모든 법에서 유지된다. 인간은 자연법 하에 있을까? 그 법에서 무엇이 그를 자유롭게 했을까? 무엇이 그에게 그 법의 범위 내에서 자신의 의지에 따라 재산을 자유롭게 처분할 수 있도록 했을까?

나는 그가 그 법을 이해할 수 있다고 여겨지므로 자신의 행동을 그 범위 내에서 지킬 수 있는 성인의 상태가 된 것이라고 대답할 것이다. 그가 그런 상태에 도달했을 때, 그 법이 어느 정도까지 자신의 지침이 되는지 그리고 어느 정도까지 자신의 자유를 누릴 수 있는지 알고 있는 것으로 추정되므로 그런 자유를 갖게 되는 것이다. 그때까지는 그 법이 어느 정도까지 자유를 허용하는지 알고 있다고 추정되는 다른 누군가가 그를 지도해야만 한다. 만약 그런 이성의 상태, 그런 분별력 있는 나이가 그를 자유롭게 했다면 그와 똑같은 것들이 그의 아들도 자유롭게 만들어야한다.

어떤 사람이 영국법의 지배하에 있는 것일까? 그렇다면 영국법의 무엇이 그를 자유롭게 했을까? 즉 무엇이 그에게 그 법의 허용 범위 내에서 자신의 의지에 따라 재산을 자유롭게 처분할 수 있도록 했을까? 그것은 그 법을 이해하는 능력이다. 그 법에 의하면 그런 능력은 21세에 갖춰지며 경우에 따라 그보다 더 빠를 수도 있다. 만약 이것이 아버지를 자유롭게 만들었다면, 아들역시 자유롭게 만들어야 한다.

그때까지 그 법이 아들에게는 의지를 전혀 허용하지 않으며 단지 그를 대신하여 법을 이해하는 그의 아버지나 후견인의 의지에 의해 좌우되어야 한다는 것을 우리는 알고 있다. 만약 아버지가 죽었지만 신뢰하는 대리인을 세우지 못했다면, 즉 이해력이 결여되어 있는 미성년기 동안 아들을 통제할 보호자를 임명하지 않았다면 법이 그것을 돌보게 된다. 그가 자유의 상태에 도달하게 되고 이해력이 자신의 의지를 다스리기에 적합할 때까지 다른 누군가가 그를 통제하고 그의 의지를 행사하게 된다.

그러나 그 후에는 미성년기가 지난 후의 학생과 가정교사가 그렇듯이 아버지와 아들은 동등하게 자유롭게 된다. 그들이 단지 자연 상태에서 자연법의 지배하에 있든 확립된 정부가 제정한 실정법의 지배하에 있든 상관없이, 그들은 함께 똑같은 법에 평등하게 복종하며, 아버지에게는 자기 아들의 생명, 자유 또는 자산에 대한 어떠한 지배권도 남아 있지 않게 된다.

60. 그러나 통상적인 자연의 경로에서 벗어나면서 발생하는 결함들을 통해, 그 법을 이해할 수 있으므로 그 규칙들 내에서 살 수 있다고 여겨지는 정도의 이성에 도달하지 못한 사람은 결코 자유인이 될 수 없다. 그가 자신의 의지를 마음대로 처리하도록 놓아둘 수는 없지만(그는 자기 의지의 한계를 전혀 모르며, 그 의지의 적절한 지침인 이해력이 없기 때문이다) 그런 책임을 이해할 수 없는 동안에는 그의 의지는 줄곧 타인의 가르침과 통제 하에서 지속된다. 그러므로 미치광이와 백치는 부모의 통제로부터 절대로 벗어나지 못한다.

후커는 《교회정치론》 제1권 7장에서 이렇게 말한다.

아직 이성을 갖출 나이에 도달하지 못한 어린이들 그리고 타고난 결함에 의해 이성을 갖출 수 없는 백치들, 세 번째로는 현재로선 자신들을 이끌어갈 올바른 이성을 갖출 수 없는 미치광이들은 자신들의 행복을 추구하고 확보하기 위해 그들의 후견인인 다른 사람들의 이성을 자신들의 지침으로 삼아야 한다.

이 모든 것은 단지 신과 자연이 다른 피조물은 물론 인간에게 자식들이 자기 힘으로 꾸려갈 수 있을 때까지 보호하도록 부과해 놓은 의무인 것으로 보이며, 부모의 제왕적인 권위에 대한 실례 나 증거가 되기에는 부족하다.

61. 이렇게 우리는 이성적으로 태어난 것만큼이나 자유롭게 태 어났지만 실제로는 그 두 가지를 다 실천하지는 못한다. 이성을 갖추게 하는 나이는 자유도 가져온다. 그러므로 우리는 어떻게 천부적인 자유와 부모에 대한 복종이 함께 양립하게 되고 동일한 원칙 위에 근거하게 되는가를 이해하게 된다. 어린이는 자신만의 이해력을 갖출 때까지 그를 통제하는 아버지의 권리, 즉 아버지 의 이해력에 의해 자유롭다.

분별력이 있는 나이에 도달한 사람의 자유와 아직 그 나이에 미치지 못한 어린이의 부모에 대한 복종은 전혀 모순이 없고 구 별할 수 있다. 그러므로 부권에 의한 군주제를 가장 맹목적으로 주장하는 자들도 이러한 차이점을 간과할 수는 없다. 가장 완고 한 자들도 그것들이 모순이 없다는 것을 인정하지 않을 수는 없다. 그들의 신조가 모두 진실이고, 이제는 아담의 정당한 상속자가 알려졌으며 그리고 그 자격에 의해 군주가 즉위하였고, 로버트 필머 경이 말하는 모든 절대적이고 무제한적인 권력이 주어졌다고 가정해보자. 만약 자신의 상속자가 태어나자마자 군주가 죽게 된다면, 그 어린아이는 그처럼 자유로우며 최고의 지위에 있음에도 불구하고 나이와 교육이 이성을 갖추게 하고 자신과 타인들을 통치할 이성과 능력을 갖게 할 때까지 그의 어머니와 유모, 후견인과 감독자에게 복종해야 하지 않을까?

생활필수품과 신체의 건강 그리고 정신에 필요한 정보는 자신의 것이 아닌 타인의 의지에 의한 관리가 필요하게 된다. 하지만 어느 누가 과연 이러한 제한과 복종이 그에게 권리가 있는 자유나 통치권과 일치하지 않거나 훼손시키는 것 또는 미성년기 동안 그를 감독하는 자들에게 그의 제국을 넘기는 것이라고 생각할까? 그에 대한 이러한 통제는 단지 좀 더 훌륭하고 신속하게 통치할 수 있도록 준비해주는 것일 뿐이다. 누군가 나에게 '언제 나의 아들이 자유로워지는 나이가 되는가?'라고 묻는다면, 그가 군주로서 통치할 수 있는 나이가 되었을 때라고 대답할 것이다. 현명한 후커는《교회정치론》제1권 6장에서 다음과 같이 말한다.

'하지만 어느 시기에 자신의 행동을 이끌도록 되어 있는 그 법을 이해하기에 충분한 정도의 이성을 사용할 만한 상태가 되었다고 말할 수 있을까? 이것은 어떤 기술과 학식으로 결정하는 것보다 상식으로 식별하는 것이 훨씬 더 쉬울 것이다.'

62. 국가 자체도 사람들이 자유인처럼 행동하기 시작하는 시기가 있다는 것에 주목하고 인정한다. 그러므로 그 시기까지는 그들의 국가에 있는 정부에 대한 충성이거나 신종(臣從)의 맹세 또는 그 밖의 공적인 지배권의 인정 또는 복종을 요구하지 않는다.

63. 그렇다면 인간의 자유와 자신의 의지에 따라 행동할 수 있는 권리는, 자기 자신을 통제하기 위해 지켜야 하는 법을 가르쳐 줄 수 있으며, 의지의 자유가 얼마나 많이 허용되는지를 알게 해주는 이성을 갖추는 것에 근거하게 된다. 자신을 안내해줄 이성을 갖추기 전에 그가 무제한의 자유를 누리도록 하는 것은 그에게 자유롭게 살아갈 자연의 특권을 허용하는 것이 아니다. 오히려 그를 야수들 사이에 밀어 넣어 짐승만큼이나 비참한 인간 이하의 상태로 내버려두는 것이다.

이것이 바로 미성년자인 자식들을 통제하기 위해 부모의 손에 권위를 부여하는 이유가 된다. 신은 자식들을 돌보는 것을 부모의 간섭할 권리로 만들었으며, 자식들이 필요로 하는 한 이러한 권력을 절제시키고, 지혜가 의도하는 대로 자식들의 행복을 위해 행사할 수 있도록 부모에게 자상함과 배려라는 적절한 성향을 부여한 것이다.

64. 그러나 자식들에게 베풀어야 마땅한 이러한 보살핌이 어떤 이유로 아버지의 절대적이고 독단적인 지배력으로 진척될 수 있었을까? 아버지의 권력은 가장 효과적이라고 판단되는 규율에 의해 그들 자신과 다른 사람들에게 가장 유용한 사람이 되기에 가장 적절하게 그들의 신체에는 힘과 건강을, 정신에는 활력과 올바름을 제공하는 정도까지만 미친다. 그리고 만약 아버지의 상황에 필요하다면 자식들이 일할 수 있을 때 생계를 위해 일하도록 하는 것이다. 하지만 이러한 권력에는 어머니 역시 아버지와 마찬가지의 역할을 갖고 있다.

65. 뿐만 아니라, 이러한 권력은 어떤 특별한 자연권에 의해서가 아니라 단지 자식들의 보호자로서 아버지에게 속하게 된 것이다. 그러므로 양육을 그만두게 되면 양육과 교육에 동반되는 자식들에 대한 권력을 잃게 된다. 권력은 이것과 분리할 수 없도록 결합되어 있다. 이 권력은 어린아이의 생부만큼이나 버려진 아이의 양부에게도 속하는 것이다.

겨우 자식을 낳는 행위만으로는 자녀에 대한 권력은 지극히 적다. 만약 보살핌이 거기에서 모두 끝난다면, 아버지의 호칭과 권위에 대해 가질 수 있는 자격은 그것이 전부일 것이다. 그리고 한 여성이 한 번에 두 명 이상의 남편을 갖는 곳에서는 이런 부권이 어떻게 될까? 또는 남편과 아내가 헤어지는 일이 빈번하고 자식들은 어머니에게 맡겨져 따르게 되며 전적으로 보살피고 키우는 아메리카의 일부 지역에서는 어떻게 될까?

만약 자식들이 어릴 때 아버지가 죽게 되면, 미성년인 동안에는 살아 있을 때 아버지에게 그랬던 것처럼 어디서에나 자연스럽게 어머니에게 똑같이 복종해야 하는 것은 아닐까? 그리고 누군가는 어머니가 자식들에게 입법권을 가지고 있다고 말하게 될까? 즉, 어머니는 영구적인 의무가 되는 일정한 규칙을 만들 수 있으며 그것에 의해 자식들은 평생 재산에 대한 모든 관심사를 규정하고 자신들의 자유를 제한해야 한다고 말하게 될까? 또는 그녀가 엄중한 처벌로 그것을 준수하도록 강제할 수 있을까? 이것은 위정자의 고유한 권력이기 때문에 아버지는 그 정도의 권력을 전혀 갖지 못한다.

자식에 대한 그의 명령은 그저 일시적인 것이며 생명이나 재산에는 미칠 수 없다. 그것은 단지 미성년인 자식들의 연약함과 불완전함을 보충하기 위한 것이며, 교육에 필요한 규율일 뿐이다. 아버지는 궁핍으로 인해 자식들이 죽을 위험이 없다면 소유물을 자신의 뜻대로 처분할 수 있다. 그러나 그의 권력은 자식들의 생명에는 미치지 못하며, 노동이나 타인의 기부에 의해 자식들의 것이 된 재산에도 미치지 못한다. 또한 일단 사리분별을 할 수 있는 연령이 되어 선거권을 갖게 되었을 때 그의 권력은 자식들의 자유에도 미치지 못한다.

그때가 되면 아버지의 절대적인 지배는 끝나게 되며 그때부터 다른 어떤 사람의 자유와 마찬가지로 아들의 자유도 더 이상 마음대로 처분할 수 없다. 그리고 그것은 절대적이거나 영구적인 지배가 아닌 것이 분명하므로, 신성한 권능으로부터 아버지와 어머니를 떠나 아내에게 충실히 대하라고 허락받은 한 남자는 스스로 그 지배로부터 벗어날 수 있다.

66. 하지만 비록 아버지가 다른 사람의 의지에 복종하지 않고 자유로워지듯이 자식에게도 아버지의 의지와 명령에 복종하지 않고 자유로워지는 시기가 오게 되고, 자연법이든 그들 나라의 국내법이든 그들 각자에게 공통된 것이 아닌 그 밖의 제약에는 구속받지 않지만, 이러한 자유가 신법과 자연법에 의해 당연히 부모에게 보여야 하는 존경을 면제해주는 것은 아니다.

신은 부모를 인류의 종족을 지속시키고 그들의 자식들에게 삶의 기회를 주려는 위대한 계획의 도구로 삼아, 부모에게 자식들을 먹이고, 보호하고 양육할 의무를 부여했다. 그러므로 자식들에게는 마음속의 존중과 존경을 외부적인 표현을 통해 모두 보이는 것을 포함하고 있는 부모에 대한 영원한 존경의 의무를 부여했다. 그 자신에게 생명을 부여한 부모의 행복이나 생명을 손상시키거나 모욕하거나 불안하게 하거나 위태롭게 하는 일이 없도록 구속한다. 그리고 자신을 태어나게 하고 삶을 즐길 수 있도록 해준 부모를 방어하고 위로하고 도와주고 편안하도록 하기 위한 모든 행동을 하도록 속박한다. 이러한 의무로부터 자식들을 면제해 줄 수 있는 상황이나 자유는 전혀 없다.

그러나 이것이 부모에게 자식들에 대한 지배권을 부여하거나 법을 제정하고 자신들의 뜻대로 자식들의 생명이나 자유를 마음대로 처분할 수 있는 권한을 주는 것은 전혀 아니다. 경의와 존경, 감사 그리고 도움을 베풀어야 한다는 것과 절대적인 복종 및 굴복을 요구하는 것은 별개의 일이다. 부모에게 바쳐야 마땅한 존경은 왕좌에 오른 군주 역시 자신의 어머니에게 바쳐야 한다. 그렇다고 해서 그의 권위가 훼손되는 것은 아니며 어머니의 통치에 자신을 복종시키는 것도 아니다.

67. 아버지의 일시적인 통치권에 속하는 미성년자의 복종은 자

식의 미성년기와 더불어 종료된다. 자식에게 마땅히 받아야 할 존경은 부모의 항구적인 권리로서, 교육 과정에서 아버지가 베푼 다소간의 보살핌, 비용 그리고 친절만큼이나 자식으로부터 존경, 존중, 지원 및 순종을 받아야 한다.

이것은 미성년기와 함께 끝나지 않으며 일생의 모든 부분과 모든 상황에서 유지된다. 이러한 두 개의 권력, 즉 미성년기 동안 아버지가 갖는 돌볼 권리와 평생 갖게 되는 존경받을 권리를 구분하지 못해서 어쩌면 이 문제에 대한 대부분의 오해가 발생했던 것 같다. 정확하게 말하자면, 첫 번째 권리는 부권에 따르는 특권이기보다 자식의 특권이며 부모의 의무이다.

양육과 교육은 자식들의 행복을 위해 부모에게 의무로 지워지는 책임이어서 그 어떤 것도 부모로부터 돌보아야 하는 의무를 면제해줄 수 없다. 그리고 비록 자식들에게 명령하고 벌을 주는 권력이 수반되지만 신은 자식들을 위하는 다정함과 같은 인간 본성의 원리들을 함께 엮어놓았으므로 부모가 권력을 지나치게 엄격히 사용할 우려는 없다. 가혹한 편으로 과도한 경우는 드물며 오히려 자연의 강력한 편애에 의한 반대의 경우가 더 많다.

그래서 전능하신 하느님은 이스라엘 사람들을 온화하게 대하는 것을 표현하면서 비록 징벌을 내리면서도 "사람이 자기 자녀를 훈련시키듯이"(신명기 8장 5절) 벌을 내린다고 말한다. 즉, 상냥함과 애정으로 벌을 내리는 것이다. 신은 그들을 위해 정말로 가장 좋은 것 이상의 가혹한 규율로 다루지 않았으며, 만약 약하게 했다면 오히려 상냥하지 못한 것이 되었을 것이다. 이것은 부모의 근심과 걱정이 늘어나거나 잘못 보답 받지 않도록 자식들에게 복종할 것을 명령한 권력이다.

68. 반면에, 부모에게 받은 은혜에 보답하는 보은의 마음이 요구하는 모든 것이라 할 존경과 지원은 자식의 피할 수 없는 의무이며 부모의 타당한 특권이다.

부모의 의무가 자식을 이롭게 하기 위한 것이듯 이것은 부모를 이롭게 하기 위해 의도된 것이다. 부모의 의무인 교육은 유년기의 무지와 허약함에 규칙의 명확한 적용과 일종의 지배인 억제와 징계의 개입이 필요하기 때문에 대단한 권력을 갖고 있는 것처럼 보이기는 한다. 그리고 존경이라는 단어가 내포하고 있는 의무는 비록 그 책임을 어린 자식보다 성숙한 자식에게 더 강하게 지우지만 복종을 많이 요구하지는 않는다.

자식들은 부모에 복종해야 한다는 명령이 자신의 자식이 있는 사람에게 아직 어린 그의 자식들이 자신에게 하는 것과 똑같은 복종을 자기 아버지에게 바칠 것을 요구하는 것이라고 생각할 수 있는 사람이 있을까? 그리고 아버지의 모든 명령에 복종해야 한다는 이러한 가르침에 의해 권위에 대한 자부심에서라도 자신의 아버지가 무분별하게 그를 여전히 어린아이로 취급할 수도 있다고 생각할 사람이 있을까?

69. 그렇다면 부권의 첫 번째 요소, 즉 권력이기보다 의무라 할 교육은 아버지에게 속하지만 일정한 시기에 끝나게 된다. 교육의 임무가 끝나면 부권은 저절로 끝이 나며 또한 그 전에 양도할 수도 있다. 자기 아들의 교육을 다른 사람에게 맡길 수도 있기 때문이다. 자기 아들을 다른 사람의 도제로 보낸 사람은 그 기간 동안 아버지와 어머니에 대한 복종의 대부분을 면제해준 것이다.

그러나 다른 한 가지 요소인 부모에 대한 존경의 의무는 그럼에도 불구하고 온전히 남아 있다. 그 어떤 것도 그 의무를 취소시킬 수 없다. 그것은 부모 모두로부터 분리시킬 수 없는 것이어서 아버지의 권위로 어머니로부터 권리를 빼앗을 수 없으며, 누구라도 자신을 낳아준 어머니를 존경할 의무를 면제해줄 수는 없다. 그러나 이러한 두 가지 요소는 모두 재산, 자유, 신체 그리고 생명에 영향을 끼치는 법을 제정하고 형벌로 집행할 수 있는 권력과는 전혀 다르다.

명령을 내릴 수 있는 권력은 미성년기와 더불어 끝난다. 비록 그 후에도 아들은 존중과 존경, 지원과 방어 그리고 한 인간이 자연스럽게 누릴 수 있었던 최상의 은혜에 대한 모든 감사를 언제나 부모에게 바쳐야만 한다. 하지만 이 모든 것이 아버지에게 왕권이거나 명령을 내리는 최고의 권력을 부여하는 것은 아니다. 아버지는 아들의 재산이나 행동에 대한 지배권을 갖지 않으며, 모든 일에서 자신의 의지로 아들의 의지를 규정할 수 있는 권리도 전혀 없다. 하지만 아들은 여러 가지 일들에서 그 자신이나 가족에게 크게 불편하지 않도록 순종하는 것이 적절할 것이다.

70. 사람은 나이 많은 사람이나 현자를 존중하고 존경해야 하며 자식이나 친구를 보호해야 하며, 가난한 사람을 구제하고 지원해야 하며, 은혜를 베푼 사람에게 자신이 가진 모든 것으로 할 수 있는 모든 것을 다해도 충분히 갚을 수 없을 정도로 보답해야 한다. 그러나 이런 모든 것이 그런 은혜를 입은 사람에게 적용될 법을 제정할 수 있는 권위나 권리를 주는 것은 아니다. 그리고 이 모든 것이 그저 아버지라는 자격 때문만은 아니며, 앞서 말했듯이, 어머니에게도 속하기 때문만은 아니라는 것은 분명하다.

부모에 대한 이러한 의무와 자식들에게 요구되는 보답의 정도는 종종 다른 자식보다 어느 한 자식에게 더 많이 베풀기도 하는 보살핌과 친절, 노고와 비용 등의 차이에 따라 달라질 수도 있기 때문이다.

71. 이것은 부모가 어떻게 자신들도 신민인 사회에서 자식들에 대한 권력을 유지하고 자연 상태에 있는 부모들만큼이나 자식들의 복종에 대해 권리를 갖는 일이 일어났는가에 대한 이유를 밝혀준다. 만약 모든 정치권력이 오직 아버지에게만 속하며 정치권력과 부권이 실제로 하나이면서 동일한 것이라면 그러한 일은 가능하지 않았을 것이다. 그렇다면 모든 부권은 군주에게 있으므로 신민은 당연히 그런 권력을 전혀 가질 수 없기 때문이다.

그러나 정치권력과 부권이라는 두 가지 권력은 완전히 다른 별개의 것으로 전혀 다른 근거로 성립되었으며 전혀 다른 목적으로 부여된 것이므로 아버지인 모든 신민은 군주가 자기 자식들에 대해 갖고 있는 것과 같은 부권을 갖는다. 그리고 부모가 있는 모든 군주는 가장 비천한 신민들이 부모에 대해 갖고 있는 것과 같은 효도의 의무가 있다. 그러므로 군주나 위정자가 신민에 대해 갖는 것과 같은 종류의 지배권은 전혀 포함할 수 없다.

72. 비록 자식들을 양육할 부모의 의무와 부모를 존중할 자식의 의무가 한편에는 모든 권력을 주고 다른 한편에게는 복종을 포함한다는 것이 이 관계에서는 타당한 것이지만, 아버지에게는 통상적으로 또 다른 권력이 있다. 이것에 의해 아버지는 자식의 복종에 대한 기반을 마련한다. 이 권력은 다른 사람들에게도 공

통되는 것이지만, 그것을 주장하는 경우는 거의 일정하게 개별적인 가족의 아버지들에게서 나타나고 다른 곳에서는 일어나는 경우는 드물고 주목도 받지 않기 때문에 세상에서는 아버지의 지배권의 일부로 통용되고 있다.

사람들이 일반적으로 갖고 있는 이 권력은 자신의 재산을 가장 마음에 드는 자에게 넘겨주는 것이다. 아버지의 소유물은 통상적으로 각 나라의 법과 관습에 따라 일정한 비율로 자식들에게 상속되어 계승되는 것이지만 자신의 의지와 기질에 적합한 자식의 행위에 따라 좀더 관대하거나 자유롭게 물려주는 것은 보통 아버지의 권력에 속한다.

73. 이것은 자식들의 복종에 적지 않게 연결되며 토지의 소유는 언제나 그 토지가 속해 있는 나라의 정부에 대한 복종을 동반한다. 일반적으로 아버지는 자손들에게 그 자신이 신민으로 있는 정부에 복종하도록 하고 그가 맺은 협정을 유지하도록 만들 수 있다고 여겨져 왔다. 이것이 단지 토지에 수반되는 필수적인 조건이라는 사실에 비추어보면, 그 정부의 지배하에 있는 재산의 상속은 오직 그런 조건으로 받는 자들에게만 이루어지므로 자연적인 구속이나 협약이 아니라 자발적인 복종이라 할 수 있다.

모든 인간의 자식은 태어날 때부터 아버지 또는 선조들만큼이나 자유로우므로, 그런 자유를 누리고 있는 동안 어떤 사회에 속할 것인지 어떤 국가의 지배하에 있을 것인지를 선택할 수 있기 때문이다. 그러나 만약 선조의 상속재산을 받으려 한다면, 선조들과 동일한 조건으로 받아야만 하며, 그러한 소유물에 수반되는 모든 조건에 복종해야만 한다.

아버지는 실제로 이러한 권력을 통해 미성년기가 지난 후에도 자식들에게 복종하도록 강제할 수 있으며, 가장 일반적으로는 이런 저런 정치권력에 복종시키기도 한다. 그러나 이런 것들은 모두 아버지로서의 특별한 권리에 의한 것이 아니라, 그러한 순종을 강제하고 보상받도록 그들이 확보하고 있는 것에 대한 보답에 의한 것이다. 이것은 어느 프랑스인이 어느 영국인에 대해 가지고 있는 권력과 다를 바 없다. 그 영국인은 분명 자신에게 토지를 남겨줄 것이라는 희망에 의해 확실하게 복종할 근거를 갖게 될 것이다. 그리고 만약 토지가 남겨진다면 그것을 받을 것이지만, 그는 분명 그 토지가 있는 나라가 프랑스이든 영국이든 상관없이 그 토지의 소유에 수반되는 조건에 따라 취득해야만 한다.

74. 이제 결론을 짓자면, 비록 아버지의 명령할 권력은 자식들의 미성년기를 지나서까지 미치지 않으며 오직 그 시기의 규율과 관리에 알맞은 정도까지이다. 그리고 비록 존경과 존중 그리고

옛 로마사람들이 경애라 부르던 모든 것 즉, 평생 동안 필연적으로 부모에게 입었던 은혜 그리고 모든 토지와 더불어 모든 지원과 보호는 마땅히 보답을 받아야 하지만 이러한 것들이 아버지에게 통치의 권력 즉, 자식들에 대해 법을 제정하고 처벌을 집행할 권력을 주는 것은 아니다.

비록 이 모든 것에 의해 아들의 재산이거나 행동에 대한 지배권을 갖지는 않지만, 인구가 희박하여 가족들이 임자 없는 지역으로 따로 떨어져나가고 아직 비어 있는 땅으로 이주하거나 정착할 여지가 있던 이 세상의 초기에는 가족의 아버지가 군주가 되는 것을 당연하게 생각했을 것은 분명하다.(6-1) 아버지는 자식들의 유아기가 시작될 때부터 통치자였으며 일정한 통치가 없었다면 그들이 함께 살기 어려웠을 것이기 때문에, 자식들이 성장했을 때 어떤 변화 없이는 지속될 수 없는 것처럼 보이는 곳에서도 그들의 명시적이거나 묵시적인 동의에 의해 통치권은 아버지에게 있었을 가능성이 가장 높다.

실제로 가족 내에서 아버지에게만 모든 자유인이 본래부터 갖고 있는 자연법의 집행 권리를 허용하는 것과 그 허용에 의해 그들이 가족 내에 남아 있는 동안 아버지에게 절대적인 권력을 넘겨주는 것 외에는 요구되는 것이 거의 없었다.

그러나 이러한 것이 부권에 의한 것이 아니라 단지 자식들의 동의에 의한 것이라는 점은 명백하다. 만약 우연히 또는 거래를 위해 그의 가족과 함께 하게 된 외부인이 그의 자식들 중의 한 명을 죽이거나 그 밖의 범죄를 저질렀다면 자식들에게 했던 것과 마찬가지로 죄를 물어 사형에 처하거나 어떤 식으로든 처벌했을 것이라는 점은 분명하다.

이러한 처벌을 자식이 아닌 사람에게 부권에 의해 가하는 것은 불가능하며 단지 인간으로서 갖고 있는 권리인 자연법을 집행할 권력에 따른 것이다. 그리고 가족 중에서 오직 그만이 그 외부인을 처벌할 수 있는 것은 자식들의 존경심이 가족의 다른 누구보다 앞서 아버지에게 기꺼이 존엄과 권위를 양보하여 아버지에게 그런 권력의 행사를 부여했던 것이다.

75. 따라서 묵시적이고 거의 불가피한 동의에 의해 자식들이 아버지의 권위와 통치를 받아들이게 된 것은 쉽고도 거의 자연스러운 일이었다. 자식들은 어린 시절에 아버지의 지시를 따르고 자신들 사이의 사소한 다툼에 대한 판단을 맡기는데 익숙해져 있었다. 성인이 되었을 때 그들을 통치하는데 누가 더 적합한 사람일까? 그들의 많지 않은 재산과 그보다 더 적은 탐욕은 심각한 분쟁을 거의 일으키지 않았다. 그리고 그런 분쟁이 발생했다면, 그들 모두를 보호하고 양육했으며 그들 모두에게 자애로운 아버

지보다 더 적절한 심판자를 어디에서 구할 수 있을까?

그들이 피보호자의 신분에서 벗어나기를 바라지 않을 때, 미성년기와 성년기를 구분하지 않는 것은 물론 그들 자신과 재산을 자유로이 처분할 수 있게 되는 21세나 그 밖의 나이에 관심을 갖지 않는 것은 전혀 놀라운 일이 아니다. 피보호자의 신분에 있는 동안 겪었던 통치는 제약이기보다는 보호로서 줄곧 지속되었으며 아버지의 지배 하에서 누리던 평화, 자유 그리고 재산에 대한 보장을 더 잘해줄 수 있는 곳은 찾을 수 없었던 것이다.

76. 따라서 가족의 친부는 느낄 수 없는 변화에 의해 그들의 정치적 군주도 되었던 것이다. 그리고 그들은 오래 살게 되면서 몇 대에 걸쳐 유능하고 훌륭한 후계자들을 남기기도 하고 그렇지 못하기도 하면서, 우연이거나 의도적인 계획 혹은 주어진 기회에 따라 여러 가지 체제와 관행 하에서 세습이거나 선거에 의한 왕국의 기초를 닦았던 것이다.

그러나 만약 군주가 아버지의 권리로부터 자격을 갖게 되며, 통상적으로 아버지가 사실상의 통치를 하기 때문에, 정치적 권위를 갖는 아버지의 자연권에 대한 충분한 증거가 된다고 한다면, 나는 이렇게 말하겠다.

만약 이러한 주장이 유효하다면, 모든 군주는, 아니 오직 군주만이 제사장이 되어야 한다는 주장을 강하게 입증하는 것이 될 것이다. 태초에 가족의 아버지가 제사장이었다는 것은 그 집안의 통치자였다는 것만큼이나 분명하기 때문이다.

❖ 저자 주 ❖

6-1 그러므로 모든 가족의 우두머리는 언제나, 이를테면, 왕이었다는 대
철학자의 견해가 전혀 엉뚱한 것은 아니다. 그러므로 일정한 수의 가
족들이 시민사회에서 함께 연합했을 때, 그들 사이에서는 왕들이 첫
번째 부류의 통치자가 되었으며 또한 그것이 아버지들을 통치자로 삼
는 사람들 사이에서 아버지라는 명칭이 여전히 이어지고 있는 이유인
것처럼 보인다. 또한 통치자들이 멜기세덱처럼 처신하던 고대의 관습
그리고 처음에는 아버지들이 맡았던 제사장의 역할을 왕들이 수행했
던 것도 어쩌면 똑같은 이유에서 비롯되었을 것이다.

그렇지만 이것이 이 세상에서 받아들여지던 유일한 종류의 통치 형태
는 아니었다. 어느 한 종류의 통치 형태가 가진 불편함이 갖가지 형태
를 고안하도록 만들었다. 그로 인해 한마디로 말하자면, 모든 공적인
통치 형태는 어떤 종류가 되었든 편리하고 필요하다고 판단하는 사람
들 사이의 신중한 조언과 협의 그리고 타협을 통해 만들어진 것은 분
명하다고 보인다. 본성 자체만으로 판단해보았을 때 인간은 그 어떤
공적인 통치 형태 없이도 살 수 있었으리라는 것은 전혀 불가능하지
않다. (후커, 《교회정치론》 제1권 10장)

제7장

정치사회 또는 시민사회에 대하여
OF POLITICAL OR CIVIL SOCIETY

77. 신은 인간을 이런 피조물로 만들었다. 즉, 신이 판단하기에 인간은 혼자 있는 것이 좋지 않아서, 필요와 편의에 대한 강한 의무를 부여하고 사회생활을 하려는 성향을 갖도록 했다. 더불어 이해력과 언어에 익숙하도록 하여 사회생활을 지속하고 즐기도록 했다. 최초의 사회는 남편과 아내로 이루어졌으며 그로부터 부모와 자식 간의 사회가 시작되었고 시간이 지나면서 주인과 노예 간의 사회가 추가되었다. 비록 이 모든 사회들이 통상적으로 함께 모여 하나의 가족을 구성하게 되었지만, 가족 내에서 주인 또는 여주인이 가족에 적합한 일종의 지배력을 갖게 되었다. 이제 우리가 살펴보려는 것처럼 이 사회들은 각각 또는 전체적으로 만약 각 사회의 개별적인 목표와 결합방식 그리고 한계를 고려해보면 정치사회로는 부족한 것이었다.

78. 부부사회는 남성과 여성 사이의 자발적인 계약에 의해 형성되었다. 비록 그 계약의 주된 목적인 출산에 필요한 서로의 육체에 대한 교섭과 권리로 주로 구성되지만 상호간의 부양과 원조 그리고 이해관계의 공유 역시 이끌어낸다. 이것들은 그들의 관심과 애정을 결합시킬 뿐만 아니라 공동의 자식들을 위해서도 필요한 것이다. 자식들은 스스로의 힘으로 생활할 수 있을 때까지 부모에 의해 양육되고 부양받을 권리를 갖고 있다.

79. 남성과 여성 간의 결합의 목적은 단순히 출산뿐만 아니라 종족의 연속에도 있기 때문에 출산 이후에도 어린 자식들의 양육과 보호가 필요할 때까지 지속되어야만 한다. 자식들은 스스로 생계를 꾸려나갈 수 있을 때까지 그들을 낳은 부모에 의해 부양되어야 한다. 우리는 무한히 현명한 조물주가 자신의 작품에 정해놓은 이 규칙을 열등한 동물들도 착실하게 복종하고 있다는 것을 알고 있다.

풀을 먹고 사는 태생동물들은 암컷과 수컷의 결합이 교미행위 이상으로 더 오래 지속되지 않는다. 풀을 먹을 수 있을 때까지 어미의 젖꼭지로 새끼를 키우기에 충분하기 때문이다. 수컷은 새끼를 낳게 할 뿐 암컷이나 새끼에게 관심을 갖지 않으며 그들의 생존에 아무것도 기여할 수 없다.

그러나 육식동물은 그러한 결합이 오래 지속된다. 풀을 먹고 사는 것보다 더 힘들고 위험한 생활 방식이어서 어미가 잡은 먹이만으로 자신과 많은 새끼들을 충분히 먹여 살릴 수 없으므로 공동의 가족을 유지하는 데 수컷의 도움이 필요하다. 공동의 가족은 그들 스스로가 먹이를 잡아먹을 수 있을 때까지 생명을 유지할 수 없으며 오직 암컷과 수컷 공동의 보호에 의해서만 가능하다.

새들도 모두 똑같은 상황에 있다(먹이가 충분해서 수컷이 어린 새끼들을 먹이고 보살필 필요가 없는 몇몇 가금류를 제외하고). 둥지 속의 새끼들은 먹이가 필요하므로 수컷과 암컷은 새끼들이 날개를 이용하여 스스로 먹이를 구할 수 있을 때까지 계속 짝을 이루고 산다.

80. 이런 사실에 인류의 남성과 여성이 다른 동물들보다 더 오랫동안 결합되어야 하는 유일하지는 않더라도 주된 이유가 있다고 생각한다. 즉, 여성은 먼저 태어난 자식이 부모의 양육에 의존하는 것을 벗어나 스스로 생계를 꾸리고, 부모의 모든 도움이 끝나기도 훨씬 전에 임신할 수 있으며 사실상 일반적으로 다시 임신을 해서 새 아기를 낳기 때문이다. 그로 인해 그가 태어나게 한 자식들을 돌보아야만 하는 아버지는 다른 동물들보다 더 오랫동

안 동일한 여성과 부부사회를 지속할 의무를 갖게 된다. 다른 동물들은 새로운 번식기가 돌아오기 전에 새끼들이 스스로 생존할 수 있으므로 암수의 결합은 저절로 해소되며, 결혼의 신인 휘멘(Hymen)이 통상적인 계절에 새로운 짝을 선택하도록 명할 때까지 자유롭다.

여기에서 위대한 조물주의 지혜에 감탄하지 않을 수 없다. 조물주는 인간에게 선견지명 그리고 현재 필요한 것을 공급하는 것만큼이나 미래에 대비해 저장해두는 능력을 주었으며, 남편과 아내로 이루어진 사회가 다른 동물들의 암수보다 오래 지속되는 것이 필요하도록 만들었다. 그렇게 해서 그들이 공유하는 자식들을 위해 양식을 마련하고 물자를 저장하도록 그들의 노동을 장려하고 이해관계가 더욱 잘 일치하도록 만들었던 것이다. 이러한 일들은 남녀의 불명확한 결합이거나 쉽고 빈번한 부부 사회의 해체가 있었다면 혼란에 빠졌을 것이다.

81. 비록 인간의 부부 관계가 다른 동물들보다 더 견고하게 지속되는 것이 인류에게 주어진 결합방식이지만, 이것은 다음과 같이 물어야 할 한 가지 이유를 제시한다.

이 계약은 왜 출산과 교육이 안정되고 상속이 이루어진 후에도 다른 자발적인 계약과 마찬가지로 동의나 일정한 시기 또는 일정한 조건에 의해 종료될 수 없도록 만들어진 것일까?

평생 동안 언제나 유지되어야만 한다는 것은 그 계약의 본질이나 목적에 필수적인 것도 아니다. 그런 모든 계약이 항구적이어야 한다고 규정하는 실정법상의 제약 같은 것은 없다는 뜻이다.

82. 그러나 남편과 아내는 비록 오직 한 가지의 공통된 관심사를 갖고 있지만 서로 다른 이해력을 갖고 있으므로 때로는 어쩔 수 없이 서로 다른 의지 역시 갖게 된다. 그러므로 최종적인 결정권, 즉 지배권이 어딘가에 정해지는 것이 필요하며, 자연스럽게 더 유능하고 더 강한 남자의 몫으로 주어진다. 그러나 이 지배권은 단지 그들 공동의 이해관계와 재산과 관련된 것들에만 미치며, 계약에 의한 완전하고 자유로운 아내의 소유물은 그녀의 고유한 권리로 남아 있으며, 아내가 남편의 생명에 대해 아무런 권력을 갖지 않듯이 남편에게도 아내의 생명에 대한 어떠한 권력도 부여하지 않는다.

남편의 권력은 절대군주의 권력과 전적으로 다르므로 아내는 자연권이나 그들의 계약이 허용하는 많은 경우에 남편과 헤어질 자유가 있다. 그 계약이 자연 상태에서 체결된 것이든 그들이 살고 있는 나라의 관습이나 법에 의해 체결된 것이든 상관없다. 그런 분리가 발생할 경우 자식들은 그런 계약이 정한대로 아버지나 어머니의 몫이 된다.

83. 결혼의 모든 목적은 자연 상태에서와 마찬가지로 정치적 통치 하에서도 달성되어야 하므로 서민 행정관은 그러한 목적, 즉 그들이 함께 사는 동안의 출산과 상호간의 부양과 지원에 당연히 필요한 양쪽의 권리나 권력을 빼앗지 않으며 단지 그 목적에 대한 남편과 아내 사이에 일어날 수 있는 분쟁을 해결할 뿐이다. 만약 그와 다르게 생사에 관련된 절대적인 주권과 권력이 당연히 남편에게 속하고 그것이 남편과 아내 사이의 사회에 필수적이라면 남편에게 그러한 절대적인 권위가 허용되지 않는 나라들에서는 결혼이 존재할 수 없게 된다.

그러나 결혼의 목적은 남편에게 그러한 권력을 규정하지 않으며 부부사회의 조건에서도 그러한 권력을 남편에게 부여하지 않으며 그 상태에서 전혀 필요하지도 않다. 부부사회는 그런 권력 없이도 존속할 수 있고 그 목적을 달성할 수 있다. 오히려 재산의 공유, 재산에 대한 권력, 상호간의 도움과 유지 그리고 그 외에 부부사회에 속하는 것들은 자녀들이 스스로 살아갈 수 있을 때까지의 출산과 양육이 양립할 수 있는 한 그 사회에서 남편과 아내를 결합시키는 계약에 의해 변경될 수 있고 규제될 수 있다.

어떤 사회에서든 그 사회가 만들어진 목적에 필요하지 않은 것은 전혀 필요 없다.

84. 부모와 자식 간의 사회 그리고 그들 각각에게 속하는 별개의 권리와 권력은 이미 앞장에서 충분히 다루었으므로 여기에서 더 언급할 필요는 없을 것이다. 그리고 그 사회는 정치사회와 전혀 다르다는 것은 분명하다고 생각한다.

85. 주인과 하인은 역사만큼이나 오래된 호칭이지만 전혀 다른 조건을 가진 사람들에게 주어진 것이기도 하다. 자유인도 자신이 받게 될 임금을 대가로 일정한 기간 동안 노무를 제공하여 자신을 파는 것으로 다른 사람의 하인이 될 수 있기 때문이다. 비록 이것이 일반적으로 그를 주인의 가족이 되게 하고 그 가족의 통상적인 규율을 따르게 하지만, 주인에게 그에 대한 일시적인 권력을 주는 것일 뿐이며 그들 사이의 계약에 포함된 것 이상의 권력을 주지는 않는다.

그러나 또 다른 종류의 하인이 있으며 우리는 노예라는 특별한 호칭으로 부른다. 노예는 정당한 전쟁에서 붙잡힌 포로들로 자연권에 의해 주인의 절대적인 지배권과 독단적인 권력에 복종한다. 앞서 말했듯이, 이들은 생명과 더불어 자유도 몰수당하고 재산도 상실한 사람들이다. 재산을 소유할 수 없는 노예의 상태에 있는 그들은 시민사회의 주된 목적이 재산의 보존이므로 시민사회의 구성원으로 인정되는 상태에 있을 수는 없다.

86. 그러므로 이제 한 가족의 내적인 통치하에 결합되어 있는 아내, 자식, 하인 그리고 노예라는 모든 종속적인 관계와 더불어 가정의 주인에 대해 검토해보기로 하자.

가족은 서열과 직무 그리고 구성원의 수에서도 작은 나라와 닮은 점이 많지만 그 조직과 권력 그리고 목적은 전혀 다르다. 만약 가족을 군주제로 그리고 가부장을 절대적인 군주로 생각해야만 한다면 절대군주제는 그저 심하게 손상되고 불충분한 권력만을 갖게 될 뿐이다. 앞서 논의한 것에 의하면 가족의 주인은 구성원들에 대해 그 기간과 범위에서 모두 매우 독특하고 상이하게 제한된 권력을 갖고 있다는 것이 분명하다.

노예를 제외한다면(노예의 유무와 상관없이 가족은 여전히 가족이며 가부장으로서의 권력은 강력하다) 그에게는 가족 구성원의 생사에 관한 입법권이 없으며, 가족의 여주인이 그만큼이나 갖고 있는 것 외의 권력은 전혀 없기 때문이다. 그리고 가족의 개별적인 구성원에 대해 매우 제한된 권력을 가질 뿐인 그가 가족 전체에 대한 절대적인 권력을 가질 수 없다는 것은 분명하다. 그러나 가족이나 인간의 다른 어떤 사회가 올바른 정치사회와 어떻게 다른지에 대해서는 정치사회 자체의 구성에 대한 고찰에 의해 가장 잘 이해할 수 있을 것이다.

87. 지금까지 입증되었듯이, 인간은 다른 어떤 사람이거나 이 세상의 많은 사람들과 평등하게 완전한 자유와 자연법의 모든 권리 및 특권을 통제받지 않고 누릴 수 있는 자격을 갖고 태어났다.

인간은 태어날 때부터 타인의 침해와 공격에 맞서 자신의 재산 즉, 생명과 자유와 재산을 보호할 권력을 갖고 있다. 또한 그 법을 위반한 다른 사람들을 심판하고 그 위반행위에 합당하다고 확신하는 바에 따라 처벌할 권력도 갖고 있다. 심지어 그가 극악한 범죄라고 생각하는 경우에는 사형을 내릴 권력도 갖고 있다.

그러나 어떠한 정치적 사회도 그 자체 내에 재산을 보호하고 그것을 위해 사회의 모든 범죄를 처벌할 권력 없이는 존재하거나 존속할 수 없기 때문에 모든 구성원이 이러한 자연권의 행사를 중지하고 공동체가 제정한 법에 따라 보호를 호소하는 모든 경우에 그를 배제하지 않는 공동체에게 그 권력을 양도하는 곳, 오직 그곳에서만 정치사회가 존재하게 된다.

그러므로 모든 특별한 구성원의 개인적인 판단은 모두 배제되고 정립된 영속적인 규칙에 의해 공동체는 모든 당사자들에게 공평하고 한결 같은 심판관이 된다. 그리고 이러한 규칙의 집행을 위해 공동체로부터 권위를 부여받은 사람들에 의해 구성원들 간의 권리와 관련된 모든 분쟁이 결정되며, 어떤 구성원이 사회에 대해 저지른 범죄는 법이 규정한 벌칙에 따라 처벌한다. 이를 통해 정치사회에 함께하는 사람과 그렇지 않은 사람을 식별하는 것이 쉬워진다.

하나의 단체를 결성한 사람들 그리고 그들 사이의 분쟁을 해결하고 위반자를 처벌할 권위를 갖춘 공통의 확립된 법과 호소할 재판소를 가진 사람들은 전체적으로 시민사회에 속하게 된다. 그러나 이 세상에서 그러한 공통된 호소 수단이 없는 사람들은 여전히 자연 상태에 머물러 있다. 그곳에는 그를 위한 별도의 재판관과 집행자가 없으므로 앞에서 밝혔듯이 완전한 자연 상태인 것이다.

88. 그러므로 국가는 그 사회의 구성원들 사이에서 저질러진 마땅히 처벌되어야 한다고 생각하는 여러 가지 위반행위가 어떤 처벌을 받아야 할 것인가를 결정하는 권력(법을 제정하는 권력)을 갖게 된다.

국가는 구성원들이 저지른 침해와 마찬가지로 국가의 구성원이 아닌 사람들에 의한 침해를 처벌할 수 있는 권력(전쟁과 평화에 관한 권력)도 갖고 있다. 그리고 이 모든 것은 가능한 한 그 사회의 구성원 전체의 재산을 보호하기 위한 것이다.

하지만 비록 시민사회에 가입하여 어떤 국가의 구성원이 된 모든 사람들은 자연법을 거스른 위반행위를 개인적인 판단에 따라 처벌할 수 있는 권력을 포기한 것이지만, 위정자에게 호소할 수 있는 모든 경우에 범죄에 대한 재판권을 입법부에 양도한 것이다. 그는 공동체의 판단을 집행하기 위한 요청을 받을 때는 언제든 그의 힘을 사용할 수 있는 권리를 공동체에게 제공한 것이다. 공동체의 판단은 그 자신이거나 대리인에 의해 결정되는 것이므로 사실상 그 자신의 판단인 것이다.

바로 여기에서 우리는 시민사회의 입법권과 집행권의 기원을 알 수 있다. 그와 같은 권력은 국가 내에서 범죄가 저질러졌을 때 어느 정도까지 처벌되어야 하는가를 정해진 법에 따라 판단하는 것이다. 또한 외부로부터의 침해에 대해 어느 정도까지 대응해야 하는가를 범죄 사실의 현재 상황에 근거한 특별한 판단에 의해 결정하는 권력이다. 두 가지 경우 모두 필요할 때에는 모든 구성원의 모든 힘을 사용한다.

89. 그러므로 일정한 수의 사람들이 그렇게 하나의 사회로 결합하여 모든 사람이 자연법의 집행권을 포기하고 공동체에게 양도하는 곳이라면 그리고 그런 곳에서만 정치사회 또는 시민사회

가 존재한다.

그리고 이것은 자연 상태에 있는 일정한 수의 사람들이 최고의 통치권 하에서 하나의 인민과 하나의 정치체를 결성하기 위해 사회에 가입하는 곳이라면 어디에서나 이루어진다. 또한 어떤 사람이 이미 만들어진 정부에 스스로 합류하여 일원이 되는 경우에도 이루어진다. 그 결과로서 그는 그 사회 또는 그것과 동일한 입법부에 사회 공공의 안녕이 요구하는 바에 따라 그를 위한 법을 제정할 권한을 위임하는 것이다. 그것의 집행에는 (그 자신의 법령으로서) 그 자신의 도움이 당연히 제공되어야 한다.

그리고 이것이 모든 분쟁을 판결하고 국가의 어떤 구성원에게나 발생할 수 있는 침해를 제거해주기 위해 권위를 갖춘 재판관을 이 세상에 설립하는 것에 의해 인간을 자연 상태에서 벗어나 국가의 상태에 들어서게 한다.

재판관은 입법부이거나 입법부에 의해 임명된 위정자들이다. 일정한 수의 사람들이 어떤 식으로든 결합되어 있지만 호소할 수 있는 그러한 확고한 권력이 없는 곳이라면 그들은 여전히 자연 상태에 있는 것이다.

90. 그러므로 일부 사람들에 의해 이 세상의 유일한 통치형태로 간주되던 절대군주제가 사실은 시민사회와 상반되는 것이며

결코 시민의 통치 형태가 될 수 없다는 것은 명백하다.

시민사회의 목적은 자연 상태에 있는 모든 사람이 그 자신의 상황에 관한 재판관이므로 그 사회의 모든 사람들이 받게 될 침해나 일어날 수 있는 분쟁을 호소할 널리 알려진 권위를 확립하는 것으로 필연적으로 발생하게 될 폐단을 피하고 치유하는 데에 있기 때문이다. 그리고 사회의 구성원은 모두 그 권위에 복종해야만 한다.(7-1) 누구든지 그들 사이의 분쟁을 해소하기 위해 호소할 수 있는 그런 권위를 갖지 못한 곳이라면 어디든 그 사람들은 여전히 자연 상태에 있는 것이다. 그러므로 그의 통치하에 있는 사람들과 관련하여 모든 절대군주도 자연 상태에 있는 것이다.

91. 절대군주는 그 혼자만이 입법권과 집행권을 모두 갖고 있다고 여겨지기 때문에 군주나 그의 명령에 의해 겪게 될 수도 있는 침해나 폐해에 대해 권위를 갖고 공정하고 차별 없이 결정을 내리고 그 결정에 따른 구제와 보상을 기대할 수 있는 재판관이 없는 것이며 어느 누구에게도 호소할 수 있는 기회가 없는 것이다. 그러므로 차르 또는 귀족 또는 그 밖의 어떤 호칭으로 부르든 그런 사람은 인류의 다른 사람들처럼 그의 통치 하에 있는 모든 사람과 더불어 자연 상태에 있는 것이다.

어떤 두 사람이 이 세상에 그들 사이의 권리에 대한 분쟁을 해결하기 위해 호소할 일정한 규칙이나 공통의 재판관이 없는 곳에 있다면 그들은 여전히 자연 상태(7-2)에 있는 것이며, 자연 상태의 모든 폐단과 더불어 오로지 신민 혹은 차라리 절대군주의 노예라는 비참한 차이만이 있을 뿐이기 때문이다. 반면에 통상적인 자연 상태에서 그는 자신의 권리를 판단하고 자신의 최선의 권력에 따라 그것을 지킬 자유가 있다.

이제 군주의 의지와 명령에 의해 그의 재산이 침해받을 때마다 사회 내에서 당연히 가져야 하는 호소 수단도 없을 뿐만 아니라 마치 이성적인 피조물의 일반적인 상태로부터 격하된 것처럼 자신의 권리를 판단하거나 방어할 자유도 거부당하게 된다. 그렇게 모든 고통과 폐해에 노출된 한 사람은 아무런 제약을 받지 않는 자연 상태에 있지만 아첨에 의해 타락하고 권력으로 무장한 다른 사람으로부터 두려움을 겪을 수 있게 되는 것이다.

92. 절대 권력은 인간의 피를 맑게 하고 인간 본성의 비열함을 바로잡는다고 생각하는 사람은 사실은 그와 정반대라는 것을 깨닫기 위해 단지 이 시대나 다른 어떤 시대의 역사를 읽어볼 필요가 있다. 아메리카의 숲속에서 거들먹거리며 해를 끼쳤던 자는 필시 왕위에 오른다고 해서 크게 좋아지지는 않을 것이다.

그곳에서는 어쩌면 그가 신민들에게 행하는 모든 것들을 정당화하기 위해 학문과 종교가 동원될 것이며 감히 의심하는 자들은 모두 무력으로 즉시 침묵시킬 것이다. 이런 종류의 통치가 완벽한 상태에 도달한 곳에서 절대군주제의 보호는 과연 무엇일까? 그들의 나라에서 군주들을 어떤 종류의 보호자가 되도록 할까? 그리고 시민사회에 어느 정도의 행복과 안전을 가져오게 될까? 실론에 관한 최근의 이야기(로버트 녹스의 《동인도제도 실론 섬의 역사》)를 연구해보면 누구나 쉽게 이해할 수 있을 것이다.

93. 이 세상의 다른 지배형태와 마찬가지로 절대군주제에서도 사실 신민들은 법에 호소하고, 그들 사이에 일어날 수 있는 분쟁을 해결하고 폭력을 억제하는 재판관을 갖는다. 모두 다 이것이 필요하다고 생각하며 이것을 없애려고 하는 사람은 사회와 인류의 공공연한 적으로 간주할 만하다고 믿는다.

그러나 이것이 인류와 사회에 대한 참된 사랑에서 비롯된 것인지 그리고 우리 모두가 서로에게 베풀어야 할 자비인지에 대해서는 의심할 이유가 있다. 이것은 자신의 힘과 이익 또는 탁월함을 사랑하는 모든 사람들이 오로지 자신의 즐거움과 편의를 위해 힘들게 일하는 동물들이 서로 해치고 죽이지 못하도록 하고 당연히 그렇게 해야만 하는 것과 다를 바 없는 일이기 때문이다.

그렇게 보살피는 것은 주인이 그 동물들에 대해 갖고 있는 사랑에서 비롯된 것이 아니라 그 자신에 대한 사랑과 동물들이 그에게 가져다주는 이익 때문이다. 만약 그런 상태에서 절대적인 통치자의 폭력과 억압에 맞서는 어떤 보호 조치와 울타리가 존재하는가?라고 묻는다면, 그 질문 자체가 성립될 수 없을 것이다.

그들은 언제든지 안전에 대해 묻는 것만으로도 죽음을 당할 만하다고 이야기할 것이다. 그들은 신민과 신민 사이에는 상호간의 평화와 안전을 위해 일정한 기준과 법 그리고 재판관이 있어야만 한다고 인정할 것이다. 그러나 통치자에 관해서는 절대적이어야만 하며 그런 모든 상황을 초월한다. 그는 더 많은 고통을 주고 잘못을 저지를 권력을 갖고 있기 때문에 그런 일을 저지른다 해도 정당하다는 것이다.

가장 강력한 자들이 끼치는 해악이거나 위법행위로부터 어떻게 나 자신을 보호할 것인가를 묻는 것은 곧 분열과 반란의 목소리가 된다. 마치 인간이 자연 상태를 포기하고 사회에 들어가면서 한 사람을 제외한 모든 사람들이 법률의 구속 하에 있어야 하지만 그 사람만은 자연 상태의 모든 자유를 줄곧 유지해야만 하며 권력을 늘리고 규율을 지키지 않아도 처벌을 묻지 않기로 동의한 것과 같다. 이것은 인간이 족제비나 여우에 의해 겪을 수도 있는 해악을 피하기 위해 조심하면서도 사자에게 잡혀 먹히는 것에는 만족하거나 오히려 안전하다고 생각할 정도로 어리석다고 생각하는 것이다.

94. 그러나 아첨꾼들이 인민을 현혹시키기 위해 어떤 말을 한다 해도 감정을 가로막을 수는 없다. 그들은 어떤 사람이, 제아무리 어떤 지위에 있다 해도, 자신들이 속해 있는 시민사회의 경계를 벗어나 있으며 그 사람으로부터 받을 수도 있는 해악을 호소할 수 없다는 것을 인식하게 될 때, 그들이 알게 된 그 사람과 관련하여 자신들이 자연 상태에 있다고 생각하게 된다. 그들은 가능한 한 빨리 시민사회 속에서의 안전과 보호를 확보하기 위해 조심하게 된다. 애초에 안전과 보호를 위해 시민사회는 설립되었으며 오직 그것을 위해 그들은 시민사회에 들어갔던 것이기 때문이다.

그러므로 처음에는 (이 논문의 뒷부분에서 좀 더 상세하게 밝히겠지만) 나머지 사람들 중에서 탁월함을 갖춘 선량하고 훌륭한 어떤 사람이 그의 선함과 미덕에 대해 일종의 자연적인 권위와 같은 존경을 받게 되어, 그의 올바름과 지혜에 대한 확신만으로 아무런 경계도 없이 암묵적인 동의에 의해 그들의 분쟁을 중재하는 주된 통치권을 그에게 위임했을 것이다.

그러나 시간이 흘러 최초의 시기에 태만하고 선견지명이 없는 무지에서 시작되었던 관습이 권위와 (어떤 사람들이 우리를 설득하려고 하듯이) 성스러움을 획득하게 되어 다른 특징을 지닌 후계자들이 나타났다. 자신들의 재산이 그 정부 하에서 (정부는 오직 재산의 보호 외의 목적은 없음에도 불구하고) 그 전처럼 안전하지 않다는 것을 알게 된 인민은 입법부가 사람들로 이루어진 집단적인 단체에 — 상원이나 의회 혹은 기타 무엇으로 부르든 — 설립되기 전까지는 결코 안전할 수 없고 안심할 수도 없으며 자신들이 시민사회 내에 있다고 생각할 수도 없다는 것을 깨닫게 되었다.(7-3)

입법부의 설립에 의해 모든 개인은 다른 가장 비천한 인간과도 평등하게 법에 복종하는 신민이 되었으며, 그 법은 입법부의 일원으로서 그가 제정한 것이기도 했다. 일단 제정된 법의 효력은 어느 누구도 그 자신의 권위에 의해 피해 갈 수 없으며, 또한 우월함을 내세우는 그 어떤 명분에 의해서도 자기 자신이거나 부하의 비행을 허용하는 면책을 주장할 수도 없다. 시민사회 내의 그 어떤 사람도 법으로부터 면제될 수 없다.(7-4)

만약 어떤 사람이 스스로가 적절하다고 생각하는 일을 행하는데 그가 끼치게 될 해악에 맞서 보상이나 안전을 호소할 수 있는 수단이 이 세상에 없다면, 나는 그가 여전히 완전한 자연 상태에 있는 것은 아닌지, 그러므로 시민사회의 일부이거나 구성원이 될 수 없는 것은 아닌지 물어보아야겠다.

누군가 자연 상태와 시민사회는 한 몸이며 똑같은 것이라고 말
하지 않는 한, 나는 지금까지 그렇게 단언할 정도로 무정부 상태
를 지지하는 사람을 본 적이 전혀 없다.

7-1 모든 사회의 공적인 권력은 동일한 사회에 포함되어 있는 모든 사람들보다 상위에 있다. 그리고 그 권력의 주된 용도는 그 권력 하에 있는 모든 사람들에게 적용될 법들을 제공하는 것이다. 이 법들은 이성의 법이나 신의 법이 필연적으로 그것과 반대되는 것을 집행하도록 명령한다고 보이는 이유가 없다면 우리는 그러한 경우들에 있어 그 법들에 복종해야만 한다.(후커, 《교회정치론》 제1권 16장)

7-2 그런 모든 상호간의 불만, 침해 그리고 부당행위 즉, 자연 상태에서 인간에게 수반되는 그러한 것들을 제거하기 위해서는 오직 그들 사이에 타협과 합의를 촉진하고, 일종의 공적인 정부를 규정하고, 그들이 통치하고 지배할 권한을 부여한 정부에 그들 스스로가 복종하여 따르고, 그런 정부에 의해 나머지 사회의 평화, 평안 그리고 행복한 상태를 확보하는 것 외에는 다른 방법이 없다.

인간은 언제나 무력과 침해가 가해지는 곳에서 자신들의 방어자가 될 수 있다는 것을 알고 있었다. 그들은 사람들이 자신들만의 편리를 추구할 수는 있지만 만약 다른 사람에게 피해를 끼친다면 그것은 용납되지 않으며 모든 사람들이 모든 효과적인 수단으로 저항하게 된다는 것을 알고 있었다.

마지막으로, 그들은 모든 사람이 자신과 자신이 매우 아끼는 사람들에 대해 편파적인 만큼 그 어떤 사람도 합당하게 자신의 권리를 결정하거나 자신의 결정에 따라 관철시키려 하지 않는다는 것을 알고 있었다. 그러므로 그들 모두가 인정하는 누군가에 의해 모두 명령을 받 겠다고 동의하지 않는다면 분쟁과 불화가 끊임없이 일어나며, 그러한 동의 없이는 어느 한 사람이 다른 사람들에 대해 지배자나 재판관이 되어야 할 이유가 없다는 것을 알고 있었다.(후커, 앞의 책, 제1권 10 장)

7-3 처음에 일단 일정한 종류의 통치체제가 정해졌을 때 통치 방법에 대 해서는 그들의 지혜와 판단에 모두 맡기는 것 외에는 그 이상의 생각 을 하지 못했을 것이다. 경험에 의해 이것이 모든 면에서 매우 불편하 여 그들이 치료책으로 만들어냈던 것이 실제로는 치료했어야 할 상처 를 악화시킨다는 것을 알게 될 때까지는 그렇게 통치했다. 그들은 한 사람의 의지에 따라 사는 것이 모든 사람이 겪는 불행의 원인이 된다 는 것을 알게 되었다. 이것이 그들을 법에 구속되도록 만들었으며, 모 든 사람들이 사전에 자신들의 의무를 깨닫게 되고 법을 위반하는 데 따르는 처벌을 알게 되었던 것이다.(후커, 앞의 책, 제1권 10장)

7-4 시민법은 정치체 전체의 결의이다. 그러므로 동일한 정치체의 개별적 인 부분을 지배한다.(후커, 앞의 책, 제1권 10장)

제8장

정치사회의 시작에 대하여
OF THE BEGINNING OF POLITICAL SOCIETIES

95. 이미 언급했듯이, 인간은 태어날 때부터 모두 자유롭고 평등하며 독립적이므로 그 자신의 동의 없이는 어느 누구도 이 상태를 벗어나게 하거나 다른 사람의 정치권력에 지배받도록 할 수 없다. 누구든 자신의 타고난 자유를 벗어버리고 시민사회의 구속을 받아들이는 유일한 방법은 서로 편안하고 안전하며 평화로운 삶을 영위하기 위해 다른 사람들과 공동체를 결성하여 재산을 안전하게 누리고 공동체에 속하지 않는 자들에 맞서 더 중요한 안전을 확보하기로 합의하는 것이다.

이것은 사람의 수와 상관없이 합의할 수 있다. 이 합의는 나머지 사람들의 자유를 해치지 않으며, 그들은 과거와 마찬가지로 자연 상태의 자유가 있기 때문이다. 일정한 수의 사람들이 하나의 공동체나 하나의 정부를 구성하기로 동의했다면 그들은 즉시 통합되어 하나의 정치체를 결성하게 되어 다수가 나머지 사람들을 움직이고 결정할 권리를 갖는다.

96. 일정한 수의 사람들이 모든 개인들의 동의에 의해 공동체를 결성했다면, 그들은 하나의 단체로서 행동할 권력을 갖춘 하나의 공동체를 결성한 것이기 때문이다. 이 공동체는 오직 다수의 의지와 결정에 의해서만 행동한다. 어떤 공동체를 움직이게 하는 것은 오직 그 구성원들의 동의뿐이며, 하나의 단체는 한 가지 방향으로 움직일 필요가 있기 때문이다. 그 단체는 보다 더 큰 힘이 이끄는 방향으로 움직여야만 할 필요가 있으며, 그 힘이 다수의 동의인 것이다. 그렇게 하지 않는다면 하나의 단체, 하나의 공동체로 활동하거나 지속하는 것이 불가능하다. 이것은 그 공동체를 결성한 개인들이 모두 동의한 것으로 그렇게 되어야만 한다고 약속했던 것이다. 따라서 다수에 의해 결정한다는 동의를 모두가 따라야 할 의무가 있다.

그러므로 우리는 실정법에 의해 활동할 권한을 부여받은 의회에서, 권한을 부여할 그 어떤 인원수도 실정법에 의해 정해놓지 않았지만, 다수의 결의가 전체의 결의로써 가결되는 것을 보게 된다. 당연하게도 자연법과 이성의 법에 의해 전체의 권력을 갖고서 결정하는 것이다.

97. 그러므로 모든 사람이 다른 사람들과 하나의 통치권 아래 하나의 정치체를 만드는 것에 동의하는 것으로 그 사회의 모든 구성원들에 대해 다수의 결정에 복종하고 그 결정에 따른다는 의무를 지게 된다. 그렇게 하지 않는다면 그가 다른 사람들과 함께 하나의 사회로 통합된다는 본래의 계약은 아무런 의미도 없게 될 것이며, 만약 이전의 자연 상태에 있을 때와 다를 바 없이 아무런 구속도 받지 않고 자유롭게 남아 있겠다면 협정이라 할 수도 없는 것이다.

그 자신이 적당하다고 생각했던 것과 실제로 동의했던 것 이상으로는 사회의 어떤 법령에도 더 이상 구속되지 않겠다고 한다면, 과연 협정이라고 할 수 있을까? 과연 새로운 계약이라고 할 수나 있을까? 이것은 그 자신이 협정을 맺기 전이거나 누구나 자연 상태에서 누렸던 것만큼이나 여전히 커다란 자유를 누리는 것이다. 자연 상태에 있는 사람은 자신에게만 복종할 것이며 자신이 적당하다고 생각하는 결의에만 동의할 것이다.

98. 만약 다수의 동의가 전체의 결의로써 합당하게 받아들여지지 않고 모든 개인을 구속하지 않는다면, 어떤 것이든 오직 모든 개인의 동의만이 전체의 결의로 만들 수 있을 것이다. 하지만 만약 여러 가지 질병들과 다양한 직업들을 고려해본다면 그러한 동

의는 거의 불가능하다. 수적인 면에서는 비록 한 국가의 인구수보다 훨씬 적겠지만 많은 사람들이 공공집회에 참석하는 것은 필연적으로 방해를 받을 것이기 때문이다.

게다가 모든 인간들의 모임에서 어쩔 수 없이 발생하는 의견의 다양성과 이해관계의 불일치를 덧붙인다면 그런 조건들로 사회로 진입한다는 것은 마치 되돌아 나가기 위해서만 극장으로 들어서는 대 카토(Cato BC 234~149: 로마 시대의 정치가. 원로원에서의 뛰어난 웅변술로 유명하다.)와 같은 경우일 뿐일 것이다. 이와 같은 구조는 강력한 리바이어던(구약에 나오는 바다괴물. 토머스 홉스의 저서 《리바이어던》에 절대왕정의 국가로 비유되어 있다.)을 가장 연약한 피조물보다 더 짧게 생존시킬 것이며 태어난 날보다 오래 살도록 하지는 못할 것이다. 이성적인 피조물들이 단지 해체하기 위한 사회를 원하고 구성해야 한다는 것은 상상하기 힘들며 생각할 수도 없다. 다수가 나머지 사람들을 구속할 수 없는 곳에서 그들은 하나의 단체로서 행동할 수 없으며, 그 결과로서 즉각적으로 다시 해체될 것이다.

99. 그러므로 자연 상태를 벗어나 공동체와 일체가 된 사람들은 누구든지 명백하게 과반수보다 더 많은 수로 합의하지 않는 한 자신들이 사회를 결성한 목적에 필요한 모든 권력을 공동체의

다수에게 양도한 것으로 이해해야만 한다. 그리고 이것은 하나의 정치사회를 결성하는 것에 대한 꾸밈없는 합의에 의해 이루어진다. 이러한 합의는 공동체에 가입하거나 결성하는 개인들 사이에서 이루어지고 또 이루어질 필요가 있는 협정의 모든 것이다. 그러므로 어떤 정치사회를 만들고 실질적으로 구성하는 것은 단지 다수를 구성할 수 있는 일정한 수의 자유인들이 연합하여 그런 사회 속으로 편입되는 것에 동의하는 것일 뿐이다. 그리고 이것 오직 이것만이 이 세상에 합법적인 정부를 만들었거나 시작할 수 있도록 하는 것이다.

100. 이것에 대해 두 가지의 반론이 있다는 것을 알고 있다.

첫째, 역사 속에서 독립적이며 서로 평등한 한 무리의 사람들이 함께 모여 이런 방식으로 시작해 정부를 세웠다는 실례를 찾아볼 수 없다는 것이다.

둘째, 인간이 그렇게 해야만 한다는 것이 당연한 권리가 될 수는 없는데, 모든 인간은 정부 하에서 태어나고 그 정부에 복종하며 새로운 정부를 만들 만큼 자유롭지 않기 때문이라는 것이다.

101. 첫 번째 반론은 이렇게 반박하겠다. 역사 속에 자연 상태에서 함께 살았던 인간들에 대한 이야기가 거의 없다는 사실은

전혀 놀라운 일이 아니다. 그런 조건 속에서 겪는 불편함과 사회에 대한 호의와 욕구는 일정한 수의 사람들을 즉시 함께 살도록 이끌었으므로, 만약 계속 함께 살기로 계획했다면 즉시 결합하여 단체를 결성했을 것이다.

그리고 만약 인간들이 그런 상태에 있었다고 충분히 듣지 못했기 때문에 자연 상태에 있었던 때를 생각할 수 없다면, 마치 살마네사르(3세 또는 5세: BC 9~8세기경 아시리아의 왕) 혹은 크세르크세스(BC 480년 그리스를 침공한 페르시아의 왕)의 병사들이 성인이 되어 군대에 동원될 때까지 그들에 관해 들어본 적이 없기 때문에 어린이였던 적이 없었다고 생각하는 것이나 마찬가지이다.

정부는 기록보다 먼저 모든 곳에 있었으며 문자는 시민사회가 오래 지속되면서 좀 더 필수적인 다른 기술들에 의해 구성원들의 안전과 여유 그리고 풍족함이 보장될 때까지는 사람들 사이에 거의 보급되지 않았다. 그 후에야 건국자들의 역사에 관심을 갖고 기원을 연구하기 시작했는데, 그때는 기원에 대한 기억을 잃고 난 후였다. 특정한 개인들과 마찬가지로 국가에 대해서도 사람들은 일반적으로 그 자체의 탄생과 초창기에 대해 모른다. 만약 국가의 기원에 대해 아는 것이 있다 해도, 다른 사람들이 보관해온 우연한 기록에 신세를 지고 있다.

그리고 신이 직접 개입했으며 부권의 지배에 전혀 유리하지 않는 유대인의 정치체를 제외하고는 이 세상에서 어떤 정치체의 시작에 관해 우리가 갖고 있는 기록은 모두 앞서 언급한 것과 같은 시작을 명백히 보여주는 실례이거나 적어도 그러한 출발의 분명한 발자취를 보여주는 것들이다.

102. 로마와 베네치아가 타고난 우월함이거나 종속의 관계가 없는 사람들 중에서 자유롭고 서로에게 독립적인 사람들의 결합에 의해 시작되었다는 사실을 인정하지 않으려는 사람은 명백한 사실이 자신의 가설과 일치하지 않을 때 그것을 부정해버리는 기묘한 성향을 보여주고 있는 것이다. 그리고 호세 데 아코스타(16세기경 에스파냐의 선교사)의 말을 인용하자면, 그는 아메리카의 많은 지역에는 정부가 전혀 없었다고 우리에게 전하고 있다.

그는 페루 사람들에 대해 언급하면서 이 사람들은 오랫동안 왕이나 국가도 없이 무리를 지어 살았다는 것은 중대하고도 명백한 추론이라고 말한다. 그들이 오늘날 플로리다에서 모여 살듯이 체리콰나 족과 브라질 사람들 그리고 다른 많은 민족들은 특정한 왕은 없지만 평화나 전쟁 시에 상황이 주어지면 자신들이 원하는 방식으로 우두머리를 선출하고 있다.(아코스타의 《신대륙자연문화사》 제1권 25장)

만약 그곳의 모든 사람들이 태어나면서 아버지나 가족의 우두머리에게 복종한다 해도, 아버지에 대한 복종이 자식이 적절하다고 생각하는 정치사회에 가입할 자유를 박탈하지 않는다는 것은 이미 입증되었다. 그러나 어찌되었든 이 사람들이 실제로 자유로웠다는 것은 분명하다. 그리고 현재의 일부 정치인들이 이 사람들 중의 누군가에게 우월성을 부여하려 한다 해도 그들 스스로가 그것을 주장했던 것은 아니다.

하지만 동의에 의해 모두 평등했으며, 똑같은 동의에 의해 통치자를 선정할 때까지는 그 상태를 유지했다. 그러므로 그들의 정치적 사회는 모두 자발적인 결합으로부터 그리고 통치자와 정부형태의 선택을 자유롭게 실천하는 사람들 상호간의 협정으로부터 시작되었던 것이다.

103. 유스티누스(3세기경의 로마의 역사가. 《필리포스 역사》를 썼다.)가 언급했듯이(제3권 4장), 나는 팔란투스(BC 8세기 스파르타의 정치에 반대한 무리들을 이끌고 이탈리아의 타렌툼에 새로운 도시를 건설했다.)와 함께 스파르타를 떠났던 사람들이 서로 독립적인 자유인이며 자신들의 동의에 의해 정부를 설립했다는 것이 인정되기를 기대한다. 이렇게 나는 역사로부터 자연 상태에 있는 자유로운 인민이 함께 단체를 결성하고 국가를 출범시킨 몇 가지 실례를 제시했다. 그리고 만약 그런 사례들의 결핍이 정부는 그렇게 시작된

것이 아니며 그렇게 시작될 수도 없었다는 것을 입증하는 논거가 된다 해도, 아버지로부터 이어받은 제국을 옹호하는 자들은 타고 난 자유를 거스르며 그 논거를 제기하기보다 그냥 내버려두는 것이 더 나을 것이라고 생각한다.

만약 그들이 역사로부터 부권에서 시작된 정부에 관한 많은 실례를 제시할 수 있다면, (비록 기껏해야 지금까지 그래왔던 것에서 당연히 그래야만 한다고 이어지는 논거는 아무런 설득력도 없지만) 그리 커다란 위험 없이 원인을 그들에게 양보할 수 있다고 생각한다.

그러나 이 문제에 대해 충고하자면, 사실상 그들이 이미 시작했듯이 정부의 기원에 대해 너무 깊이 파고들지 않는 것이 좋을 것이다. 대부분의 정부의 기원에는 그들이 밀고 있는 의도나 그들이 주장하는 그런 권력에 조금이라도 유리한 사실이 없다는 점을 발견하게 될 것이기 때문이다.

104. 그러나 결론으로 말하자면, 인간은 태어나면서부터 자유로우며, 역사의 사례들이 보여주듯이, 이 세상에서 평화롭게 시작된 정부들은 그러한 기반 위에 시작되어 인민의 동의에 의해 만들어졌다는 점에서 논거는 우리들의 편에 있다는 것은 명백하다. 정부의 최초의 수립에 대한 올바른 해석이 어디에 있는지 또

는 어떤 견해가 있었는지 또는 인류가 어떻게 실천해왔는지에 대해서는 의문의 여지가 있을 수 없다.

105. 만약 역사가 이끌어주는 대로 국가의 기원을 최대한 되돌아본다면, 일반적으로 1인의 정부와 통치 하에 있던 국가들을 발견하게 된다는 것은 부정하지 않겠다. 그리고 나 역시 가족이 스스로 생명을 보존할 수 있을 만큼 많아서 다른 사람들과 섞이지 않고 함께 모여 사는 것을 유지했던 곳에서는 땅은 넓고 인구가 적은 곳에서 종종 그러했듯이 정부는 일반적으로 아버지에서 시작되었다고 믿는 편이다.

자연법에 의해 아버지는 자신이 적절하다고 생각하는 바에 따라 법을 거스르는 범죄를 처벌할 수 있는 다른 모든 사람과 동일한 권력을 갖고 있었으므로, 자식들이 성인이 되어 피보호자의 신분을 벗어났을 때에도 자식들의 위반행위를 처벌했을 것이기 때문이다. 그리고 자식들은 그의 처벌에 순순히 따랐을 것이며, 자식들은 모두 아버지와 함께 범죄자에 대항하는 것으로 그 어떤 위반사항에 대한 판결을 집행할 권력을 부여했을 것이다. 그러므로 사실상 그의 가족과 결합되어 있는 모든 사람에 대한 입법자와 통치자로 삼았을 것이다.

그는 신뢰를 받기에 가장 적합한 사람이었다. 아버지의 애정은 그의 보호 하에 있는 자식들의 재산과 이익을 지켜주었으며 어린 시절에 아버지에게 복종하던 습관은 다른 사람보다 그에게 복종하는 것을 더 쉽도록 했다. 그러므로 함께 사는 인간들 사이에서 정부는 피할 수 없는 제도이므로 만약 자신들을 지배할 한 사람을 가져야만 한다면, 게으름, 잔인함 또는 심신상의 다른 결함 때문에 부적합하지만 않다면, 자신들이 공유하는 아버지보다 더 적합한 인물이 될 수 있었을까?

그러나 아버지가 죽어 상속자를 남겼지만 연령, 지혜, 용기 또는 그 밖의 다른 자질이 부족해 통치하기에 적합하지 않거나 몇몇 가족들이 모여 계속 함께 살기로 동의했을 경우, 자신들의 타고난 자유를 활용하여 가장 유능하고 자신들을 다스리기에 적합한 자를 통치자로 추대했으리라는 것은 의심의 여지가 없다.

여기에 적합한 경우는 아메리카의 주민들에서 발견할 수 있다. (페루와 멕시코라는 커다란 두 제국의 확장 중에 있던 지배력과 정복의 무력이 미치지 않는 곳에 살던) 그들은 타고난 자유를 누리고 있었지만 왕이 죽은 후에 모든 조건이 동일하다면 일반적으로 그의 상속자를 선호했다. 하지만 만약 그에게서 약하거나 무능하다는 점이 발견되면 그를 피해 가장 억세고 용감한 자를 통치자로 추대했다.

106. 그러므로 역사적 기록을 최대한으로 거슬러 올라가 이 세상에 사람들이 모여 살게 된 이야기와 여러 나라의 역사를 살펴보면 대개 한 사람이 통치하는 정부를 발견하게 된다. 하지만 이러한 것들이 내가 단언했던 것, 즉 정치사회의 시작은 하나의 사회에 가입하고 결성하겠다는 개인들의 동의에 따라 결정되며 그렇게 하나의 단체로 통합되면 자신들이 적절하다고 생각하는 정부를 수립할 수 있다는 주장을 무효로 만들지는 않는다.

그러나 이러한 사실은 정부는 처음부터 군주제이며 아버지에게 속한다고 오해하게 되는 근거를 제공해주었으므로 사람들이 처음에는 대부분 왜 이러한 형태를 선정하게 되었는가를 살펴보는 것도 부적절하지는 않을 것이다. 이것은 어쩌면 어떤 국가의 설립 초기에 아버지의 우월적 지위가 근원이 된 것으로 처음부터 한 사람에게 권력을 부여하게 되었던 것이다. 그러나 한 사람이 통치하는 정부 형태가 계속된 이유가 아버지의 권위에 대한 존중이나 존경이 아니었다는 점은 명확하다. 모든 소군주국들 즉, 거의 대부분의 군주국들은 그 초기에는 일반적으로, 적어도 이따금씩은 선거제였기 때문이다.

107. 그렇다면 우선, 유년기에 아버지가 자신이 낳은 자식들을 통치하는 것이 일인 지배에 익숙하게 만들었으며, 그 통치가 호

의와 사랑으로 신중하고 능숙하게 베풀어지는 경우, 그들이 사회 내에서 추구하는 모든 정치적 행복을 확보하고 보호하기에 충분하다는 것을 가르쳐주었던 것이다.

따라서 그들 모두가 유년기부터 익숙해져 있었으며, 경험에 의해 편안하고 안전하다고 알게 된 정부형태를 선택하고 자연스럽게 일체가 되는 것은 전혀 이상한 일이 아니다. 덧붙이자면, 사람들에게 군주제는 간단하고 가장 명확한 정부형태로 인식되어 있었지만, 그들은 다양한 정부 형태를 경험해보지 못하고 제국의 야심이나 교만함으로부터 세습 군주가 요구하고 그들에게 부과하게 마련인 특권의 침해이거나 절대 권력의 폐해를 경계해야 한다는 것은 배우지 못한 상태였다. 그러므로 자신들이 권위를 위임한 자들의 권력 남용을 억제하는 방법과 권력을 나누어 서로 다른 자들에게 위임하는 것에 의해 정부 권력의 균형을 유지하는 방법을 생각해내기 위해 애쓰지 않았던 것은 전혀 이상한 일이 아니었다.

그들은 전제적인 통치의 억압을 느낀 적도 없으며 그 시대의 관습이나 그들의 소유물 또는 생활양식(탐욕이나 야망을 키울 여유가 없었던)으로 인해 그것을 우려하거나 대비해야 할 그 어떤 이유도 없었던 것이다. 그러므로 그들 스스로를 그런 정부형태에 맡기는 것은 놀라운 일이 아니었다. 앞서 말했듯이 가장 명확하고 단순할 뿐만 아니라 현재의 상태와 조건 즉, 다양한 법보다는 외적의 침입과 침해에 대한 방어를 더욱 필요로 하던 것에 가장 적합한 것이었다.

그들의 욕망들을 각자가 가진 적은 재산의 좁은 한계 내로 가두는 소박하고 가난한 생활방식의 평등은 분쟁을 거의 일어나지 않게 했으며, 그것들을 판결하기 위한 많은 법도 필요 없었다. 또한 범죄나 범죄자가 거의 없었던 곳에서는 그러한 과정을 지휘하거나 재판을 집행할 다양한 공직자도 필요 없었다.

서로 너무 좋아해서 사회를 결성한 그들은 서로를 잘 알고 호의가 있었으므로 서로 일정한 신뢰가 있을 수밖에 없었다고 생각해야 한다. 그들은 서로에 대해서보다 외부인에 대해 더 큰 걱정을 할 수밖에 없었다. 그러므로 그들의 첫 번째 관심과 생각은 외적에 맞서 자신들을 지킬 방법이었을 것이라고 생각할 수밖에 없다. 그들이 그런 목적에 가장 잘 공헌할 수 있는 정부 형태에 자신들을 맡기고 가장 현명하고 용감한 사람을 선택하여 전쟁을 수행하고 외적에 대항해 그들을 지휘하도록 하는 것이 통치자를 정하는 주된 이유였던 것은 자연스러운 일이었다.

108. 그러므로 우리는 여전히 아시아와 유럽의 초기 유형인 아메리카 인디언의 왕들이 나라에 비해서 주민들의 수가 너무 적고

인구와 화폐의 부족으로 땅의 소유를 확대하거나 더 넓은 영토를 차지하기 위해 싸우려는 유혹을 느끼지 않는 그들 군대의 장군과 별로 다르지 않다는 것을 알게 된다. 비록 왕들이 전쟁에서는 절대적으로 지휘하지만 국내에서 그리고 평화 시에는 지극히 적은 지배권만을 행사하며 매우 절제하는 통치권만을 갖고 있을 뿐이다. 평화와 전쟁에 대한 결정은 대개 인민들이나 평의회가 내리게 된다. 전쟁 자체가 다수의 통치자를 인정하지 않으므로 명령권은 자연스럽게 왕의 유일한 권위로써 위임된다.

109. 그러므로 이스라엘에서도 심판자와 초기 왕들의 주된 임무는 전시에 지휘관이 되어 군대를 이끌었던 것으로 보인다. 이것은 (인민에 앞서 나오고 들어간다는 말이 의미하는 것 즉, 자기 군대의 선두에 서서 전쟁에 나서고 또 돌아온다는 의미 이외에도) 입다의 이야기에서도 분명히 나타나 있다.

암몬 사람들이 이스라엘에 맞서 전쟁을 일으켰을 때, 겁에 질린 길르앗 사람들은 가문의 사생아라며 쫓아냈던 입다에게 사람을 보내 만약 암몬 사람들을 물리치는 것을 도와준다면 통치자로 삼겠다는 계약을 맺었다. 그들은 이렇게 표현했다. "백성이 그를 자기들의 통치자와 지휘관으로 삼았다."(사사기 11장 11절) 이것은 심판자가 되는 것과 동일한 것처럼 보인다.

"길르앗 사람 입다는 여섯 해 동안 이스라엘의 사사로 있었다."(사사기 12장 7절) 즉, 입다가 6년 동안 그들의 우두머리이자 장군이었던 것이다. 그래서 요담이 그들의 판관이자 통치자였던 기드온에 대해 그들이 가져야만 하는 의무를 지적하며 세겜 사람들을 질책할 때도 그는 그들에게 이렇게 말한다. "나의 아버지가 여러분을 살리려고 싸웠으며, 생명을 잃을 위험을 무릅쓰고 여러분을 미디안 사람들의 손에서 구하여 내지 않았습니까?"(사사기 9장 17절)

그가 장군으로서 했던 일 외에는 그에 대한 언급은 전혀 없다. 실제로 그것이 그이거나 다른 판관들의 경력에서 발견할 수 있는 모든 것이다. 아비멜렉은 기껏해야 그들의 장군일 뿐이었지만 특별히 왕이라고 불리었다. 그리고 사무엘의 아들들의 악행에 지친 이스라엘의 자손들이 "우리도 모든 이방 나라처럼 되지 않겠습니까?"라고 말하면서 "우리의 왕이 우리를 다스리며, 그 왕이 우리를 이끌고 나가서, 전쟁에서 싸워줄"(사무엘기상 8장 20절) 왕을 원했을 때 신은 그들의 소원을 들어주면서 사무엘에게 말한다. "한 사람을 너에게 보낼 것이니, 너는 그에게 기름을 부어 나의 백성

이스라엘의 영도자로 세워라. 그가 나의 백성을 블레셋 사람 손에서 구해낼 것이다."(사무엘기상 9장 16절)

마치 왕의 유일한 임무가 군대를 인솔하고 나라를 지키기 위해 싸우는 것에만 있는 것 같다. 따라서 사무엘은 사울의 취임식에서 그의 머리 위에 기름 한 병을 부으면서 "주님께서 그대에게 기름을 부으시어, 주님의 소유이신 이 백성을 다스릴 영도자로 세우셨습니다."라고 선언한다.(사무엘기상 10장 1절)

그러므로 사울이 정식으로 선택되어 미스바에서 부족들이 왕으로 인사를 받을 때, 그를 왕으로 모시는 것을 꺼려했던 그들은 별다른 반대를 하지는 않았지만 "이런 사람이 어떻게 우리를 구할 수 있겠느냐?"(사무엘기상 10장 27절)라고 했다. 마치 이 사람은 전쟁에서 우리를 방어하기에 충분한 기술과 자질이 없으므로 우리의 왕이 되기에는 적합하지 않다고 말한 것과 같다. 그리고 신이 통치권을 다윗에게 넘기기로 결정했을 때는 이렇게 말했다. "이제는 임금님의 왕조가 더 이상 계속되지 못할 것입니다. … 주님께서는 달리 마음에 맞는 사람을 찾아서, 그를, 당신의 백성을 다스릴 영도자로 세우셨습니다."(사무엘기상 13장 14절)

마치 왕의 모든 권위가 그들의 장수가 되는 것 외에는 아무것도 아닌 것 같다. 그러므로 사울의 가문을 끝까지 지지하여 다윗의 통치에 반대했던 부족들이 다윗에게 복종한다는 조건으로 헤

브론에 왔을 때, 그들은 자신들의 왕으로서 그에게 복종해야 한다는 여러 가지 논거들 중에서 '다윗이 사실상 사울의 시대에 자신들의 왕이었으므로 지금 그를 왕으로 받아들이는 것 외의 아무런 이유가 없다'고 말한다. 또한 이렇게 말한다. "전에 사울이 우리의 왕이 되어서 우리를 다스릴 때에, 이스라엘 군대를 거느리고 출전하였다가 다시 데리고 돌아오신 분이 바로 임금님이십니다. 그리고 주님께서 '네가 나의 백성 이스라엘의 목자가 될 것이며, 네가 이스라엘의 통치자가 될 것이다.' 하고 말씀하실 때에도 바로 임금님을 가리켜 말씀하신 것입니다."(사무엘기하 5장 2절)

110. 그러므로 한 가족이 점차 성장하여 하나의 국가가 되고 아버지의 권위가 장남에게 이어지면 그런 권위 밑에서 자란 모든 사람은 묵시적으로 복종했다. 편안하고 평등한 그 권위는 아무에게도 해를 끼치지 않았으므로 모든 사람이 묵묵히 따랐으며 시간이 흐르면서 그 권위는 확고해졌고 마침내 규범에 의해 계승권이 정착되었다.

또는 몇몇 가족들이나 그 후손들이 우연히 이웃이 되거나 거래를 하게 되면서 사회를 결성하기도 했다. 전쟁이 벌어졌을 때 적에 맞서 그들을 지켜줄 장군의 필요성 그리고 가난하지만 미덕이 있던 시대에 서로를 신뢰하던 단순함과 순수함이(이 세상에 존재했던 정부를 시작한 거의 모든 사람들이 그랬듯이) 당연히 지켜야 하는 것들과 정부의 목적이 요구하는 것 외에는 명확한 제한이거나 억제수단 없이 한 사람에게 통치권을 맡겼던 것이다.

처음에 한 사람에게 부여된 통치권은 오직 공공의 안녕과 안전이라는 목적으로만 위탁되었던 것이 분명하다. 그리고 국가의 초기에 통치권을 가진 자들은 통상적으로 그 목적을 위해 그것을 사용했다. 그들이 그렇게 하지 않았다면 초기의 사회는 유지되지 못했을 것이다. 공공의 복리를 애정을 갖고 자상하게 보살피는 선조들이 없었다면 모든 정부는 초기의 약점과 취약함으로 인해 붕괴되었을 것이며 군주와 인민도 모두 함께 곧 멸망하고 말았을 것이다.

111. (헛된 야망과 저주받을 물욕 그리고 사악한 욕망이 인간의 마음을 타락시켜 진정한 권력과 명예를 잘못 생각하기 이전의) 황금시대에는 더 많은 미덕이 있었고 그 결과로서 신민들은 덜 사악했으며 그만큼 더 훌륭한 통치자들이 있었다.

당시에는 특권을 확장하여 신민을 탄압하려는 통치자가 없었으므로 위정자의 권력을 줄이거나 제한하려는 특권에 대한 논쟁도 없었다.(8-1) 그러므로 지배자와 신민 사이에 통치자나 통치에 관한 다툼이 없었다. 그러나 그 이후로, 주어진 권력으로 해야 할 임무는 하지 않으면서 야심과 사치로 권력을 유지하고 늘리려 하고 아첨에 의해 군주들이 자신의 신민들과 상관없는 별도의 이해관계를 갖게 되었을 때 사람들은 정부의 기원과 권리에 대한 보다 더 면밀한 검토가 필요하다는 것을 깨닫게 되었다. 그리고 오직 자신들의 행복을 위해 타인에게 권력을 맡겼지만 그것이 자신들을 해치기 위해 사용되는 것을 알게 된 그들은 과대한 권력의 억제와 남용을 막기 위한 방법들을 찾아내려 했다.

112. 그러므로 우리는 인간이 태어나면서부터 자유로우며, 스스로의 동의에 의해 아버지의 통치에 복종하거나 정부를 만들기 위해 서로 다른 가족들이 결합했으며, 일반적으로 한 사람에게 통치권을 부여하고 그의 통치하에 있기를 선택하면서 그의 정직함과 분별력이 충분히 안전하다고 생각하여 권력을 제약하거나 규제하는 명시적인 조건을 부과하지 않았다는 것이 얼마나 개연성이 있는 설명인지를 알 수 있다.

하지만 그들은 군주제가 최근의 신학에 의해 알려지기 전까지는 들어본 적도 없는 신성(神性)에서 비롯된 것이라고는 전혀 생각하지 않았으며 또한 부권이 통치권을 갖는다거나 모든 정부의 기반이 된다는 것도 인정했던 적이 없다. 그러므로 역사로부터 살펴본 바에 관한 한 정부의 모든 평화적인 시작은 인민의 동의에서 마련된 것으로 결론을 내릴 만한 타당한 이유를 갖고 있다는 것을 보여주기에 충분하다. 내가 평화적이라고 말한 것은 일부 사람들이 정부가 시작되는 한 가지 방식으로 보는 정복을 다른 곳에서 다루어야 할 것이기 때문이다.

앞에서 언급했던 정치체의 기원에 대해 제기되었던 또 다른 반론은 다음과 같다.

113. 모든 사람은 어떻게 해서든 정부가 있는 곳에서 태어나기 때문에 그들 중 누구도 자유로운 적이 없었으며 자유롭게 결합하여 새로운 정부를 시작하거나 합법적인 정부를 만들 수 있다는 것은 불가능하다.

만약 이 주장이 옳다면, 나는 그처럼 많은 합법적인 군주국들이 이 세상에 나타나게 되었는지를 물어볼 것이다. 만약 누군가가 이 가설에 근거하여 어느 시대의 어떤 인물이 자유롭게 합법적인 군주제를 시작했는지를 보여줄 수 있다면 나는 그에게 왕정이거나 다른 어떤 형태의 정권 하에서 동시에 결합하여 새로운 정부를 시작할 자유로운 열 명의 다른 자유인들을 반드시 보여줄 것이다. 만약 타인의 지배 하에서 태어난 어떤 사람이 새로운 제국에서 다른 사람들을 지휘할 권리를 가질 만큼 자유롭다면, 타인의 지배 하에서 태어난 모든 사람 역시 자유로울 것이며 전혀 다른 정부의 지배자 또는 신민이 될 수 있음을 증명하는 것이다.

그러므로 그들 자신의 이러한 원리에 의해 모든 인간은 어떻게 태어나든 자유로워야 하며 그렇지 않다면 이 세상에는 오직 한 명의 합법적인 군주와 하나의 합법적인 정부만이 있어야 한다. 그렇다면 그들은 단지 그런 군주가 누구인지를 증명하기만 하면 된다. 그들이 그렇게 한다면 나는 모든 인류가 그 군주에게 복종 하겠다는 합의를 쉽게 하리라는 것을 의심하지 않는다.

114. 비록 그들이 활용한 반론이 상대방들을 궁지에 빠뜨리는 것처럼 그들도 똑같은 궁지에 빠뜨리게 된다는 것을 입증하는 것 만으로 그들의 반론에 대한 충분한 답변이 되겠지만 나는 이 반 론의 약점을 보다 더 상세히 밝히려 한다. 그들은 모든 인간이 정 부가 있는 곳에서 태어나므로 새로운 정부를 시작할 만큼 자유로 울 수 없다고 한다. 또한 모든 사람은 그의 아버지 또는 군주의 피지배자로 태어나므로 복종과 충성이라는 영속적인 속박 하에 있다고 한다.

인류가 태어나면서 아버지이거나 군주에게 구속되며 스스로의 동의 없이 그들이거나 그들의 후계자에게 복종한다는 그런 자연 발생적인 복종을 인정하거나 고려한 적이 없다는 것은 명백하다.

115. 종교에서나 세속의 역사에서나 자신들이 태어난 곳의 지배와 자신들을 키워준 가족이거나 공동체로부터 스스로 벗어나 복종을 철회하고 다른 곳에 새로운 정부를 설립했다는 것만큼 빈번히 나타나는 실례는 없기 때문이다. 역사의 초기에는 수많은 작은 국가들이 모두 그런 식으로 일어났으며 보다 더 강력하거나 운이 좋은 나라들이 더 약한 나라들을 집어삼킬 때까지 충분한 공간이 있는 한 언제나 그 수가 늘어났다. 그리고 그 큰 나라들이 다시 쪼개져 작은 국가들로 분해되었다.

이 모든 것들이 세습 통치권을 부정하는 증거들이며 초기에 정부를 만든 것이 후계자에게 물려주는 아버지의 자연권이 아니라는 것을 명백하게 입증한다. 그런 근거로는 수많은 작은 왕국들이 있었다는 것이 불가능한 일이기 때문이다. 만약 사람들이 그들의 가족으로부터 그리고 어떤 형태로든 설립되어 있는 정부로부터 자유롭게 이탈하여 그들이 적절하다고 생각하는 별개의 국가나 다른 정부를 세울 수 없었다면 이 모든 왕국들은 오직 하나의 세계적인 군주국으로 남아 있어야만 한다.

116. 이것은 이 세상의 처음부터 오늘날까지 실제로 이루어지고 있는 일이다. 게다가 법을 확립하고 정부의 형태를 갖추어 구성된 오래된 정치 조직이 있는 곳에서 태어난 사람들이 숲 속에

서 구속받지 않고 떠돌아다니던 주민들 사이에서 태어난 사람들보다 인류의 자유에 더 큰 방해물을 갖고 있는 것이 아니다.

정부가 있는 곳에서 태어나는 것으로 우리는 자연스럽게 신민이 되며 더 이상 자연 상태에서의 자유에 대한 자격이나 명분이 없다고 우리를 설득하려는 사람들은 (이미 해명한 부권 외에는) 제시할 수 있는 이유가 오직 한 가지 외에는 더 이상 없다. 즉 우리의 아버지나 조상들이 자연적인 자유를 양도했기 때문에 그로 인해 자신들과 후손들은 그들 스스로가 일임한 정부에 항구적으로 복종할 의무가 있다는 것이다.

누구나 스스로 맺은 계약이나 약속은 무엇이든 지켜야 할 의무가 있지만 그 어떤 계약에 의해서도 그의 자식이거나 후손을 속박할 수는 없다. 아들은 성인이 되면 아버지만큼이나 자유로운 존재가 되므로 아버지의 그 어떤 행위도 다른 어떤 사람의 자유를 어떻게 할 수 없는 것만큼이나 자식의 자유도 양도할 수 없기 때문이다. 만약 그의 아들이 아버지의 토지를 향유하고자 한다면 어떤 나라의 신민으로서 자신이 향유하던 토지에 그 공동체의 일원이 되는 의무를 아들에게 지우는 조건을 추가할 수는 있다. 그 토지는 아버지의 재산이므로 그것을 자신이 원하는 바에 따라 처분하거나 물려줄 수 있기 때문이다.

117. 하지만 이것은 일반적으로 이 문제에 오해를 제공하는 계기가 되어왔다. 국가는 그 영토의 어떤 부분이든 분할하거나 공동체의 구성원이 아닌 다른 어떤 사람이 향유하는 것을 허용하지 않으며 아들은 그 사회의 구성원이 되는 것으로 아버지와 동일한 조건이 아니라면 통상적으로 아버지의 소유물을 향유할 수 없기 때문이다. 그 사회의 구성원이 되면 그는 곧바로 그 국가의 다른 신민들과 마찬가지로 그곳에 확립되어 있는 정부의 지배하에 놓이게 된다.

그러므로 정부가 있는 곳에서 태어난 자유인들의 동의만이 그들을 그 정부의 구성원으로 만드는 것이며, 각자가 성인이 되면서 개별적으로 동의를 하는 것이며 다수가 함께 동의하는 것이 아니다. 사람들은 이것에 주목하지 않으면서 그런 일이 전혀 일어나지 않았거나 필요하지 않다고 생각하면서 성인으로서 자연적으로 신민이 된다는 결론을 내리는 것이다.

118. 그러나 정부 자체가 이것을 그들과 다르게 이해하고 있다는 것은 분명하다. 그들은 아버지에 대한 권력을 가졌다는 이유로 아들에 대해 권력을 주장하지 않으며 아버지가 신민이라고 자식들까지 신민으로 보지 않는다. 만약 프랑스에서 영국의 신민이 영국 여자와 아이를 낳았다면 그 아이는 어느 나라의 신민일까?

영국 국왕의 신민은 아니다. 영국 신민의 특권을 인정받기 위한 허가를 받아야만 하기 때문이다. 프랑스 왕의 신민도 아니다. 만약 그렇다면 그의 아버지는 어떻게 자신의 뜻대로 먼 곳으로 데려가 키울 자유가 있는 것일까? 단지 부모가 외국인으로 태어났다는 이유로 그 나라를 떠나거나 전쟁에 참여했다 해서 탈주자나 반역자로 재판받은 사람이 있었을까? 그렇다면 올바른 이성의 법에 의해 그렇듯이 정부 자체가 실행해온 것에 의해 자식은 어떤 나라나 정부의 신민으로 태어나는 것이 아니라는 점은 명백하다.

사리분별을 할 수 있는 나이가 될 때까지 그는 아버지의 가르침과 권위에 따른다. 그리고 그때가 되면 자유롭게 어떤 정부에 속할 것인지, 어떤 정치체와 결합할 것인지를 결정하는 자유인이 된다. 만약 프랑스에서 태어난 영국인의 아들이 자유롭게 결정할 수 있다면 그의 아버지가 영국의 신민이라는 것이 전혀 구속이 되지 않는다는 것은 명백하다. 게다가 그의 조상이 맺은 협정에 의해서도 구속되지 않는다. 그렇다면 그의 아들이 비록 다른 곳에서 태어난다 해도 같은 이유로 똑같은 자유를 갖지 못할 이유가 있을까? 아버지가 자연스럽게 자식들에게 갖는 권력은 그들이 어디에서 태어나든 같으며 자연적인 의무라는 인연은 왕국이나 공화국의 명시적인 제약에 의해 구속받지 않기 때문이다.

119. 이미 밝혔듯이 모든 사람은 본래부터 자유로우며 오직 그 자신의 동의 외의 아무것도 이 세상의 권력에 복종하도록 만들 수는 없다. 그렇다면 무엇이 한 인간을 어떤 정부의 법에 복종하는 신민으로 만들기에 충분한 동의의 표명으로 이해되어야 하는가를 생각해보아야 한다. 일반적으로 명시적인 동의와 묵시적인 동의로 구분되며, 이것은 현재 우리의 문제와 관련이 있다. 어떤 사회에 들어가겠다는 명시적인 동의가 그 사람을 그 사회의 완전한 구성원으로서 그 정부의 신민이 되도록 한다는 것을 의심하는 사람은 없다.

무엇을 묵시적인 동의로 보아야 하며 어느 정도의 구속력을 갖는가? 라는 문제가 어렵다. 즉 어느 정도까지를 동의한 것으로 보아야 하는지, 그리고 그가 아무런 의견도 표현하지 않은 정부에 대해 어느 정도까지 복종하기로 한 것으로 보아야 하는가의 문제이다.

이 문제에 대해 나는 정부의 영토 중 일부분을 소유하거나 향유하는 사람은 모두 묵시적인 동의를 한 것이며, 그렇게 향유하는 동안 그 정부 하에 있는 다른 사람들처럼 그 정부의 법에 복종할 의무가 있다고 말하겠다. 그와 그의 상속인이 영구적으로 토지를 소유하거나 단지 일주일 동안 머무르거나 또는 단순히 공도(公道)를 자유롭게 여행하는 것이거나 마찬가지다. 요컨대 그 정부의 영토 내에 있는 한 누구에게나 적용되는 것이다.

120. 이것을 보다 더 잘 이해하기 위해서는 모든 사람이 처음에 어떤 국가의 일원이 될 때는 그 자신을 그곳에 결합시키는 것에 의해 그가 갖고 있거나 앞으로 갖게 될 소유물로서 아직 다른 정부에 속하지 않는 것들을 그 공동체에 합병시키고 일임하는 것이라는 점을 고려해보는 것이 적절하다. 재산을 보호하고 통제하기 위해 다른 사람들과 함께 사회에 가입한 것인데 그 사회의 법에 의해 통제되어야 할 재산인 그의 토지가 소유자인 그 자신이 신민인 정부의 지배권으로부터 면제되어야 한다는 것은 직접적인 모순이기 때문이다.

그러므로 어떤 사람이 자유로웠던 자신의 인신을 어떤 국가에 결합시킨다면 동일한 행위에 의해 자유로웠던 그의 소유물 역시 국가에 결합시키는 것이다. 인신과 소유물 모두 그 국가가 존속하는 한 그 국가의 정부와 지배권에 복종하게 되는 것이다. 그러므로 그 이후로 누구든 토지의 일부를 상속, 매입, 허가 또는 그 밖의 방법으로 향유하려는 사람은 그렇게 부가되어 있으며 그 국가의 정부가 관할하는 조건들을 받아들여야만 한다. 즉, 그 국가의 정부에 일임하고 다른 신민들과 마찬가지로 그 정부의 지배권 하 있어야만 한다.

121. 그러나 정부는 오직 토지에 대해서만 직접적인 지배권을 갖고 있으며 그 소유자에게는 (그가 실질적으로 그 사회에 가입하기 전에는) 오직 그가 그곳에 살거나 향유할 때만 지배권이 적용된다. 누구든 그러한 향유로 인해 정부에 복종해야 할 의무는 그 향유와 더불어 시작하고 종료된다. 그러므로 정부에게 묵시적인 동의만을 제시한 소유자가 기부나 판매 또는 그 밖의 방법으로 앞서 말한 소유물을 포기하면 언제든지 자유롭게 떠나 다른 국가에 가입하거나 다른 사람들과 합의하여 이 세상의 어느 곳이든 아무도 소유하지 않은 빈 땅에 새로운 정부를 세울 수 있다.

반면에 실질적인 합의와 명시적인 표명에 의해 어떤 국가에게 자신의 동의를 제시한 사람은 영구적으로 반드시 그 국가의 신민으로 의무를 져야 하며 그것을 변경시킬 수 없다. 또한 어떤 재난에 의해 그가 속해 있던 정부가 해체되거나 어떤 공적인 행위에 의해 그를 더 이상 그곳의 구성원이 아니라고 하지 않는 한 다시는 자연 상태에서의 자유를 누릴 수 없다.

122. 그러나 어느 나라의 법에 복종하며 조용히 살면서 그 법의 특권과 보호를 누린다는 것이 그 사회의 구성으로 만드는 것은 아니다. 이것은 단지 전쟁 상태가 아닌 어떤 정부에 속하는 영토 내에서 그 나라의 법이 영향을 끼치는 모든 지역으로 들어오

는 모든 사람들에게 당연히 제공하고 받아야 하는 지역적인 차원의 보호와 존경일 뿐이다.

그러나 이것이 어떤 사람을 그 사회의 구성원으로서 그 공동체의 영구적인 신민으로 만들지는 않는 것은 어떤 사람이 일정 기간 머무는 것이 편리해서 다른 사람의 집에 머문다고 해서 그 집의 신하가 되는 것이 아닌 것과 마찬가지이다. 그 나라에 머무는 동안에는 그곳의 법을 따르고 그곳에 있는 정부에 복종할 의무는 있다.

그러므로 우리는 다른 정부 하에서 평생을 살면서 그 정부의 특권과 보호를 누리며 사는 외국인이 비록 도의상으로는 특별 귀화인만큼이나 그 나라의 행정에 복종해야 하지만 그로 인해 그 국가의 신민이나 구성원이 되지는 않는다는 것을 이해하게 된다. 명확한 계약 그리고 명시적인 약속과 협약에 의해 실질적으로 가입하는 것 외에는 그렇게 만들 수 있는 것은 없다. 이것이 바로 내가 정치사회의 기원 그리고 어떤 사람을 어느 국가의 구성원으로 만드는 동의에 대해 생각하는 것이다.

8-1 최초에 일단 일정한 종류의 통치체제가 승인되었을 때 통치의 방법에 대해서는 모든 것을 통치하는 자의 지혜와 판단에 맡기는 것 이상의 생각은 하지 않았을 것이다. 경험을 통해 이것이 모든 면에서 매우 불편하며 치료책으로 만들어냈던 것이 실제로는 치료하려 했던 상처를 점점 더 악화시킨다는 것을 발견하게 되었다.

그들은 한 사람의 의지에 기대어 산다는 것이 모든 사람이 겪는 불행의 원인이 된다는 것을 알았다. 이것이 그들을 법에 구속되도록 했으며, 법 안에서 모든 사람이 무엇보다 먼저 자신들의 의무를 생각하고 위반에 대한 처벌을 알게 되었다.(후커, 《교회정치론》 제1권 10장)

제9장

정치사회와 정부의 목적에 대하여
OF THE ENDS OF POLITICAL SOCIETY AND GOVERNMENT

123. 앞서 말했듯이, 만약 자연 상태에 있는 인간이 그처럼 자유롭다면, 즉 그 자신의 인신과 소유물의 절대적인 주인이고 가장 위대한 사람과도 평등하며 아무에게도 종속되지 않는다면, 그는 왜 자신의 자유를 벗어나려 하는 것일까? 그는 왜 이런 통치권을 포기하고 다른 권력의 지배와 통제에 스스로 복종하려는 것일까?

이 질문에 대해서는, 비록 자연 상태에서 그런 권리를 갖고 있지만 그것을 누리는 것은 매우 불확실하며 끊임없이 다른 사람의 침해에 노출되기 때문이라고 명확하게 답변할 수 있다. 모두가 그와 마찬가지로 왕이며 모든 사람이 그와 평등하지만 대부분의 사람들이 공정과 정의를 엄격하게 준수하지 않으므로 그가 이 상태에서 갖고 있는 재산은 매우 불안하고 위험하기 때문이다. 이것이 비록 자유롭다 할지라도 두려움과 지속적인 위험으로 가득한 이 상황을 기꺼이 떠나도록 만드는 것이다. 그가 이미 결합되어 있거나 그럴 생각이 있는 다른 사람들과 함께 생명과 자유 그리고 자산 — 내가 재산이라는 일반적인 명칭으로 부르는 — 을 서로 보호하기 위해 사회의 결성을 모색하거나 기꺼이 가입하려는 것은 합당한 일이다.

124. 그러므로 인간이 국가와 결합하고 스스로를 정부의 지배하에 두려는 중요하고 주된 목적은 재산의 보호이다. 자연 상태에서는 재산을 보호하기 위한 많은 것들이 부족하다.

첫째, 자연 상태에서는 공통의 동의에 의해 올바름과 부당함의 기준으로 받아들여지고 인정되며 그들 사이의 모든 분쟁을 해결하는 공통된 척도인 확실하고 변치 않는 알려진 법이 부족하다. 비록 자연법이 모든 이성적인 피조물들에게는 명확하고 이해할 수 있는 것이지만 연구가 부족하여 무지하며 이해관계에 의해 편향되어 있는 사람들은 자연법을 자신들의 특별한 사건들에 적용할 때 자신들을 구속하는 법으로서 쉽게 인정하지 않으려는 경향이 있다.

125. 둘째, 자연 상태에서는 확립된 법에 따라 모든 다툼을 결

정할 권위를 갖춘 잘 알려지고 공평한 재판관이 부족하다. 그 상태의 모든 사람은 자연법의 재판관이면서 동시에 집행자로서 자신들에게 편파적이므로, 다른 사람들의 사건에서는 게으름과 무관심이 그들을 너무 태만하게 만들며 자신들의 사건에서는 흥분이나 복수심이 너무 극단으로 지나치게 이끌어가는 경향이 짙다.

126. 셋째, 자연 상태에서는 종종 올바른 판결을 뒷받침하고 지원하거나 적절한 집행을 제공하는 권력이 부족하다. 어떤 부정을 저지른 자들은 할 수만 있다면 무력에 의해 자신들의 불법을 유지하는데 거의 실패하지 않는다. 그러한 저항이 많은 경우에 처벌을 위험하게 만들며 처벌을 시도하는 자들을 빈번히 파멸시키기도 한다.

127. 그러므로 인류는 자연 상태의 모든 특권에도 불구하고 그 상태에 남아 있는 동안 열악한 상황에 시달릴 수밖에 없으므로 빨리 사회에 들어가려고 한다. 그래서 우리는 이러한 상태에서 사는 사람들을 거의 발견하지 못하는 것이다. 모든 사람이 갖고 있는 타인의 위반행위를 처벌할 권력이 불규칙적이고 불확실하게 행사되는 것에 의해 그들이 그 상태에서 겪게 되는 불편들이 그들로 하여금 정부의 확립된 법이라는 피난처를 선택하게 하고

그곳에서 재산의 보호를 얻도록 하는 것이다.

바로 이것이 모든 사람들이 자신만의 처벌할 권력을 포기하게 만들어 그들 중에서 임명된 사람들에 의해서만 행사되도록 하는 것이다. 공동체나 그 목적을 위해 그들에 의해 권한을 부여받은 자들이 동의하는 규칙들에 의해서만 그 권력이 행사되도록 하는 것이다. 그리고 바로 여기에서 우리는 정부와 사회 그 자체는 물론 입법권과 행정권이 갖는 고유한 권리와 기원을 알게 된다.

128. 자연 상태에서 인간은 순수한 즐거움을 누릴 자유를 제외하더라도 두 가지의 권력을 갖고 있다.

그 첫째는 자연법이 허용하는 범위 내에서 자신과 타인의 보호에 적절하다고 생각하는 무엇이든 할 수 있다는 것이다. 그들 모두에게 공통된 그 법에 의해 그와 나머지의 모든 인류는 하나의 공동체이며 다른 피조물들과 구별되는 하나의 사회를 형성한다. 그리고 타락한 인간들의 위법 행위와 사악함이 아니었다면 다른 사회를 필요로 하지 않았을 것이다. 이처럼 위대하고 자연적인 공동체로부터 떨어져 나와 명확한 합의에 의해 더 작고 분리된 사회들로 결합할 필요성도 없었을 것이다.

자연 상태에서 인간이 가진 또 다른 권력은 자연법을 위반해 저지르는 범죄를 처벌하는 권력이다. 인간은 이러한 두 가지 권력을 사적이거나 특정한 정치적 사회에 가입할 때 그리고 나머지 인류로부터 분리되어 어떤 국가에 가입할 때 포기한다.

129. 자신과 나머지 인류를 보호하는데 적절하다고 생각하는 것을 무엇이든 실행하는 첫 번째 권력을 포기하는 것은 그 자신의 보호와 사회의 나머지 사람들이 요구하는 정도까지는 사회가 제정한 법에 의해 규제되려는 것이다. 사회의 법은 그가 자연 상태에서 갖고 있던 자유의 많은 것들을 제약한다.

130. 둘째 그는 처벌할 권력을 모두 포기하며 사회의 법이 요구하는 바에 따라 사회의 집행권을 돕기 위해 그의 자연적 힘(전에는 자신이 적절하다고 생각하는 바에 따라 자신만의 권위에 의해 자연법의 집행을 위해 사용했던)을 사용하는 것이다. 이제 공동체 전체의 힘을 통한 보호는 물론 동일한 공동체에서 다른 사람들의 노동과 도움 그리고 교제로부터 많은 편리함을 누리는 새로운 상태에 있기 때문이다.

또한 그는 사회가 요구하는 행복과 번영 그리고 안전만큼이나 자신을 위해 사용하던 타고난 자유를 내주어야 한다. 사회의 다른 구성원들도 똑같이 내놓기 때문에 필요할 뿐만 아니라 당연한 것이기도 하다.

131. 하지만 비록 사람들이 사회에 들어갈 때 자연 상태에서 가졌던 평등, 자유 그리고 집행권을 사회의 미덕이 요구하는 것으로서 입법부에 의해 처리될 수 있도록 사회의 권력에 넘겨주지만 오직 모든 사람이 자기 자신과 자신의 자유와 재산을 더욱 잘 보호겠다는 의도가 있는 것이다(더 열악해지려는 의도로 자신의 상태를 변화시키려 하는 이성적인 피조물은 상상할 수 없기 때문이다).

그들에 의해 구성된 사회나 입법부의 권력이 공동의 이익을 넘어서까지 확대된다고는 결코 생각할 수 없다. 다만 그 권력은 자연 상태를 지극히 불안하고 불편하게 만드는 앞서 언급한 세 가지 결함에 대비하는 것에 의해 모든 사람의 재산을 보장해줄 의무를 져야 한다.

그러므로 국가의 입법권이나 최고의 권력을 가진 자는 누구든지 즉흥적인 법이 아니라 인민에게 공포되어 널리 알려져 있는 확립된 지속적인 법에 의해 다스려야만 한다. 그러한 법에 의해 분쟁을 해결하는 사람은 공평하고 곧은 재판관에 의해 다스려야만 한다.

그리고 공동체의 물리력을 국내에서는 오직 그러한 법의 집행을 위해서만 그리고 대외적으로는 외국의 침해를 방지하거나 제거하여 공동체를 습격이나 침략으로부터 공동체를 지키기 위해

사용해야 한다. 이 모든 것은 인민의 평화와 안전 그리고 공공선
이 아닌 다른 목적을 위해 행사되어서는 안 된다.

| 제10장 |

국가의 형태에 대하여
OF THE FORMS OF A COMMON-WEALTH

132. 지금까지 밝혔듯이, 인간이 처음으로 사회로 결합하면서 공동체의 모든 권력을 자연스럽게 갖게 된 다수는 그 모든 권력을 공동체를 위해 시시때때로 법을 제정하고 그들이 임명한 관리에 의해 그 법들을 집행하는 데 사용할 수 있다. 그렇게 되면 정부의 형태는 완전한 민주정이다. 그와 달리 선택된 일부의 사람들과 그들의 상속인이나 후계자에게 입법권을 위임하면 그 정부의 형태는 과두정이다. 또한 한 사람에게 맡기는 경우에는 군주정이다. 만약 군주와 그의 상속인에게 맡기면 세습군주정이다. 만약 오직 살아 있는 동안에만 군주에게 맡기지만 그가 죽은 후에는 후계자를 지명할 권리가 다수에게 돌아간다면 선거군주정이다.

그러므로 이러한 것들에 따라 공동체는 자신들이 좋다고 생각하는 복합적이며 혼합적인 형태의 정부를 만들 수 있다. 그리고 만약 입법권이 처음에는 다수에 의해 한 사람 또는 일부 사람들에게 살아 있는 동안 혹은 제한된 기간 동안에만 주어지고 그 후에는 최고의 권력이 다수에게 다시 돌아간다면, 그렇게 권력이 다시 돌아왔을 때 공동체는 자신들이 원하는 사람들에게 새롭게 맡길 수 있으며, 그로 인해 새로운 정부 형태를 구성할 수 있다. 정부 형태는 최고의 권력인 입법권을 부여하는 것에 좌우되며 하위 권력이 상위 권력에게 지시하거나 최고가 아닌 권력이 법을 만드는 것은 생각할 수 없기 때문이다. 법을 만드는 권력이 주어지는 것에 따라 국가의 형태는 달라진다.

133. 국가(commonwealth)라는 용어로 나는 민주정이나 어떤 정부 형태가 아니라 라틴 사람들이 키비타스(civitas)라는 단어로 나타내던 '독립적인 공동체(independent community)'라는 의미로 줄곧 이해해 왔다. 우리 언어에서 키비타스에 가장 잘 부합하는 단어는 국가이며, 영어에서 공동체나 도시가 표현하지 못하는 인간사회를 가장 적절하게 나타낸다. 하나의 정부 내에는 하위의 공동체들이 있을 수 있고 우리들 사이에서 도시는 국가와는 전혀 다른 개념이기 때문이다. 그러므로 모호함을 피하기 위해 그와 같은 의미로 국가라는 단어를 사용하는 것을 이해해주기 바란다.

국왕 제임스 1세(1566~1625: 스코틀랜드의 왕이었으나 잉글랜드의 엘리자베스 1세가 후계자 없이 죽자, 잉글랜드의 왕위를 계승하여 잉글랜드, 스코틀랜드, 아일랜드의 왕이 되었다.)가 처음으로 사용했던 것으로 알고 있으며 나는 그것이 진정한 의미라고 생각한다. 만약 싫어하는 사람이 있다면 보다 더 적절한 단어로 바꾸는 것에 동의한다.

| 제11장 |

입법권의 범위에 대하여
OF THE EXTENT OF THE LEGISLATIVE POWER

134. 사람들이 사회에 들어가는 중요한 목적은 그들의 재산을 평화롭고 안전하게 누리는 것이며, 그 사회에서 확립된 법들이 주요한 도구와 수단이 된다. 모든 국가에서 최초의 기본적인 실정법은 입법권의 확립이다. 입법권 자체마저 좌우하는 최초의 기본적인 자연법은 사회의 보호이며 (공공선과 일치하는 한) 그 사회 내에 있는 모든 사람의 보호이다.

이 입법부는 국가의 최고 권력일 뿐만 아니라 공동체가 일단 그것을 맡긴 곳에서는 신성하며 변경할 수 없다. 그 밖의 다른 사람이 내린 어떠한 명령도 표현된 형태나 지지하는 권력과 상관없이 대중이 선출하고 임명한 입법부로부터 재가를 얻지 못한 법은 효력과 의무를 갖지 못한다.

이런 재가가 없다면 그 법은 법으로서 절대적으로 필요한 사회의 동의를 얻지 못한 것이기 때문이다. 사회의 동의와 사회로부터 위임받은 권위에 의하지 않고서는 아무도 사회에 적용되는 법을 제정할 수 없다.(11-1) 그러므로 가장 엄숙한 속박에 의해 누구든지 의무적으로 따를 수 있도록 하는 모든 복종은 궁극적으로 이 최고의 권력에서 종결되는 것이며, 최고의 권력이 제정하는 법들에 의해 관리된다.

사회의 구성원이 외국의 권력이거나 국내의 하위 권력에게 했던 어떠한 서약도 사회의 신탁에 따라 행해지는 입법권에 대한 그의 복종을 면제할 수 없다. 또한 그렇게 제정된 법에 반대되거나 그 법이 허용하는 것을 넘어서는 복종을 강요할 수도 없다. 그 사회에서 최고가 아닌 어떤 권력에 궁극적으로 복종하도록 구속될 수 있다고 생각하는 것은 우스꽝스러운 일이다.

135. 비록 입법권이 한 사람이나 더 많은 사람들에 있거나 상시적으로 존재하거나 단지 일시적으로 존재하거나 상관없이, 모든 국가에서 최고의 권력이지만, 그러나 다음과 같은 제한이 입법권에 존재한다.

첫째, 입법권은 인민의 생명과 재산을 무조건 독단적으로 다룰 수 있는 것은 아니며 또 그렇게 할 수도 없다. 입법권은 사회의 모든 구성원의 공동 권력을 입법자인 개인이나 모임에 양도한 것일 뿐이기 때문이다. 사람들이 사회에 들어가기 전의 자연 상태에서 가지고 있던 것을 공동체에 양도한 것보다 더 큰 권력이 될 수 없다. 아무도 자신이 갖고 있는 것보다 더 많은 권력을 다른 사람에게 양도할 수 없으며, 자신이거나 다른 어떤 사람에 대해 자신의 생명을 파괴하거나 다른 사람의 생명이거나 재산을 빼앗을 수 있는 절대적으로 독단적인 권력을 갖고 있지 않기 때문이다.

이미 증명된 것처럼 사람은 자기 자신을 타인의 독단적인 권력에 종속시킬 수 없다. 그리고 자연 상태에서 타인의 생명과 자유 또는 소유물에 대한 독단적인 권리를 갖고 있지 않으며, 단지 자연법이 그 자신과 나머지 인류의 보호를 위해 부여한 정도의 권력만을 갖고 있을 뿐이다. 이것이 그가 국가에 양도할 수 있는 모든 것이며 이것에 의해 입법권이 만들어지므로 입법부는 이보다 더 많은 권력을 가질 수 없다. 최대한의 범위 내에서도 그들의 권력은 사회의 공공선으로 제한된다. 그것은 보호 외의 다른 어떠한 목적도 갖지 않는 권력이므로 신민들을 죽이고 노예로 삼거나 고의로 가난하게 만들 권리는 전혀 가질 수 없다.(11-2)

자연법의 의무는 사회 내에서 중단되지 않을 뿐만 아니라 그들의 의견을 강화하기 위해 많은 경우들에 있어 더 세밀하게 다듬어지고 인간적인 법들에 의해 널리 알려진 처벌들이 부가된다.

그러므로 자연법은 다른 사람들에게는 물론 모든 사람들과 입법자들에게 영원한 규칙으로 남아 있다. 그들이 타인의 행위에 대해 만든 규칙들은 그들 자신은 물론 다른 사람들의 행위도 마찬가지로 자연법 즉 신의 의지와 일치되는 것이어야만 한다. 자연법은 신의 의지의 선언이며 자연의 기본적인 법은 인류의 보호이므로 그것에 반대되는 인간의 제재 규약은 정당하거나 유효할 수 없다.

136. 둘째, 입법부 또는 최고의 권력은 즉흥적이고 독단적인 명령에 의해 통치하는 권력으로 생각할 수 없으며(11-3) 단지 공포된 영속적인 법과 권한을 위임받은 널리 알려진 재판관에 의해 정의를 베풀고 신민들의 권리를 결정해야만 한다. 기록된 것이 아닌 자연법은 사람들의 정신 속 외에는 어디에서도 찾아볼 수 없으므로 사람들이 흥분이나 이해관계를 통해 잘못 인용하거나 잘못 적용해도 확립된 재판관이 없는 곳에서는 자신들의 잘못을 쉽사리 알아차릴 수 없기 때문이다.

그러므로 자연법은 그 법을 따르는 자들의 권리를 결정하고 재산을 보호해야만 하는 역할을 하지 못하며, 모든 사람이 재판관이자 해석자 그리고 집행자이기도 한 곳이나 그 자신이 관련된 사건에서 특히 그렇다. 그리고 당연한 권리를 갖고 있어도 대체로 그 자신만의 힘을 갖고 있을 뿐이어서 자신을 위법행위로부터 지키거나 범법자를 처벌하기에 충분한 힘을 갖고 있지 못하다. 자연 상태에서 인간의 재산권을 혼란스럽게 만드는 이러한 폐단들을 피하기 위해 사람들은 사회를 결성하여 자신들의 재산을 확보하고 지킬 수 있는 사회 전체의 연합된 힘을 보유하게 되며 그 사회를 구속하는 영속적인 규칙에 의해 모든 사람이 자신의 것이 무엇인지를 알게 된다.

이런 목적을 위해 사람들은 모든 자연적인 권력을 자신들이 가입하는 사회에 양도하며 공동체는 공포된 법에 의해 지배될 것이라는 신뢰와 더불어 그들이 생각하기 적절한 자들에게 입법권을 부여한다. 그렇게 하지 않으면 그들의 평화와 평온 그리고 재산은 자연 상태에서 그랬던 것처럼 여전히 똑같은 불확실성에 남아 있게 될 것이다.

137. 절대적이고 독단적인 권력이거나 확립된 지속적인 법이 없는 통치는 모두 사회와 정부의 목적과 일치할 수 없다. 자신들의 생명과 자유 그리고 재산을 보호하기 위해서나 권리와 재산에 대한 명백히 규정된 규칙에 의해 평화와 안녕을 확보하기 위해서가 아니었다면 사람들은 자연 상태의 자유를 포기하거나 스스로를 그것에 구속시키지 않았을 것이다. 그들이 어느 한 사람이거

나 그보다 많은 사람들에게 자신들의 인신과 자산에 절대적이고 독단적인 권력을 주거나, 위정자에게 무제한적인 의지를 자신들에게 독단적으로 집행할 수 있는 힘을 위탁할 권력이 있었다 해도 그들이 그렇게 하려고 의도했던 것이라고는 상상할 수 없다.

이것은 그들 자신을 자연 상태보다 더 열악한 조건에 놓이게 하는 것이다. 자연 상태에서는 타인의 침해에 맞서 자신들의 권리를 지킬 자유가 있으며, 한 사람이나 결합된 여러 사람에 의해 침해되거나 상관없이 그 권리를 유지하기 위한 대등한 힘이 있었다. 반면에 그들 스스로가 입법자의 절대적이고 자의적인 권력과 의지에 양도했다고 가정한다면 그들 스스로가 무장을 해제하고 그를 무장시켜 마음대로 그들을 먹이로 삼도록 만든 것이 된다. 10만 명을 지배하는 한 사람의 독단적인 권력에 노출된 사람은 독단적인 권력을 가진 개별적인 10만 명에 노출된 사람보다 훨씬 더 열악한 상황에 처해 있는 것이다.

비록 10만 배나 더 강한 힘을 갖고 있지만 그런 지휘권을 가진 자의 의지가 다른 사람들보다 더 나을 것이라고는 아무도 보장할 수 없다. 그러므로 국가가 어떤 형태를 취하든 통치권은 즉흥적인 지시와 불확실한 결정이 아닌 공포되고 인정받은 법에 의해 집행되어야만 한다. 만약 한 사람이나 다중이 연대한 일부 사람들이 무장을 하고 자신들의 행동을 지휘하고 정당화할 아무런 기준도 제시하지 않으면서 즉흥적인 생각이나 무절제하며 의지를 알 수 없는 순간이 될 때까지 터무니없고 무제한적인 명령에 복종하도록 강요한다면 인류는 자연 상태에서보다 훨씬 더 열악한 조건에 빠져들게 될 것이기 때문이다

정부가 갖는 모든 권력은 오직 사회의 행복을 위한 것으로 독단적이거나 마음 내키는 대로 행사되는 것이 아니므로 확실하게 선포된 법에 의해 행사되어야만 한다. 그래야만 인민은 자신들의 의무를 알 수 있고 법의 한도 내에서 안전하고 안심할 수 있으며 또한 통치자도 역시 그들의 한계를 지키면서 자신들의 권력에 의해 그들이 알지 못했고 기꺼이 승인하지 않을 그런 목적을 위해 그리고 그런 기준에 의해 권력을 행사하는 유혹에 빠지지 않게 된다.

138. 셋째, 최고의 권력은 어떤 사람에게서 그의 재산의 일부라도 그의 동의 없이 취할 수 없다. 재산의 보호가 정부의 목적이며 인간은 재산의 보호를 위해 사회에 가입하므로 인민이 재산을 가져야 한다는 것을 필연적으로 상정하고 규정하기 때문이다. 재산의 보호 없이는 사람들이 사회에 가입한 목적인 재산을 사회에 가입하는 것에 의해 잃게 되는 것으로 누구든 너무 불합리한 일이어서 인정할 수 없다.

그러므로 사회에서 재산을 갖고 있는 사람들은 공동체의 법에 의해 자신들이 소유한 재물에 대한 권리를 가지며, 그들의 재산이나 그 일부를 그들의 동의 없이 취할 권리를 갖고 있는 사람은 없다. 이것이 없다면 그들은 전혀 재산을 갖지 못하게 된다. 다른 사람이 나의 동의와는 반대로 자기 마음대로 취할 수 있는 권리를 가질 수 있게 된다면 나에게는 소유권이 전혀 없는 것이기 때문이다.

그러므로 어느 국가의 최고 권력이거나 입법권이 무엇이든 원하는 대로 할 수 있으며 신민의 자산을 자의적으로 처분하거나 그 일부를 마음대로 취할 수 있다고 생각하는 것은 잘못이다. 이런 일은 입법부가 전체적으로나 부분적으로 그 구성원의 수가 가변적인 의회들로 구성되어 있어 의회가 해산되면 그 구성원들도 다른 사람들과 동등하게 그들 나라의 공통된 법을 적용받는 신민이 되는 정부에서는 크게 두려워할 일이 아니다.

그러나 입법권이 언제나 영구적인 하나의 의회나 절대군주제에서 그렇듯이 한 인물에게 속해 있는 정부에서는 여전히 그들 스스로 공동체의 나머지 구성원들과는 별개의 이해관계를 갖고 있다고 생각하여 인민들로부터 자신들이 적당하다고 생각하는 것을 빼앗아 자신들만의 재산과 권력을 증대시키기 쉽다는 위험이 있다. 비록 권력자와 동료 신민들 사이에 그 한계를 설정한 올바르고 공정한 법이 있다 해도 만약 신민들에게 명령을 내리는 자가 어떤 개인으로부터 그의 재산 중에서 자신의 마음에 드는 부분을 빼앗거나 자신이 좋다고 생각하는 것에 따라 그 재산을 사용하고 처분할 권력을 갖는다면 그의 재산은 전혀 안전하지 않기 때문이다.

139. 그러나 앞에서 밝혔듯이 정부는 누구에게 맡겨지든 사람들이 재산을 소유하고 보호받을 수 있다는 조건과 목적을 위해 위임된 것이다. 군주나 입법부가 신민들 사이의 재산을 규정하기 위한 법을 제정할 권력을 갖고 있다 해도 그들의 동의 없이 재산의 전부나 일부를 빼앗을 권력은 결코 가질 수 없다. 이것은 사실상 그들에게 아무런 재산도 남겨두지 않는 것이기 때문이다.

그리고 절대적인 권력일지라도 필요한 경우에는 절대적이라는 것에 의해 독단적이지 못하며 단지 절대적이라는 그 이유에 의해 여전히 제약을 받으며, 일부 사건에서 절대적이기를 요구받는 목적에 한정된다는 것을 이해하기 위해서는 군사적 규율의 공통적인 관례를 살펴보는 것만으로도 충분하다. 군대의 보호 그리고 국가 전체의 보호라는 면에서 모든 상관의 명령에 대한 절대적인 복종이 필요하며 가장 위험하거나 불합리한 것이라 해도 복종하지 않거나 저항하는 것은 당연히 사형이다.

그러나 우리는 병사에게 대포의 포구를 향해 진격하라거나 거의 전사할 것이 분명한 공격에 맞서라고 명령을 내릴 수 있는 상사도 그 병사에게 단 한 푼의 돈도 내놓으라고 명령할 수 없으며, 탈영을 하거나 가장 절박한 명령에 대한 불복종을 이유로 사형을 선고할 수 있는 장군도 생사를 좌우할 수 있는 절대적인 권력을 갖고 있다 해도 병사의 재산 중에서 단 한 푼도 처분할 수 없으며 그의 재물을 조금이라도 탈취할 수 없다는 것을 알고 있다. 장군은 병사에게 무엇이든 명령할 수 있고 가장 사소한 불복종을 이유로 교수형에 처할 수는 있다. 그러한 무조건적인 복종은 그 지휘관이 권력을 갖게 된 목적 즉, 나머지 사람들의 생명을 보호하기 위해 필요한 것이지만 그 병사의 재물을 처분하는 것은 그 목적과 아무런 관계가 없기 때문이다.

140. 사실 정부는 큰 비용 없이는 유지될 수 없으며, 정부의 보호를 일정하게 누리는 사람은 누구나 정부의 유지를 위해 자기 재산의 일정한 몫을 지불해야만 한다. 그러나 그것은 여전히 그의 동의 즉 다수의 — 그들 자신이거나 그들이 선출한 대표자에 의한 — 동의가 있어야만 한다. 만약 누군가가 자신만의 권위에 의해 인민의 동의 없이 세금을 부과하고 징수하는 권력을 요구한다면 재산에 관한 기본법을 침해하는 것이며 정부의 목적을 파괴

하는 것이기 때문이다. 다른 사람이 마음대로 내 재산을 합법적으로 빼앗을 수 있다면 대체 그 국가 내에서 나는 어떤 재산을 갖고 있다는 말일까?

141. 넷째, 입법부는 법을 제정하는 권력을 다른 누구에게도 양도할 수 없다. 그것은 단지 인민들로부터 위임받은 권력이므로 그 권력을 가진 자들이 타인에게 양도할 수 없기 때문이다. 인민들만이 국가의 형태를 지정할 수 있으며, 그것은 입법부를 구성하고 관리할 사람을 임명하는 것에 의해 이루어진다.

그리고 인민이 통치에 복종할 것이며 이러이러한 사람들이 이러이러한 형태로 만든 법에 의해 지배받겠다고 말할 때, 다른 사람들이 그들을 위한 법을 만들 것이라고 말할 수 있는 사람은 아무도 없다. 인민들도 자신들이 선출하여 그들을 위한 법을 만들도록 권한을 부여한 사람들에 의해 제정된 법 이외의 그 어떤 법에도 구속될 수 없다.

입법부의 권력은 명시적이고 자발적인 권리부여와 제도화에 의해 인민으로부터 유래하는 것이므로 명시적인 권리부여가 뜻하고 있는 것과 다를 수는 없다. 입법부는 오직 법을 제정할 뿐이며 입법자를 만들 수 없으므로 법을 제정할 권한을 양도하여 다른 사람에게 맡길 수 있는 권력은 가질 수 없다.

142. 이것들이 사회에 의해 입법부에 위임된 신탁의 범위이며 신법과 자연법이 모든 형태의 정부에서 모든 국가의 입법권에 설정한 범위이다.

첫째, 입법부는 공포되고 확립된 법에 의해, 특정한 사건에 따라 변경되지 않고 부자와 빈자, 궁정의 특권층과 시골의 주민에게 한 가지 규칙으로 다스려야 한다.

둘째, 또한 이러한 법들은 궁극적으로 다른 목적이 아닌 인민의 행복을 위해 설계되어야만 한다.

셋째, 입법부는 인민들 스스로나 그들의 대표자가 제시한 동의 없이는 그들의 재산에 세금을 부과해서는 안 된다. 그리고 이것은 오직 언제나 입법부가 존재하는 정부이거나 적어도 인민들 스스로가 수시로 선출한 대표자들에게 입법권의 일부를 유보해 두지 않는 정부에서만 정당하게 관여한다.

넷째, 입법부는 법 제정권을 다른 사람에게 양도해서는 안 되며 또 양도할 수도 없다. 또는 인민이 정한 곳이 아닌 다른 곳에 부여해서는 안 되며 또 부여할 수도 없다.

11-1 인간의 정치사회 전체를 지배할 수 있는 법을 만드는 합법적인 권력은 너무나 당연하게도 동일한 전체 사회에 속하므로 이 세상의 어떤 군주나 권력자도 신으로부터 직접적이고 개인적으로 받은 명시적인 위임에 의하지 않거나 그들이 법을 부과하려는 사람들의 우선적인 동의에서 얻은 권위에 의하지 않고 자기 스스로 권력을 행사하려 한다면 그것은 단순한 전제정치보다 더 나을 것이 없다. 그러므로 공적인 동의가 없는 것은 법이라 할 수 없다.

그러므로 이 점에 관해 우리는 그런 사람들이 당연히 정치적 대중 전체를 지배할 충분하고 완전한 권력을 갖고 있지 않으며, 따라서 우리들의 동의가 전혀 없다면 현존하는 어느 누구의 지배도 받지 않을 수 있다는 것에 주목해야 한다. 그리고 우리가 일부인 그 사회가 동의하기 전에 언제든 그와 유사한 보편적인 합의에 의해 똑같이 취소하지 않았을 때 우리는 지배받는 것에 동의한 것이다. 그러므로 어떤 종류의 것이든 인간의 법은 동의에 의해 유효하게 된다.(후커, 《교회정치론》 제1권 10장)

11-2 공적인 사회를 지탱하는 두 가지의 기초가 있다. 그 중 한 가지는 모든 인간이 사교적인 삶과 협력을 원한다는 자연적인 성향이며 다른 한 가지는 함께 사는 그들의 결합방식에 관하여 명백하거나 비밀스럽게 합의한 질서이다. 후자는 우리가 국가의 법이라고 부르는 정치체의 영혼으로 이것의 부분들은 법에 의해 활력을 부여받고 함께 결속

하며 공동선이 요구하는 바에 따라 그러한 행동을 일으키게 되는 것
이다.

대외적인 질서와 인간들 사이의 통치를 위해 제정된 정치법은 인간의
의지가 내면적으로는 완고하고 반항적이며 신성한 자신의 본성에 대
한 일체의 복종을 싫어한다고 가정하지 않는다면 반드시 갖춰야 할
구조를 가질 수 없다. 한 마디로, 인간은 그의 타락한 성향에 관해서
는 야수보다 나을 것이 없다고 가정해야 한다. 그럼에도 불구하고 정
치법은 그에 맞게 사회가 설립된 목적인 공동선에 방해가 되지 않도
록 그의 외부적인 행동을 규정한다. 그렇게 규정하지 않는다면 완전
하지 못하다.(후커, 같은 책 제1권 10장)

11-3 인간의 법은 행동을 지시받아야 하는 인간과 관련된 척도이다. 그렇
지만 그러한 척도인 법들 역시 평가받아야 하는 상위의 규칙들이 있
다. 그 두 가지 규칙은 신법과 자연법이다. 그러므로 인간의 법은 자
연의 일반적인 법에 따라 그리고 성서의 명확한 법과 모순되지 않게
제정되어야 한다. 그렇지 않다면 잘못 제정된 법들이다.(후커, 같은
책 제3권 9장)

사람들에게 불편을 강요하는 일들은 모두 부당한 것으로 보인다.(후
커, 같은 책 제1권 10장)

| 제12장 |

국가의 입법부, 행정부 그리고 연합 권력에 대하여

OF THE LEGISLATIVE, EXECUTIVE, AND FEDERATIVE POWER OF
THE COMMON-WEALTH

143. 입법권은 공동체와 그 구성원들을 보호하기 위해 국가의 힘을 어떻게 사용할 것인가를 지휘할 권리를 갖고 있다. 그러나 끊임없이 집행되어야 하며 그 효력이 언제나 지속되어야 하기 때문에 그러한 법들은 짧은 시간 내에 만들어질 수 있다. 그러므로 입법부에 언제나 처리해야 하는 의사일정이 있는 것이 아니므로 언제나 개회중일 필요는 없다.

그리고 권력을 잡고 싶어 하는 인간적인 약점에 비해 법을 제정할 권력을 가진 사람들이 집행할 권력마저 가지려 하는 유혹은 너무 크기 때문에 그로 인해 그들이 만든 법에 대한 복종으로부터 자신들을 면제시키고 법의 제정과 집행에서 자신들만의 사적인 이익에 법을 일치시키려 할 수 있다. 그것에 의해 사회와 정부의 목적과 반대되며 공동체의 나머지 구성원들과 구별되는 이해 관계를 가질 수 있다.

그러므로 당연하게도 모든 사람의 행복을 가장 중요하게 여기는 잘 정비된 국가에서는 입법권이 적법하게 모인 다양한 사람들에게 부여되며 그들은 그들 스스로 또는 다른 사람들과 연합하여 법을 제정할 권력을 갖는다. 법을 제정하고 나면 다시 흩어져 그들이 제정한 법에 스스로 복종하는 신민이 된다. 이것은 그들에게 부여되는 주의해야 할 새롭고도 밀접한 구속이므로 그들은 공공선을 위해 법을 만들게 된다.

144. 그러나 단기간에 즉시 만들어지는 법은 항구적이고 지속적인 효력을 갖게 되며 끊임없는 집행 또는 수행이 필요하기 때문에 제정된 법의 집행을 관리하고 효력을 유지할 권력이 언제나 있어야만 할 필요가 있다. 그로 인해 입법권과 집행권은 종종 분리되곤 한다.

145. 모든 국가에는 또 다른 권력이 있다. 이것은 자연적인 권력이라고 부를 수 있는데, 모든 사람이 사회에 가입하기 전에 자연적으로 가지고 있던 권력과 일치하는 것이기 때문이다. 비록 국가 내에서 구성원들은 서로에 대해 여전히 구별되는 인격체이

174

며 그러한 존재로서 그 사회의 법에 의해 지배되지만 나머지 인류에 대해 하나의 단체를 구성하며, 그 단체는 과거에 구성원들이 그랬던 것과 마찬가지로 나머지 인류에 대해 여전히 자연 상태에 있다. 그러므로 그 사회의 구성원과 사회 외부의 사람들 사이에서 일어나는 분쟁은 사회에 의해 관리되며 단체의 구성원에게 가해진 침해는 사회 전체가 배상을 보증한다. 따라서 이러한 고찰에 따르면, 전체 공동체는 공동체 외부의 모든 국가나 사람들에 대해 자연 상태에 있는 하나의 단체인 것이다.

146. 그러므로 여기에는 전쟁과 평화, 연맹과 동맹 그리고 국가가 없는 모든 사람 및 공동체와 모든 계약을 할 수 있는 권력을 포함하고 있으며, 어쩌면 연합적 권력이라 부를 수도 있을 것이다. 이렇게 이해되기만 한다면, 명칭은 어떤 것이어도 상관없다.

147. 집행권과 연합권이라는 두 가지 권력은 비록 그 자체로는 확실하게 구분되지만 집행권은 사회 자체 내의 모든 부분들에게 국내법의 집행을 포함하는 것이며 연합권은 사회가 이익이나 손해를 받을 수 있는 대외적인 모든 것을 대상으로 공공의 안전과 이익을 관리하는 권력이지만 이 두 가지는 거의 언제나 결합되어 있다.

비록 이 연합권의 올바른 관리 여부가 국가에 대단히 중대한 기회가 되지만, 집행권에 비해 선행하는 상시적인 실정법에 의해 지휘되는 것이 훨씬 어렵다. 그러므로 공공선을 위해 관리되도록 하려면 반드시 그 권력을 장악하고 있는 자들의 신중함과 현명함에 맡겨져야만 한다. 신민들 서로에게 관계되면서 그들의 행동을 규율하는 법은 그들보다 충분히 우위에 있어야 한다. 그러나 외국인에 대해 적용되는 법은 그들의 행동과 의도 그리고 이해관계의 변화에 크게 좌우되므로 이러한 권력을 위임받은 자들이 국가의 이익을 위해 최대한의 능력을 발휘해 관리할 수 있도록 그들의 신중함에 대부분 일임되어야만 한다.

148. 이미 언급했듯이, 비록 모든 공동체의 집행권과 연합권은 그 자체로 확실히 구분되는 것이지만 분리되어 상이한 사람들에게 동시에 맡겨지는 경우는 거의 없다. 두 가지 모두 실행되기 위해서는 그 사회의 힘이 필요한데 국가의 힘을 분리하여 종속되지 않은 권력에 맡기는 것은 거의 실행 불가능하기 때문이다. 또한 행정권과 연합권이 독자적으로 행동하는 사람들에게 맡겨져야 한다면 그로 인해 공공의 힘은 상이한 지배권 하에 있게 되어 언젠가는 무질서와 파멸을 일으키기 쉬워진다.

제13장

국가 권력의 종속관계에 대하여

OF THE SUBORDINATION OF THE POWERS OF THE COMMON-WEALTH

149. 비록 그 자체의 기초 위에 설립되고 그 자체의 본성에 따라 활동하는, 즉 공동체의 보호를 위해 활동하는 국가에는 오직 하나의 최고 권력인 입법권이 있어 나머지 모든 권력이 종속되어 있으며 또 종속되어야만 하지만 입법권은 일정한 목적을 위해서만 활동할 수 있는 신탁된 권력일 뿐이므로 입법부에게 맡겨진 신탁에 반대되는 행동을 하는 것이 발견될 때 폐지하거나 변경할 수 있는 최고의 권력은 여전히 인민에게 남아 있다.

모든 권력은 목적을 달성하기 위해 신탁으로 부여되고 그러한 목적에 의해 제한되므로 그 목적을 명백하게 무시하거나 거스른다면 신탁은 반드시 철회되어야만 하며 권력을 주었던 사람들에게 귀속되어 자신들의 안전과 보호를 위해 최선이라고 생각하는 곳에 새롭게 맡길 수 있기 때문이다. 그러므로 공동체는 타인의 공격과 음모로부터 자신들을 보호할 수 있는 최고의 권력을 영속적으로 보유하고 있다.

입법자들일지라도 신민의 자유와 재산을 해치려는 음모를 꾸미고 수행할 만큼 어리석거나 사악할 때도 마찬가지다. 어떠한 인간이거나 어떠한 인간의 사회도 자신들의 보호이거나 보호에 필요한 수단을 타인의 절대적인 의지와 독단적인 지배에 양도할 수 있는 권력을 갖고 있지 않기 때문이다.

누구든 그들을 그러한 노예상태로 몰아넣으려 할 때면 언제나 자신들에게도 따로 떼어놓을 권한이 없는 그것을 보호할 권리를 갖고 있다. 그리고 그들이 사회에 가입한 목적인 이 기본적이고 성스러우며 변경할 수 없는 자기 보호의 법을 침해하는 자를 스스로 제거할 권리를 갖고 있다. 그러므로 이러한 면에서 공동체는 언제나 최고의 권력을 갖고 있다 말할 수 있지만 일정한 정부 하에서는 그렇게 생각할 수 없다. 인민의 이러한 권력은 정부가 해체될 때까지는 절대 발생하지 않기 때문이다.

150. 모든 경우에 있어 정부가 존속하는 동안에는 입법부가 최고의 권력이다. 다른 사람에 대한 법을 만들 수 있는 곳이 그보다 더 우월해야 하는 것이 반드시 필요하기 때문이다. 입법부는 그

사회의 모든 부분들과 구성원들을 위한 법을 제정하고 그들의 행동을 규정하는 규칙을 정하며 그것이 위반되는 곳에 집행권을 부여하는 권리에 의해 입법부가 되는 것이기 때문이다. 입법권은 최고의 권력이 되어야만 할 필요가 있으며 사회의 구성원이나 여러 부분들이 가진 다른 모든 권력은 입법권에서 비롯되며 입법권에 종속된다.

151. 입법부가 언제나 있는 것이 아니면서 행정권이 한 사람에게 부여되어 있으며 그가 입법권에도 참여하는 일부 국가에서는 그 한 사람을 매우 포괄적인 의미에서 최고의 권력자라고 부를 수도 있을 것이다. 그 자신이 법을 만드는 최고의 권력을 모두 갖고 있기 때문이 아니라 그가 최고의 행정권을 갖고 있으며 그로부터 모든 하급 위정자들의 종속적인 권력들이 나오거나 적어도 그 권력들의 아주 중요한 부분이 나오기 때문이다. 또한 그보다 더 상위에 있는 입법부가 없으므로 그의 동의 없이 제정되는 법은 없다. 이것은 입법부의 다른 부분에 그를 종속시키는 것을 기대할 수 없으므로 이러한 의미에서 그는 당연히 최고 권력인 것이다.

그러나 비록 그 사람에게 신종(臣從)과 충성의 맹세를 한다 해도 그것은 최고의 입법자인 그가 아니라 다른 사람들과 만든 공동 권력의 최고 집행자인 그에게 하는 것임을 주목해야 한다. 충성은 법에 따른 복종일 뿐이므로 그가 법을 위반할 때 그는 복종에 대한 권리가 없으며 그 역시 법의 권위에 의해 위임받은 공공 인격이 아니라면 복종을 주장할 수도 없다. 따라서 그는 국가의 상징, 표상 또는 대표자로서 법에 공표된 그 사회의 의지에 의해 행동하는 것으로 간주되어야 한다. 그러므로 그에게는 법의 의지나 권력이 아닌 어떠한 의지나 권력도 없다.

그러나 그가 이러한 대표성, 이러한 공적의지를 포기하고 그 자신만의 사적인 의지에 의해 행동할 때 그는 스스로를 격하시킨 것이며 복종을 요구할 어떠한 권리를 가진 의지나 권력이 없는 일개 사적인 개인일 뿐이다. 구성원들은 사회의 공공의지 외에는 복종할 의무가 없다.

152. 입법부에도 일정하게 참여하는 어느 한 사람에게 부여된 행정권은 분명히 입법부에 종속되며, 입법부에 책임을 져야 하며, 입법부의 뜻에 따라 변경되고 해임될 수 있다. 그러므로 종속으로부터 면제된 최고의 행정권이 아니다. 그러나 입법부에 일정하게 참여하는 한 사람에게 위임된 최고의 행정권은 그 자신이 협력하고 동의하는 것 이상으로 복종하고 책임져야 할 별개의 보다 상위의 입법부가 없으므로 그 자신이 적절하다고 생각하는 것

이상으로 종속되지 않으며, 아주 조금만 종속될 것이라고 분명히 결론을 내릴 수 있을 것이다.

국가에는 또 다른 보조적이며 종속적인 권력이 있지만 언급할 필요는 없을 것이다. 그들은 각개 국가들의 서로 다른 관습 및 헌법에 무한한 다양성이 있으므로 그것들 모두 다 특별히 설명하는 것은 불가능하다. 단지 현재의 목적에 필요한 것만으로 충분하다. 그들은 어느 누구도 명시적인 권리부여 또는 위탁에 의해 자신들에게 위임된 것을 넘어설 수 있는 고유한 권한도 갖고 있지 않으며, 모두 다 국가의 다른 일부 권력들을 책임져야 한다.

153. 입법부가 항상 존재해야 한다는 것은 필요하지도 않을 뿐만 아니라 그만큼 편리하지도 않다. 그러나 행정권은 언제나 존재해야 한다는 것은 분명히 필요하다. 언제나 새로운 법을 제정할 필요가 있는 것은 아니지만 법의 집행은 항상 이루어져 할 필요가 있기 때문이다.

입법부는 자신들이 만든 법의 집행을 다른 사람들에게 맡겼을 경우에도 정당한 목적이 생기거나 법을 거스르는 잘못된 행정을 처벌하기 위해 집행권을 그들로부터 회수할 수 있다. 동일한 이야기가 연합권에도 적용된다. 연합권과 행정권은 모두 앞서 밝혔듯이 잘 조직된 국가에서 최고의 권력인 입법부에 종속된다.

이 경우에도 입법부는 여러 사람으로 구성된 것으로 상정되며 (만약 한 사람만 있다면 언제나 존재할 수밖에 없으며 최고 권력으로서 자연스럽게 입법권과 함께 행정권도 갖게 될 것이기 때문이다.) 그들이 만든 최초의 규약이거나 그들 자신이 지정한 시기에 소집하여 입법권을 행사한다. 만약 지정한 시기도 없고 소집할 별도의 규정도 없다면, 최고의 권력은 인민에 의해 입법부에 부여된 것이기 때문에 그 권력은 언제나 그들에게 있으므로, 그들이 만든 최초의 규약에 의해 일정한 시기로 제한되어 있거나 그들이 가진 최고 권력의 법령에 의해 일정 시기까지 휴회를 결정하지 않는 한 자신들이 원하는 시기에 입법권을 행사한다. 그리고 그 시기가 되었을 때 그들은 회의를 소집하고 다시 활동할 권리를 갖는다.

154. 만약 입법부 또는 그 일부가 일정한 시기 동안 인민에 의해 선출된 대표자들로 구성된다면 그 후에는 대표자들 역시 통상적인 신민의 상태로 돌아가며 새로이 선출되는 경우 외에는 입법부에 참여하지 못한다. 선출할 권력은 지정된 일정한 시기이거나 선출을 위해 소집되었을 때 인민에 의해 실행되어야만 한다. 그리고 후자의 경우 입법부를 소집할 권력은 보통 행정부에 있으며 그 시기에 관해서는 두 가지 제약이 있다.

최초의 규약이 일정한 기간을 두고 입법부의 소집과 활동을 요구할 경우 행정권은 적절한 형식을 밟아 그들의 선거와 집회에 관해 행정적으로 지시를 내리는 정도의 일을 하거나, 일반 공공의 필요 혹은 긴급사태가 과거의 법을 수정하거나 새로운 법을 제정할 것을 요구하거나 인민을 억압하고 위협하는 불편을 구제하거나 방지할 것을 요구하는 경우 새로운 선거를 실시하여 입법부를 소집하는 것이 행정권자의 신중한 재량에 맡겨진다.

　　155. 여기에서 다음과 같은 질문이 제기될 수 있다. 만약 국가의 힘을 장악하고 있는 행정권이 최초의 규약이거나 공공의 긴급사태가 입법부의 소집과 활동을 요구할 때 그것을 방해하기 위해 그 힘을 사용한다면 어떻게 될까?

　　나는 이렇게 답변하겠다. 권한도 없이 인민에게 무력을 사용하거나 자신에게 맡겨진 신탁에 반하는 행동을 하는 것은 인민과 전쟁 상태에 들어가는 것이며 인민에게는 그들의 권력을 행사하여 입법부를 본래대로 회복시킬 권리가 있다. 입법부를 설치한 것은 정해진 일정한 시기이거나 필요가 있을 때 입법권을 행사하기 위한 것이기 때문이다. 그러나 입법부가 사회에 꼭 필요하고 인민의 안전과 보호와 관련된 업무의 수행을 무력에 의해 방해받을 때 인민은 무력으로 그것을 제거할 권리가 있다. 모든 상황과 조건에 있어 권한 없는 힘의 사용에 대한 진정한 치유책은 힘으로 맞서는 것이다. 권한 없이 힘을 사용하는 것은 언제나 침략자로서 전쟁 상태에 놓이는 것이며 그에 따르는 대우를 받는 것이 당연하다.

156. 입법부를 소집하고 해산시킬 권력이 행정부에 부여돼 있다 해서 행정부에 우월성을 제공하는 것은 아니며 단지 인간사의 불확실성과 변덕스러움이 견고하게 고정된 규칙을 감당하지 못할 경우에 인민의 안전을 위해 행정부에 맡겨진 권력일 뿐이다.

최초로 정부를 구성한 사람들이 국가의 모든 긴급 상황에 정확히 대처하도록 다가올 모든 시기에 입법부가 회합에 복귀하고 지속하기에 지극히 타당한 시기를 선경지명에 의해 미리 정할 수 있을 정도로 미래의 사건들에 정통하기는 가능하지 않기 때문이다. 이러한 결함을 위해 찾아낼 수 있는 최선의 처방책은 언제나 자신의 자리를 지키면서 공공선을 돌보는 업무를 하는 사람의 신중한 판단에 이 문제를 위탁하는 것이다.

필요한 경우도 아니면서 입법부가 지속적으로 빈번하게 모이거나 오랜 기간 동안 회의를 하는 것은 인민에게 부담이 되지 않을 수 없으며 머지않아 한층 위태로운 폐해들을 필연적으로 일으키게 된다. 그러나 세상사의 갑작스러운 일탈이 때로는 입법부의 즉각적인 도움을 요구하기도 한다. 회의 소집이 지연되면 공중을 위험에 몰아넣을 수도 있으며 때로는 사안이 너무 중요해서 제한된 회기가 그들의 업무를 처리하기에 너무 짧아서 오직 입법부의 신중한 협의로만 얻을 수 있는 혜택을 빼앗을 수도 있다.

그렇다면 이런 경우에 입법부의 회합과 의결을 위해 정해놓은 고정된 회기로 인해 공동체가 시시때때로 현저한 위험에 노출되는 것을 방지하기 위해서는 언제나 활동하면서 공적인 일들에 대해 잘 알고 있어서 이러한 특권을 공공의 이익을 위해 사용할 수 있는 자들의 분별력에 위임하는 것 외에 무엇을 할 수 있을까? 그리고 동일한 목적을 위해 법의 집행을 위임받은 자에게 맡기는 것보다 다른 어느 곳에 더 훌륭하게 맡길 수 있을까?

그러므로 만약 입법부의 소집과 회의를 위한 시기에 대한 사항이 최초의 규약에 의해 정해 있지 않았다면 자연스럽게 행정부에 맡겨지지만, 그것은 행정권자의 선의에 따르는 독단적인 권력이 아니라 때때로 일어나는 일들과 사태의 변화가 요구하는 바에 따라 오직 공공의 안녕을 위해 행사할 것이라는 신뢰와 함께 맡겨진 것이다.

입법부의 소집 시기가 정해져 있거나 입법부를 소집할 권리가 군주에게 맡겨져 있거나 혹은 두 가지가 혼합된 것 중 어느 것의 폐해가 가장 적을 것인가는 여기에서 내가 다룰 일은 아니다. 다만 나는 비록 행정권이 입법부의 회의를 소집하고 해산하는 특권을 가질 수는 있지만 그로 인해 행정권이 입법권보다 우월한 것은 아님을 보여주려는 것일 뿐이다.

157. 이 세상에 있는 것들은 끊임없이 변화하므로 똑같은 상태로 오래 머물러 있는 것은 없다. 그러므로 인민, 재산, 직업, 권력도 제 위치를 바꾼다. 번영하던 강력한 도시가 폐허가 되어 머지않아 방치된 황폐한 지역이 되기도 하지만 인적마저 드물던 곳이 부와 주민들로 가득 찬 번잡한 도시로 성장하기도 한다.

그러나 모든 것이 언제나 똑같이 변화하는 것은 아니어서 있어야 할 이유가 사라진 후에도 사적인 이해관계가 종종 관습이나 특권을 유지시키기도 한다. 입법부가 인민에 의해 선출된 대표들로 구성되어 있는 정부에서 시간이 흐르면서 이러한 대표제가 최초에 확립되었던 이유와 달리 매우 불공평하고 불균형을 이루게되는 일이 종종 발생하게 된다.

본래의 이유가 소멸된 후 관습을 따르는 것이 얼마나 터무니없는 일로 이어지는가를 이해하기 위해서는 폐허와 다름없는 것들만 남아 있어 가까스로 읍(邑)이라고 불리면서 주택은 양의 우리정도와 주민은 양치기가 남아 있는 곳이 지역 전체의 인구도 많고 재산도 풍족한 도시만큼이나 많은 수의 대표자를 입법자의 전체 회의에 내보내는 것만 확인해도 충분할 것이다.

이것에 대해 외부인들은 깜짝 놀라고, 모든 사람들이 대책이 필요하다고 인정한다. 대부분의 사람들이 해결책을 찾는 것은 어렵다고 생각하는 것은 입법부의 구성이 그 사회의 최초이자 최고의 조직이며 모든 실정법에 우선하며 전적으로 인민에게 의존하므로 하위 권력이 변경할 수 없기 때문이라는 것이다. 그러므로 일단 입법부가 구성되면 인민은 지금까지 논의해왔던 것과 같은 정부에서는 그 정부가 존속하는 한 실행할 수 있는 권력이 없으므로 이러한 폐단을 바로잡을 수 없다고 생각하는 것이다.

158. '인민의 행복이 최고의 법이다.'라는 것은 분명 너무나도 정당한 기본적인 원칙이어서 그것을 진심으로 따르는 사람은 잘못을 저지를 위험이 없다. 그러므로 만약 입법부를 소집할 권력을 가진 행정부가 과거의 관행에 의해서가 아니라 현재의 대표 제도보다 더 실질적인 비례를 지키면서 독자적으로 대표를 보낼 권리를 가진 모든 곳에서 실질적인 근거에 의해 독자적으로 대표를 선출할 권리를 가진 구성원들의 수를 규정하려 한다면 인민은 어떤 방식으로 구성되든 단지 자신들이 공공에 제공하는 도움에 비례한다면 새로운 입법부를 설립한 것이 아니라 과거의 실질적인 입법부를 복원한 것이며 시간이 흐르면서 감지할 수 없었지만

필연적으로 초래된 무질서를 시정하고자 한 것으로 판단해야 할 것이다.

공정하고 올바른 대표자를 갖는 것이 인민의 의도이면서 이익이기 때문에 그것에 근접한 사람은 누구나 정부의 확실한 아군이면서 설립자로 공동체의 동의와 추천을 받지 않을 수 없다. 대권은 예측하지 못한 불확실한 사건의 발생에 따라 확실하고 변경할 수 없는 법이 안전하게 관리할 수 없는 경우, 공공의 이익을 위해 군주가 가진 권력일 뿐이다. 명확하게 인민의 행복을 위해 그리고 진실한 토대 위해 정부를 설립하는 경우 정당한 대권이며 미래에도 언제나 그럴 것이다.

새로운 의회를 설립하는 권력과 더불어 새로운 대표자들을 선출하는 권력은 대표제의 척도가 조만간 변화할 수 있으며 과거에는 대표권을 갖지 못한 지역들도 정당한 대표권을 가질 것이라는 전제를 수반한다.

그리고 똑같은 이유로 과거에는 대표권이 있었지만 권리를 행사하지 못하게 되고 그런 특권을 갖기에는 너무 하찮은 지역이 되기도 한다. 정부를 침해하는 것은 부패나 쇠퇴에서 비롯된 현재 상태의 변화가 아니라 정부가 인민을 해치거나 억압하고 어떤 기관이나 파벌을 만들어 차별하고 나머지 사람들의 불평등한 복종을 고착시키려는 경향이다.

어떤 것이든 정당하고 지속적인 기준으로 사회와 인민 전체에게 이익이 되는 것은 일단 실시되면 언제나 그 자체를 정당화할 것이다. 언제든 인민이 정부가 처음에 가졌던 구조에 어울리게 정의롭고 명백히 평등한 척도에 따라 그들의 대표자를 선출한다면 누가 그렇게 하도록 승인하거나 도입했든지 그것이 사회의 의지이자 실행이라는 것은 의심받을 수 없다.

| 제14장 |

대권에 대하여

OF PREROGATIVE

159. (모든 온건한 군주국과 잘 조직된 정부에서 그렇듯이) 입법권과 행정권이 구별되어 있는 곳에서는 몇 가지 일들은 행정권을 가진 자의 재량에 맡겨질 것이 사회의 이익으로서 요구된다. 입법자들이 공동체에 유익한 모든 것을 예견해 법에 의해 대비할 수 없으므로 법의 집행자는 국내법이 아무런 지침도 제공하지 않은 많은 경우에 입법부가 그 지침의 마련을 위해 편리하게 소집될 수 있을 때까지 사회의 이익을 위해 공통의 자연법에 의해 그 법을 활용할 권리가 있기 때문이다.

법이 결코 규정할 수 없는 것들이 많이 있으므로 부득이 행정권을 가진 사람의 재량에 맡겨 공공선과 공익이 요구하는 대로 명령할 수 있도록 해야만 한다. 뿐만 아니라 몇몇 경우에는 법 자체가 행정권이거나 사회의 모든 구성원은 최대한 보호되어야 한다는 자연과 정부의 기본법에 어느 정도는 양보해야 한다는 것이 적절하다. 엄격하고 경직된 법의 준수가 오히려 해를 끼칠 수도 있는 우발적인 사건들이 일어날 수 있기 때문이다.

(마치 옆집이 불타고 있을 때 불을 끄기 위해 아무런 죄도 없는 이웃사람의 집을 허물 수는 없다는 것처럼) 그리고 때로는 어떤 사람이 보상과 사면을 받을 만한 행동에 의해 사람을 차별하지 않는 법의 처벌을 받게 될 수도 있다. 통치자는 많은 사건들에서 법의 가혹함을 완화시키고 일정한 범법자들은 사면해줄 권력을 갖는 것이 적절하다. 정부의 목적은 최대한 모든 사람을 보호하는 것이므로 심지어 죄를 범한 자일지라도 무고한 사람에게 아무런 피해를 입히지 않은 것을 증명할 수 있다면 용서받을 수 있을 것이다.

160. 법의 규정 없이 그리고 때로는 심지어 법을 거스르면서도 공공의 이익을 위해 재량에 따라 행동할 수 있는 이 권력이 이른바 대권이라고 불리는 것이다. 어떤 정부에서는 입법권이 항상 존재하는 것이 아니며 일반적으로 인원이 너무 많고 너무 느려서 집행을 위해 꼭 필요한 일처리를 못하기 때문이다. 또한 공공에 관계된 모든 사건들과 꼭 필요한 것들을 예견하고 법에 의해 규정하는 것이거나 모든 경우에 관련된 모든 당사자에게 완고한 엄

격성을 갖고 집행된다 해도 아무런 피해도 입히지 않는 그런 법을 제정한다는 것은 거의 불가능하기 때문이다. 그러므로 법이 규정하지 않은 많은 일들에서 선택할 자유가 행정권에게 주어지게 된다.

161. 이 권력이 공동체의 이익을 위해 그리고 정부에 대한 신뢰와 목적에 어울리게 행사되는 동안에는 의심할 여지가 없는 대권이며 절대 의심받지 않는다. 인민은 그런 문제에 대해 꼼꼼하거나 엄격한 경우가 거의 없거나 전혀 없기 때문이다. 인민은 대권이 본래의 취지대로 즉, 인민의 행복을 위해 그리고 명백하게 거스르지 않으며 웬만한 정도로 행사되는 동안에는 전혀 살펴보려고 하지 않는다. 그러나 만약 행정관과 인민 사이에 대권이라고 주장되는 것에 대한 의문이 제기된다면 그러한 대권을 행사하는 의도가 인민의 행복을 위한 것인지 아니면 해치기 위한 것인지가 그 의문을 쉽게 결정할 수 있을 것이다.

162. 국가나 가족의 인원수가 거의 차이가 없던 정부의 초기에는 법의 개수도 역시 거의 차이가 없었다는 것을 쉽게 상상할 수 있다. 그리고 인민의 아버지인 통치자는 그들의 행복을 돌보아주었으므로 정부는 거의 대부분이 대권으로 구성되어 있었다. 몇

개의 확립된 법으로 충분했으며 통치자의 재량과 관심으로 그 나머지를 채울 수 있었다.

그러나 잘못된 생각이거나 아첨에 빠진 아둔한 군주가 이러한 권력을 공공의 이익이 아닌 자신만의 사적인 목적을 위해 사용할 때 인민은 부득이하게 그들에게 불리하다고 밝혀진 문제들에 대해 명시적인 법에 의해 대권을 규정하지 않을 수 없게 되었다. 그러므로 그들과 그들의 조상들이 인민의 행복을 위해서만 정당하게 사용했던 군주들의 지혜에 최대한으로 맡겨두었던 경우들에서도 인민에 의해 공표된 대권의 제한이 필요하다는 것을 알게 되었다.

163. 그러므로 인민이 대권의 어떤 부분이든 실정법에 의해 규정한다면 대권을 침해하는 것이라고 말하는 자들은 정부에 대해 매우 잘못된 생각을 하고 있는 것이다. 그렇게 함으로써 그들은 군주에게 정당하게 속하는 것은 아무것도 빼앗는 것이 아니며 단지 그들의 행복을 위해 행사하도록 군주와 그의 조상들에게 막연히 넘겨주었던 권력이 다르게 사용될 때 자신들이 의도했던 것이 아니라고 선언하는 것일 뿐이기 때문이다. 정부의 목적은 공동체의 행복이기 때문에 그 목적을 지향한다면 어떤 변경이 이루어지든 어느 누구에게도 침해가 될 수 없다. 정부 내의 어느 누구도

다른 목적을 추구할 권리가 없기 때문이며 공공의 이익을 손상시키거나 방해하는 것들만이 침해가 된다.

이와 다르게 말하는 자들은 마치 군주는 공동체의 이익과 분리된 별도의 이해관계를 갖고 있으므로 그 목적을 위해 존재하는 것이 아니라고 말하고 있는 것이다. 그러한 원인으로부터 군주정에서 발생하는 거의 모든 해악과 무질서가 발생하는 것이다. 실제로 만약 그렇다면 군주정 하의 인민은 상호간의 이익을 위해 공동체에 가입한 이성적인 피조물의 사회가 아닌 것이다. 그들은 그런 이익을 지키고 증진시키려는 통치자를 세운 것이 아니라 자신의 쾌락이나 이익을 위해 그들을 먹이고 일을 시키는 주인의 지배를 받는 열등한 동물의 무리로 간주되어야 한다. 만약 인간이 그런 조건으로 사회에 가입할 정도로 이성도 없고 야만적이라면, 대권은 실제로 일부 사람들이 생각하는 것처럼 인민에게 해를 끼치는 독단적인 권력일 것이다.

164. 그러나 이성적인 피조물이 자유로울 때 자신의 손해를 위해 다른 사람에게 복종한다고 생각할 수는 없다.(비록 훌륭하고 현명한 통치자를 발견한다면 모든 일에 있어 그의 권력에 명확한 경계를 설정하는 것이 필요하거나 유용하다고 생각하지는 않겠지만) 대권은 법에 명시되어 있지 않거나 때로는 법의 직접적

인 조항에 반대되는 것도 공공의 이익을 위해 인민이 통치자에게 자신들이 자유롭게 선택한 일들을 하도록 허락한 것일 수밖에 없다. 그리고 일들이 그렇게 되었을 때 묵묵히 따르는 것이다.

자신에게 주어진 신뢰를 잊지 않고 인민의 행복에 주의를 기울이는 선량한 군주라면 대권 즉 좋은 일을 할 권력을 과도하게 많이 가졌다 할 수 없다. 그러므로 자신의 전임자들이 법의 지침 없이 행사하던 권력을 직책에 따른 권리로 자신에게 속하는 대권이라 주장하는 둔하고 서툰 군주는 공공의 이익과는 다른 이익을 꾀하거나 손에 넣기 위해 자기 마음대로 행사함으로써 인민들로 하여금 자신들의 권리를 주장하고 자신들의 이익을 위해 행사되는 동안에는 만족하며 묵시적으로 허용하던 권력을 제한하는 이유를 제공하게 된다.

165. 그러므로 영국사를 연구한 사람이라면 대권은 언제나 가장 현명하고 최고의 군주들에게 가장 많이 주어졌다는 것을 발견하게 된다. 그러한 군주들의 전반적인 행동의 경향이 공공의 이익을 지향한다는 것을 관찰한 인민은 법 없이 그런 목적을 향해 이루어진 일들에 대해서는 이의를 제기하지 않았기 때문이다. 만약 어떤 인간적인 약점이거나 잘못된 생각으로 (군주들도 다른 사람들처럼 인간일 뿐이므로) 인해 그러한 목적으로부터 어느 정

도 벗어난 것으로 보여도 그들의 주된 행위가 공공에 대한 관심에 있을 뿐이라는 것이 명백했기 때문이다.

그러므로 이 군주들이 법의 규정 없이 또는 법과 반대되는 행동을 했어도 만족할 만한 이유가 있었던 인민은 그들의 행위를 묵묵히 따르고 아무런 불평 없이 그들이 뜻하는 대로 대권을 확장하도록 했던 것이다. 군주들이 모든 법의 기반이자 목적인 공공의 이익에 일치되는 행동을 했기 때문에 법에 해를 끼치는 않았다고 올바르게 판단한 것이다.

166. 신 자신이 우주를 지배하는 것과 같은 절대군주제가 가장 좋은 통치형태라는 것을 입증하는 논거에 의해 신 같은 군주들은 실제로 독단적인 권력을 가질 자격을 어느 정도는 갖추고 있었다. 그러한 왕들은 신의 지혜와 미덕을 갖고 있기 때문이다.

'선한 군주의 통치는 언제나 인민의 자유에 가장 위험하다'는 격언은 이러한 사실에 근거를 두고 있다. 전혀 다른 생각으로 정부를 관리하는 그들의 후계자들은 훌륭했던 통치자들의 행위를 선례로 끌어들여 자신들이 가진 대권의 모범으로 만들기 때문이다. 마치 오직 인민의 이익을 위해서만 실행되었던 일들이 그들이 마음만 먹으면 인민의 손해를 위해서도 행사할 수 있는 권리인 것처럼 생각하는 것이다.

이것은 인민들이 본래의 권리를 회복하고 결코 올바른 대권이 아닌 것은 대권이 아니라고 선언할 수 있기 전에 종종 분쟁의 원인이 되었으며 때로는 공공의 질서가 교란되기도 했다. 비록 인민은 공공의 이익이라는 경계를 침해한 적이 없는 왕이나 통치자들의 대권에 어떤 한계를 설정하려 하지 않는다는 것은 가능하고 합당한 일이지만 사회 내의 누구라도 인민에게 해를 끼칠 권리를 갖는다는 것은 불가능하기 때문이다. 대권은 규칙 없이도 공공의 이익을 실천하는 권력일 뿐이기 때문이다.

167. 영국에서 정확한 시간과 장소 그리고 기간을 정해 의회를 소집할 수 있는 권력은 분명하게 국왕의 대권에 속한다. 그러나 그 대권은 여전히 시기의 긴박성이나 다양한 원인들이 요구하는 바에 따라 국가의 이익을 위해 사용된다는 신뢰와 함께 부여되는 것이다. 어느 장소가 모이기에 가장 적합하며 언제가 최선의 시기인가를 미리 알고 있는 것은 불가능하기 때문이다. 이러한 것들에 대한 선택은 공공의 이익에 가장 도움이 되고 의회의 목적에 가장 적합하도록 행정권에 맡겨져 있다.

168. 이 대권이라는 문제에 제기될 오래된 질문, 즉 '그렇다면 이 권력이 정당하게 사용되었는가를 누가 판단할 것인가'에 대한

한 가지 답변이 있다. 대권을 갖고 있는 행정권과 자신들의 소집을 행정권의 의지에 맡기고 있는 입법권 사이에는 이 세상 어디에도 재판관은 있을 수 없다. 권력을 갖고 있는 행정부이나 입법부가 인민을 노예로 삼거나 파멸시키려 할 때 입법부와 인민 사이에 재판관이 있을 수 없는 것과 같다.

세상의 재판관이 없어서 단지 하늘에 호소할 수밖에 없는 다른 모든 경우들이 그렇듯이 이 경우에도 인민은 별다른 해결책이 전혀 없다. 통치자들은 그런 시도에서 (자신들에게 해를 끼치기 위해 누군가가 자신들을 지배하는 것에 동의한다고 상상할 수 없는) 인민이 그들에게 넘겨주지 않았던 권력을 발동하여 자신들이 갖지 못한 권리를 행사하는 것이기 때문이다. 집단이거나 어느 한 사람이 권리를 박탈당하거나 권리가 없는 권력의 행사를 겪고 있지만 달리 호소할 곳이 없을 때는 충분히 중요한 이유가 있다고 판단한다면 언제든 하늘에 호소할 자유가 있다.

그러므로 비록 인민은 그 사회의 설립 규약에 의해 우월한 권력을 갖고 이 경우에서 유효한 판결을 내릴 재판관이 될 수는 없겠지만, 인간의 모든 실정법을 우선하는 최고의 법에 의해 아무런 호소도 할 수 없는 곳에서는 모든 인류에게 속하는 궁극적인 결정권, 즉 하늘에 호소할 수 있는 정당한 명분이 있는가를 판단할 권리를 마련해두고 있다. 그리고 이러한 판단은 내줄 수 없는 데, 다른 사람에게 자신을 파괴할 자유를 주기 위해 스스로를 복종시키는 것은 인간의 권한을 벗어나는 것이기 때문이다.

하느님과 자연은 자신의 보호를 방치할 정도로 인간이 스스로를 포기하는 것은 절대로 허용하지 않기 때문이다. 그리고 자신의 생명을 스스로 박탈할 수 없기 때문에, 다른 권력에게 자신의 생명을 빼앗도록 할 수도 없다.

이것이 무질서의 끊임없는 근거가 된다고 생각해서는 안 된다. 폐해가 너무 커서 대다수가 이것을 감지하고 싫어하게 되어 바로잡아야 할 필요성을 알아차릴 때까지는 작동하지 않기 때문이다.

그러나 행정권자나 현명한 군주는 이러한 위험에 절대 빠지지 않아야 할 필요가 있다. 그리고 이것은 다른 모든 것들 중에서 가장 위험한 것으로서 그들은 이것을 가장 먼저 피해야 할 필요가 있다.

제15장

부권, 정치적 권력 그리고 독재적 권력에 대하여
OF PATERNAL, POLITICAL, AND DESPOTICAL POWER,
CONSIDERED TOGETHER

169. 비록 앞에서는 이러한 권력들을 별도로 이야기할 필요가 있었지만, 정부에 대한 최근의 가장 큰 오류들은 이러한 별개의 권력들을 혼동한 데에서 비롯된 것으로 생각하므로 어쩌면 여기에서 함께 검토해보는 것이 부적당한 일은 아닐 것이다.

170. 그렇다면, 첫째, 부권이나 친권은 자식들에 대해 부모가 갖는 권력일 뿐이다. 자식들이 이성을 활용하게 될 때까지 또는 자연법이든 그들 나라의 국내법이든 스스로를 통제할 규칙을 이해할 수 있다고 여겨지는 지식의 상태에 도달할 때까지 자식들의 행복을 위해 통제하는 권력이다. 규칙을 이해할 수 있다는 것은 그 법을 지키면서 자유인으로 살고 있는 다른 사람들처럼 법을

알고 있다는 것이다.

신이 부모의 가슴에 심어놓은 자식들에 대한 애정과 자상함은 친권이 가혹하고 독단적인 지배를 목적으로 하는 것이 아니라 오직 자기 자녀들을 돕고 가르치고 보호하기 위한 것임을 명백히 보여준다. 그러나 내가 입증했듯이, 어떤 식으로 행사되든 다른 사람들에게도 마찬가지이지만 자식들에 대해 어떤 경우에도 생사를 결정하는 것까지 확대된다고 생각해야 할 이유는 전혀 없다. 게다가 부모로부터 생명과 교육을 받았으므로 평생 아버지와 어머니 모두를 존중하고 존경하고 감사하며 지원해야 하는 의무 이상으로 성인이 되었을 때에도 부모의 의지에 복종하도록 이러한 친권이 유지되어야 할 명분 역시 있을 수 없다.

그러므로 부권은 자연 발생적인 통치일 뿐 결코 그 자체를 정치적인 목적과 지배로 확장되는 것이 아니다. 아버지의 권력은 전혀 자식의 재산에 미치지 않으며 그것은 오직 자식만이 처분할 수 있다.

171. 둘째, 정치권력은 모든 사람이 자연 상태에서 갖고 있던 권력을 사회에 제공한 것이며, 그 사회에서는 그들의 행복과 재산의 보호를 위해 사용할 것이라는 명시적이거나 묵시적인 신뢰와 함께 사회 자체가 선택한 통치자에게 넘긴 것이다.

모든 사람이 자연 상태에서 가지고 있던 것이며 사회가 그를 보호할 수 있는 모든 경우를 위해 사회에 양도한 이 권력은 이제 그 자신의 재산을 보호하기 위해 그가 생각하기에 옳으며 자연이 그에게 허용한 수단들을 사용하는 것이며 (그의 이성이 내린 최선의 판단에 따라) 그 자신과 나머지 인류를 보호하는데 가장 도움이 되는 방식으로 자연법의 침해 행위를 처벌하는 것이다.

그러므로 이 권력의 목적과 기준은 그것이 자연 상태에서 모든 사람에게 있을 때 사회의 모든 사람, 즉 인류 전체를 보호하는 것이므로 그것이 위정자에게 있을 때에도 그 사회 구성원들의 생명과 자유 그리고 소유물을 보호하는 것 이외의 다른 목적이나 기준을 가질 수 없다.

그러므로 최대한 보호될 수 있어야 하는 그들의 생명과 재산에 대한 절대적이고 독단적인 권력이 될 수는 없으며, 다만 전체를 보호하기 위해 너무나 부패하여 건전하고 건강한 부분을 위협하는 부분들만을 잘라내기 위해 법을 제정하고 형벌을 부가하는 권력이다. 그렇게 하지 않는다면 그 어떤 엄격한 형벌도 합법적이지 않다. 그리고 이 권력은 오직 공동체를 구성하는 사람들의 협정과 합의 그리고 상호간의 동의에만 그 기원을 두고 있다.

172. 셋째, 전제적인 권력은 한 인간이 다른 사람에 대해 갖는

절대적이고 독단적인 권력으로 그가 원할 때는 언제든 다른 사람의 생명을 박탈할 수 있다. 자연은 한 인간과 다른 인간을 차별하지 않기 때문에 이것은 자연이 인간에게 부여한 권력이 아니며 협정으로 양도할 수도 없다. 인간은 자신의 생명에 대해 그만큼의 독단적인 권력을 갖고 있지 않으므로 다른 사람에게 그런 권력을 내줄 수는 없기 때문이다. 그것은 오직 침략자가 다른 사람과 전쟁 상태에 놓였을 때 그 자신의 생명에 대한 권리가 몰수된 결과로서만 가능하다. 신이 인간과 인간 사이의 규칙으로 제공한 이성 그리고 인류가 하나의 동료 의식과 사회로 결합하려는 공통의 유대를 포기한 것이기 때문이며, 이성이 가르쳐준 평화의 길을 포기하고 아무런 권리도 없이 자신의 부당한 목적을 달성하기 위해 다른 사람에게 전쟁의 무력을 사용했기 때문이다.

또한 짐승들의 것인 무력을 자신의 권리의 규칙으로 삼는 것에 의해 인간에게 반기를 들고 짐승들의 편에 선 것이기 때문이다. 그는 자기 자신을 피해를 입은 사람과 정의를 실행하기 위해 그 피해자와 함께 하게 될 나머지 인류에 의해 파멸되어야만 하는 존재로 만들어버린 것이다. 다른 야수이거나 해로운 짐승이 그렇듯이 인류는 그와 함께 사회를 구성할 수도 없고 안전을 보장할 수도 없다.

그러므로 공정하고 합법적인 전쟁에서 잡힌 포로들과 같은 경우만이 전제적인 권력에 복종한다. 전제적인 권력은 협정으로부터 발생한 것도 아니고 그럴 수도 없으며 단지 전쟁 상태가 지속되는 것일 뿐이다. 자기 생명의 주인도 아닌 사람과 어떤 협정을 맺을 수 있을까? 그가 어떤 조건을 이행할 수 있을까? 만약 그가 일단 자기 생명의 주인이 되는 것을 허락받는다면, 그의 주인이 갖고 있던 전제적이고 독단적인 권력은 끝나게 된다. 자기 자신의 주인이며 자기 생명의 주인인 자는 그것을 보호할 수단에 대한 권리 또한 갖게 된다. 그러므로 협정이 체결되자마자 노예 상태는 끝이 나며 자신의 포로와 계약을 맺는 자는 그때부터 자신의 절대적인 권력을 포기하고 전쟁 상태를 끝내게 되는 것이다.

173. 자연이 이것들 중의 첫 번째 것, 즉 부권을 부모에게 제공하는 것은 미성년인 동안에 자신들의 재산을 관리하는 능력과 이해력의 부족을 채워 자식들에게 이익을 주기 위한 것이다. (여기에서 재산은 다른 곳에서 그렇듯이 재물은 물론 인신에 대한 소유를 의미한다.) 자발적인 합의가 두 번째의 권력, 즉 정치권력을 통치자에게 제공하는 것으로, 재산의 소유와 활용을 보장하여 신민들에게 혜택을 주기 위한 것이다.

그리고 권리의 몰수는 세 번째의 전제적인 권력을 주인에게 제공하는 것이며, 주인 자신만의 이익을 위해 모든 재산을 박탈당한 사람들에게 행사하는 권력이다.

174. 이러한 몇 가지 권력들의 독특한 기원과 범위 그리고 서로 다른 목적들을 검토해본 사람이라면 부권이 위정자의 권력에는 훨씬 미치지 못하며, 전제적인 권력은 위정자의 권력을 훨씬 넘어선다는 것을 쉽게 알아차릴 것이다. 그리고 절대적 지배는 어떻게 평가하든 시민사회와 전혀 동떨어진 것이어서 노예제도가 재산과 상반되는 것처럼 시민사회와도 조화를 이룰 수 없다. 부권은 미성년인 자식이 자신의 재산을 관리할 수 없는 경우에만 주어지며, 정치권력은 인간이 스스로 처분할 재산이 있는 경우에, 그리고 전제적인 권력은 그러한 재산이 전혀 없는 사람을 다스리는데 주어진다.

제16장

정복에 대하여 OF CONQUEST

175. 비록 정부는 앞서 언급한 것 외에 다른 기원을 가질 수 없으며, 정치체는 인민의 동의 외의 다른 것에 기초할 수 없지만, 인간의 야심이 이 세상을 무질서로 가득 채우고, 인류 역사의 너무나도 중요한 부분을 차지하는 전쟁의 소음 속에서 이러한 동의는 거의 주목을 받지 못했다. 그러므로 많은 사람들이 무력(武力)을 인민의 동의로 잘못 생각하였으며 정복을 정부의 기원 중의 한 가지로 간주했다.

그러나 마치 집을 허무는 것과 그 자리에 새로운 집을 짓는 것처럼, 정복은 정부를 설립하는 것과는 전혀 다른 일이다. 실제로 정복은 종종 이전의 국가를 파괴하는 것에 의해 국가의 새로운 틀을 위한 방법이 되기도 하지만 인민의 동의 없이는 새로운 국가를 절대로 세울 수 없다.

176. 전쟁 상태에 돌입하여 부당하게 타인의 권리를 침해한 침략자가 그처럼 부당한 전쟁에 의해 정복당한 자들에 대한 권리를 결코 가질 수 없다는 것에 대해서는 모두 쉽게 동의할 것이다. 강도와 해적이 무력으로 정복한 자들에 대해 지배할 권리를 갖는다거나 불법적인 힘으로 억지로 받아낸 약속에 구속된다고 생각하지는 않을 것이다. 내 집에 침입한 강도가 칼을 목에 들이대며 내 재산을 모두 양도한다는 증서에 날인하도록 했다면, 이것이 그에게 어떤 자격을 부여하는 것일까?

나에게 복종을 강요한 부당한 정복자는 그의 칼에 의해 그런 자격을 가질 뿐이다. 왕관을 쓴 자가 저지르건 시시한 악당이 저지르건 권리 침해와 범죄는 똑같은 것이다. 범죄자의 직함이나 부하들의 수는 그 범죄를 악화시키는 경우 외에는 아무런 차이도 없다. 유일한 차이라면 큰 강도들은 작은 강도들을 복종시키기 위해 처벌하지만 승리의 월계관으로 보상을 받는다는 것이다. 그들은 이 세상의 무력한 정의의 권력으로 처벌하기엔 너무나 크며 범죄자를 처벌해야 할 권력을 그들 자신의 손아귀에 쥐고 있기 때문이다.

그렇게 내 집에 침입한 강도에 맞서는 나의 대응책은 무엇일까? 정의를 위해 법에 호소하는 것이다. 그러나 어쩌면 정의가 인정되지 않거나, 내가 불구가 되어 거동할 수 없게 되거나 재산을 모두 빼앗겨 대응할 수단이 없게 될 수도 있다. 만약 신이 대응할 모든 수단을 가져가버린다면 인내하는 것 외에는 남아 있는 것이 없다. 그러나 나의 아들이 능력을 갖추게 된다면 내게는 인정되지 않았던 법의 구제를 요구할 수 있을 것이다. 나의 아들이나 손자가 그 권리가 회복될 때까지 호소를 되풀이할 수도 있을 것이다. 그러나 패배자들이나 그들의 자식들이 호소할 법정이나 중재자도 이 세상에는 없다.

그렇다면 그들은 입다가 그랬듯이 하늘에 호소할 것이며, 다수가 찬성하고 자유롭게 따르는 입법부를 가질 수 있었던 그들 조상의 타고난 권리를 회복할 때까지 호소를 되풀이할 수 있을 것이다. 만약 이것이 끝없는 분쟁을 초래할 것이라며 반대한다면 나는 모든 사람이 호소할 재판이 열려 있는 곳에서는 오직 재판만이 역할을 할 것이라고 대답할 것이다.

아무런 이유 없이 이웃을 괴롭힌 자는 그 이웃이 호소한 법정의 재판에 의해 벌을 받는다. 그리고 하늘에 호소하는 자는 자신에게 권리가 있다는 것을 확신해야만 하며 그 권리가 호소하는 수고와 비용을 감당할 가치가 있다는 것 역시 확신해야 한다. 범죄자는 속일 수 없는 법정에서 답변해야 할 것이며 자신이 동료 신민들에게 저질렀던 악행에 따라 모든 사람들에게 분명한 대가를 치르게 될 것이다. 이것으로부터 부당한 전쟁에서 승리한 자는 정복당한 자들의 종속과 복종에 대한 아무런 자격도 없다는 것이 명백해진다.

177. 그러나 승리는 정당한 자의 편을 든다고 가정하고 합법적인 전쟁의 정복자를 검토하면서 그가 어떤 권력을 누구에 대해 갖는지를 알아보기로 하자.

첫째, 그 정복에 의해 자신과 함께 정복에 참가한 사람들에 대해서는 아무런 권력도 얻지 못한다는 것은 분명하다. 그의 편에서 싸웠던 사람들은 정복으로 인해 고통을 겪을 수 없지만, 적어도 이전에 그랬던 것과 같은 자유인으로 남아 있어야만 한다. 가장 일반적으로 그들은 협정을 맺고 지도자와 공유한다는 조건으로 참전하며, 정복의 칼에 수반되는 전리품을 비롯한 이익의 일부를 누리거나 적어도 그들에게 수여된 정복된 나라의 일부를 차지한다.

정복에 참가한 인민들은 정복에 의해 노예가 되지는 않겠지만 나는 그들이 단지 지도자의 승리를 위한 희생자라는 것을 보여주기 위해 월계관을 쓸 것을 희망한다. 무력을 앞세워 절대군주제를 세웠던 사람들은 그런 군주제의 창시자들인 그들의 영웅들을 악명 높은 '드로캔서(Draw-can-sirs: 적에게도 자기편에도 강한 인물을 가리킨다)'로 만들어버리고, 그들이 승리한 전투에서 그들 편에서 싸웠거나 정복을 도왔거나 정복한 나라를 함께 소유했던 장교들과 사병들이 있었다는 사실을 망각해 버린다.

우리는 영국의 군주제는 노르만의 정복에 근거하며 그로 인해 우리의 군주는 절대적인 지배의 자격을 갖고 있다는 이야기를 듣게 된다. 만약 그것이 사실이라 해도 (역사에 의하면 다르게 나타나지만) 그리고 윌리엄(William I: 정복왕 윌리엄. 1070년 잉글랜드를 정복하여 노르만 왕가의 시조가 되었다.)이 이 섬에서 전쟁을 일으킬 권리를 가지고 있었다 해도, 정복에 의한 그의 지배는 당시 이 나라의 주민들이었던 색슨 족과 브리튼 족 이상으로는 미칠 수 없다.

그와 함께 와서 정복을 도왔으며 모두 그들의 후손들인 노르만 족은 자유인이며, 정복이 어떤 지배권을 준다 해도 그들은 정복에 의한 신민이 아니다. 그리고 만약 나를 비롯한 누구라도 그들로부터 물려받은 자유를 주장한다면, 그것과 반대되는 주장을 입증하는 것은 대단히 어려울 것이다. 그리고 전자와 후자 사이를 전혀 구별하지 않는 법이 그들의 자유나 특권에 어떤 차별을 의도하지 않고 있다는 것은 명백하다.

178. 그러나 거의 일어나지는 않지만, 정복자와 피정복자가 동일한 법과 자유 아래 하나의 인민으로는 절대 결합하지 않는다고

가정해보자. 그런 다음 합법적인 정복자가 피정복자에 대해 어떤 권력을 갖는지를 살펴보자. 나는 그것이 순전히 전제적인 권력이라고 말한다. 그는 부당한 전쟁에 의해 몰수당한 그들의 생명에 대한 절대적인 권력을 갖겠지만, 전쟁에 참여하지 않은 사람들의 생명이나 재산은 물론 심지어는 실제로 전쟁에 참여한 사람들의 소유물에 대해서는 절대적인 권력을 가질 수 없다.

179. 둘째, 그렇다면 정복자는 오직 그에게 맞서 사용되었던 부당한 힘을 실제로 지원하고 협력했거나 동의했던 자들에 대해서만 권력을 가질 뿐이라 하겠다. 인민은 그들의 통치자들에게 부당한 전쟁을 일으키는 것과 같은 부당한 일을 하는 데에는 권력을 주지 않으므로(그들도 그런 권력을 전혀 갖고 있지 않다) 그들이 실제로 전쟁을 선동한 것이 아니라면 부당한 전쟁에서 저질러진 폭력과 부정에 대해 죄가 있는 것으로 비난받아서는 안 된다. 그들의 통치자가 인민 자신들에게나 일부 동료 신민들에게 저지른 폭력이나 탄압에 대해 인민들에게 죄가 있다고 생각할 수 없는 것과 같다. 그들은 그 어느 누구에게도 그런 권력을 부여하지 않았다.

사실, 정복자들은 그런 구별을 하기 위해 고민하지 않으며 오히려 그 모든 것을 없애기 위해 의도적으로 전쟁의 혼란을 묵인해버리지만, 이것이 정당한 것을 바꾸지는 못한다. 피정복자의 생명에 대한 정복자의 권력은 오직 그들이 부정을 저지르거나 유지하기 위해 힘을 사용했던 것이기 때문에 그는 그 권력을 오직 그런 힘의 사용에 협력한 자들에 대해서만 가질 수 있다. 나머지 모든 사람들은 죄가 없으며, 그는 자신에게 아무런 손해를 끼치지 않은 그 나라의 인민에 대해서는 자격이 없으므로 그들의 생명을 몰수할 수도 없다. 그에게 아무런 가해나 도발도 저지르지 않고 그와 함께 좋은 관계를 맺으며 살아온 자들의 생명을 박탈할 권력이 없는 것과 같다.

180. 셋째, 정복자가 정당한 전쟁에서 굴복시킨 자들에게 갖는 권력은 완벽하게 전제적인 것이다. 정복자는 전쟁 상태에 참여하는 것에 의해 권리를 몰수당한 자들의 생명에 대한 절대적인 권력을 갖는다. 그러나 그것에 의해 그들의 소유물들에 대한 권리와 자격을 갖는 것은 아니다. 이것을 나는 의심하지 않지만, 언뜻 보기에는 세상의 관행과 너무 상반되는 것이어서 이상한 교의로 보일 수도 있다. 국가의 지배권에 대해 이야기할 때 어떤 자가 그 국가를 정복했다는 식으로 말하는 것은 지극히 익숙한 일이다. 정복은 마치 별다른 야단법석 없이 소유의 권리를 양도하는 것이라는 듯이 말하곤 한다.

그러나 강자들의 관행이 제아무리 보편적인 것이라 해도, 정복자의 칼에 의해 제시된 조건에 반대하지 않는 것이 피정복자가 감수해야 할 복종의 일부일지라도 그것이 정당한 지배인 경우는 거의 없다는 것을 고려해야 한다.

181. 비록 모든 전쟁에는 일반적으로 무력과 피해가 복잡하게 얽혀 있으며, 침략자가 전쟁을 일으켜 무력을 사용하면서 상대방의 재산을 침해하지 않는 경우는 거의 없지만 오직 무력의 사용만이 사람을 전쟁 상태에 몰아넣는다. 무력으로 피해를 입히기 시작하거나 은밀하게 속임수로 피해를 입히거나 배상하기를 거부하고 무력에 의해 그것을 유지하려고 한다면(처음부터 무력에 의해 저지른 것과 똑같은 일이지만) 무력의 부당한 사용이 전쟁을 일으키기 때문이다. 문을 부수고 들어와 폭력적으로 나를 문밖으로 내쫓거나 온순하게 들어와 무력으로 나를 내쫓거나 사실상 그는 똑같은 일을 저지른 것이기 때문이다.

이 세상에 내가 호소할 수 있으며 우리 모두가 복종할 의무가 있는 공통의 재판관이 없는 상태에 있다고 가정하면서 이렇게 이야기하고 있는 것이다. 그렇다면 인간을 타인과 전쟁 상태에 몰아넣는 것은 부당한 무력의 사용이며, 그로 인해 전쟁 상태에 몰아넣은 죄가 있는 자는 자기 생명에 대한 권리를 박탈당한다. 그는 인간과 인간 사이에 주어진 이성을 포기하고 야수의 방식인 무력을 사용하여, 자신의 존재를 위협하는 사납고 굶주린 야수에게 그렇듯이, 그가 무력을 사용한 상대방에 의해 살해당할 수 있는 존재가 되었기 때문이다.

182. 그러나 아버지의 잘못은 자식들의 책임이 아니며 아버지의 잔인함과 부정에도 불구하고 그들은 이성적이며 평화적일 수 있기 때문에 아버지는 자신의 잘못과 폭력에 의해 오직 자신의 생명만을 몰수당할 수 있을 뿐이며, 그가 저지른 범죄 혹은 그가 맞이할 파멸에 그의 자식들을 연루시킬 수는 없다. 가능하다면 최대한 모든 인류를 보호하려는 자연은 자식들이 죽는 것을 막기 위해 자식들에게 속하도록 하는 아버지의 재산은 계속 자식들이 소유하도록 한다. 미성년이거나 부재중이거나 또는 선택을 통해 전쟁에 참가하지 않았다고 가정한다면 그들은 생명을 몰수당할 일을 저지른 것이 아니기 때문이다. 게다가 정복자도 무력으로 자신을 살해하려 했던 자를 정복했다는 자격만으로는 상대방의 재산을 빼앗을 권리를 갖지는 못한다.

비록 그는 전쟁에서 그리고 그 자신의 권리를 방어하면서 입은 손해를 배상받기 위해 그 재물에 대한 일정한 권리를 가질 수도 있겠지만, 우리는 그 권리가 피정복자의 소유물에 어느 정도까지 미치는가의 문제를 잠시 후에 검토할 것이다. 그러므로 정복에 의해 자기 뜻대로 다른 사람의 인신을 빼앗을 권리를 갖게 되지만 그것으로 인해 그의 재산을 소유하거나 누릴 권리를 갖게 되는 것은 아니다. 침략자가 사용한 잔인한 무력이 그의 상대에게 자기 뜻대로 생명을 박탈하고 해로운 동물처럼 살해할 권리를 주는 것이기 때문이다. 그러나 실제로 입게 된 피해만이 다른 사람의 재물에 대한 권리를 준다. 비록 대로에서 나를 습격한 도둑을 죽일 수는 있지만, (덜 중요한 것처럼 보이는) 그의 돈을 빼앗고 놓아 줄 수는 없기 때문이다. 그것은 내가 강도짓을 한 것이 된다.

그의 무력과 그가 스스로 일으킨 전쟁 상태가 그의 생명을 몰수당하도록 만든 것이지만 그의 재물에 대한 자격을 내게 준 것은 아니다. 그렇다면 정복의 권리는 오직 전쟁에 가담한 자들의 생명에만 미치는 것이지 그들의 재산까지는 아니며 단지 인정되는 피해와 전쟁 비용을 배상받기 위한 것이므로 무고한 아내와 자식들의 권리 역시 유보된다.

183. 정복자가 가정할 수 있는 최대한의 정당성을 갖고 있다고 하자. 그래도 그는 정복당한 자가 몰수당할 수 있는 것보다 더 많은 것을 빼앗을 권리는 없다. 즉, 그의 생명은 승자의 자비에 맡

겨지며 그의 노무와 재화는 승자의 배상을 위해 충당할 수 있겠지만 아내와 자식의 재물은 빼앗을 수는 없다. 그들 역시 정복당한 자가 누리던 재물에 대한 자격이 있으며 그가 소유했던 재산에 그들의 몫이 있다.

예를 들어, 자연 상태에 있는(모든 국가는 서로에게 자연 상태에 있다) 내가 다른 사람에게 피해를 입히고 배상을 거부한다면 전쟁 상태에 돌입하게 되며, 부당하게 얻은 것을 무력으로 방어하는 나는 침략자가 된다. 내가 정복당하게 되면 실제로 나의 생명은 몰수되어 자비에 맡겨지지만 나의 아내와 자식은 그렇지 않다. 그들은 전쟁을 일으키지 않았으며 지원하지도 않았다. 나는 그들의 생명을 몰수할 수 없으며 그들은 몰수당해야 할 나의 소유도 아니다. 나의 아내는 내 재산의 일정한 몫을 갖고 있으며 그것 역시 내가 몰수할 수 없다.

내게서 태어난 나의 자식들 역시 나의 노동이나 재산으로 부양받을 권리를 갖는다. 그렇다면 바로 이런 경우가 된다. 정복자는 인정되는 손해를 배상받을 자격이 있으며, 자식들은 생계를 위해 아버지의 재산에 대한 권리가 있다. 아내의 몫은 그녀 자신의 노동이거나 협약에 의해 권리가 주어진 것이므로 남편이 그녀가 소유한 것을 몰수할 수 없다는 것은 분명하다. 이런 경우는 어떻게 해결해야 할까? 나는 이렇게 답변하겠다. 기본적인 자연법은 모

든 사람이 최대한 보호되어야만 한다는 것이므로 양쪽 모두를,
즉 정복자의 손해와 자식들의 부양을 만족시킬 만큼 충분하지 않
다면, 여유가 있어 나누어 줄 것이 있는 사람이 완전한 배상을 면
제해 주어야만 하고 그것 없이는 죽게 될 위험에 빠지는 절박하
고 바람직한 권리에 양보해야 한다.

184. 하지만 전쟁의 비용과 손해가 정복자에게 최대한 배상이
되고 정복당한 자의 자식들은 아버지의 재물을 모두 빼앗겨 굶어
죽게 될 지경이 되었다고 가정할 때, 정복자가 당연히 받아야 할
배상일지라도 그것 때문에 정복한 나라에 대한 어떤 권리를 부여
하는 것은 아니다. 모든 토지가 소유되어 있으며 황무지는 전혀
없는 이 세상의 어떤 곳에서든 전쟁으로 인한 손해가 적지 않은
면적의 토지가 갖는 가치에 해당할 수는 없기 때문이다.

그리고 내가 정복자의 땅을 빼앗지 않았다면 패배했으므로 그
렇게 하는 것은 불가능하다. 내가 침략한 그의 땅과 동등하게 경
작되어 있고 크기도 비슷하다고 가정한다면 내가 그에게 저지른
다른 약탈에 의한 어떤 피해도 내 땅의 가치에 해당할 수는 없다.
약탈에 의한 최대의 피해란 일반적으로 1년이나 2년 동안의 수확
물이다(4년이나 5년에 이르는 경우는 거의 없기 때문이다). 그러
나 빼앗긴 돈과 같은 재산이나 보물은 자연의 산물이 아니므로

단지 공상적인 가상의 가치를 가질 뿐이다. 자연은 그것들에 그런 가치를 부여하지 않는다. 자연의 기준에 의하면 아메리카 인디언의 '조개껍질 화폐'가 유럽의 군주에게 또는 유럽의 은화가 아메리카 원주민들에게 그렇듯이 그것들은 아무런 가치도 없다.

그리고 모든 땅이 소유되어 있으며 황무지가 전혀 남아 있지 않은 곳에서 토지의 영구적인 상속에 상응하는 가치를 갖지 않는 5년간의 생산물을 빼앗는 것도 불법적인 강탈이다. 이것은 화폐의 가상적인 가치를 없애버린다면 쉽게 인정될 것이다. 그 가치의 불균형은 5 : 500 이상이다. 하지만 주민들이 소유하고 있거나 사용할 수 있는 것보다 더 많은 토지가 있으며 누구나 황무지를 이용할 자유가 있다면 반년간의 생산물이 상속보다 더 큰 가치가 있을 수는 있다.

그러나 그런 곳에서 정복자는 정복당한 자의 땅을 차지하는데 관심을 갖지 않을 것이다. 그러므로 자연 상태에 있는 인간은(모든 군주와 정부들은 서로를 참조하므로) 서로에게 입힌 어떤 손해로도 정복자에게 정복당한 자의 후손들의 소유권을 박탈하고 상속받지 못하도록 하는 권력을 줄 수 없다. 그 유산은 자손들과 모든 세대에 이르는 후손들의 소유가 되어야만 한다. 사실 정복자는 자신을 주인으로 생각하기 쉬우며 정복당한 자도 그들의 권리에 문제를 삼을 수 없는 상황이기도 하다. 그러나 단순한 무력이 강자가 약자에 대해 부여하는 것 외의 다른 자격을 부여하는 것은 아니다. 이런 이유에서 가장 강한 자는 자신이 차지하고 싶은 것이라면 무엇이든 갖는 권리를 갖게 되는 것이다.

185.비록 정당한 전쟁일지라도 정복에 의해 전쟁에서 그에게 가담했던 사람들 그리고 정복당한 국가의 사람이지만 대항하지 않았던 사람들과 심지어는 대항한 자들의 후손들에 대한 지배권을 전혀 갖지 않는다. 그들은 그에게 종속되지 않을 자유가 있으며, 만약 과거의 정부가 해체되면 자신들을 위해 새로운 정부를 시작하고 수립할 자유가 있다.

186. 사실, 정복자는 일반적으로 정복당한 자들에게 휘두르는 무력에 의해 그들의 가슴에 칼을 들이대고 자신이 제시한 조건에 굴복하기를 강요하며 자기 마음대로 실시하는 통치에 복종하도록 할 수 있지만, 어떤 권리에 의해 그렇게 행동할 수 있는 것일까? 라는 것이 궁금해진다. 만약 그들 스스로의 동의에 의해 복종하는 것이라면, 정복자에게 그들을 지배할 자격을 부여하려면 그들의 동의가 필요하다는 것을 인정하는 것이다. 그렇다면 무력에 의해 정당성 없이 강요된 약속이 동의로 간주될 수 있을 것인지, 그리고 어느 정도까지 구속력이 있는지를 고찰하는 일만이

남게 된다.

나는 그러한 약속들은 아무런 구속력도 없다고 할 것이다. 무엇이든 다른 사람이 무력으로 빼앗아 간 것에 대해 나는 계속 권리를 보유하며 그는 즉각적으로 돌려줄 의무가 있기 때문이다. 내 말을 강제로 빼앗아간 사람은 즉시 내게 돌려주어야만 하며 내게는 여전히 그 말을 되찾을 권리가 있다. 똑같은 이유로 강제로 나의 약속을 받아낸 사람은 즉시 원상태로 돌려놓아야만 한다. 즉, 나에게 약속을 지킬 의무를 면제해주어야 한다. 그렇지 않으면 나는 그것을 스스로 철회할 수 있다. 즉, 약속의 이행 여부를 선택할 수 있다. 오직 자연법이 내게 지시한 규칙에 따라서만 의무를 부과할 수 있으며, 그 규칙을 위반하면서 내게 의무를 부과할 수 없기 때문이다.

규칙의 위반은 무력에 의해 나에게서 무언가를 강탈하는 것이다. 내가 약속을 했다고 해서 달라질 것은 없다. 내 가슴에 권총을 겨눈 도둑이 요구하는 대로 주머니에 손을 넣어 도둑에게 내 지갑을 스스로 건네주었다는 것이 그 폭력을 용서하고 권리를 넘겨주는 것이 아닌 것과 다를 바 없다.

187. 이런 모든 것으로부터 무력에 의해 정복당한 자에게 강요되는 정복자의 통치는 전쟁의 권리가 없거나 권리는 있지만 그에

게 맞서는 전쟁에 참여하지 않았던 정복당한 자에 대해서는 의무를 부과하지 못한다는 결론이 나온다.

188. 그러나 공동체의 모든 사람들이 동일한 정치체제의 구성원으로서 부당한 전쟁에 참여했다가 정복당해 그들의 생명을 정복자의 자비에 맡겨야 하는 상황을 가정해보자.

189. 나는 이것이 미성년자인 자식들과는 관계가 없다고 생각한다. 아버지는 자식의 생명이나 자유에 대한 권력이 없으므로 아버지의 행동이 그것을 몰수당하도록 할 수 없기 때문이다. 그러므로 아버지에게 어떤 일이 일어나더라도 자식들은 자유인이며 정복자의 절대적인 권력은 자신이 정복한 사람들의 인신을 넘어서까지 미치지 않으며 그들의 죽음과 더불어 소멸된다. 절대적이고 독단적인 권력에 종속되는 노예로서 그들을 다스린다 해도 그들의 자식들에 대해서는 그런 지배권을 갖지 못한다. 그들에게 어떤 말이나 행동을 하도록 만든다 해도 그들의 동의가 없다면 그들에 대한 권력은 가질 수 없다. 그들에게 선택이 아닌 무력으로 복종을 강요하는 한 그에게는 합법적인 권한이 없는 것이다.

190. 모든 인간은 이중의 권리를 갖고 태어난다. 첫째, 자기 인

신에 대한 자유의 권리로 그 자신 외의 누구도 그의 인신을 처분할 권력을 갖지 못한다. 둘째, 다른 사람보다 먼저 아버지의 재물을 그의 형제들과 함께 상속받는 권리이다.

191. 첫 번째 권리에 의해 비록 어떤 정부의 관할 하에 태어난다 해도 인간은 당연히 그 정부에 대한 복종으로부터 자유롭다. 그러나 만약 자신이 태어난 나라의 합법적인 통치를 부인한다면 그 나라의 법에 의해 자신에게 속한 권리도 역시 포기해야만 한다. 만약 그 정부가 조상들의 동의에 의해 건립된 것이라면 조상들로부터 물려받은 소유물도 포기해야만 한다.

192. 두 번째 권리에 의해, 피정복자의 후손으로서 재산에 대한 권리를 갖게 되었으며 자유로운 동의 없이 정부의 통치를 받는 거주민들은 비록 재산의 소유자들에게 무력으로 가혹한 조건을 부과한 정부에 자유롭게 동의하지는 않았다 해도 자기 조상들의 소유물에 대한 권리를 보유한다. 최초의 정복자는 그 나라의 토지에 대한 권리를 전혀 갖지 못하기 때문이다. 억지로 정부의 지배에 복종하도록 강요받은 자들이거나 그들의 후손인 인민은 언제나 그 지배를 벗어나 통치자가 그들의 자발적인 선택에 의해 동의한 정부의 체제 하에 살도록 할 때까지는 무력으로 그들에게

부과된 권리 침해나 폭정으로부터 자신들을 해방시킬 권리를 보유하고 있다.

고대 그리스의 후손인 그리스 기독교인들이 기회가 있을 때마다 너무나도 오랫동안 고통 받고 있던 터키의 지배를 정당하게 벗어나려 한다는 것을 과연 누가 의심할 수 있을까? 자유롭게 동의하지 않는 인민들에게 복종을 요구할 권리를 가질 수 있는 정부는 없기 때문이다. 인민들이 정부와 통치자를 선택하는 완전한 자유를 누릴 때까지, 적어도 그들 자신이나 대표자에 의해 자유로운 동의를 제출하는 확립된 법을 가질 때까지, 또한 그들의 동의 없이는 아무도 재산을 빼앗아갈 수 없는 정당한 재산의 소유자라는 것이 인정될 때까지는 그들이 자유롭게 동의했다고 가정할 수는 없다. 자유로운 동의가 없다면 그 정부의 지배를 받는 인간은 자유인의 상태에 있는 것이 아니며 단지 전쟁의 무력 하에 놓여 있는 명백한 노예인 것이다.

193. 그러나 정당한 전쟁에서는 정복자가 피정복자의 인신에 대한 권력은 물론 재산에 대한 권리도 있다는 것을 인정한다 해도(그에게 그런 권리가 없다는 것은 분명하지만) 여기에서 그 정부를 영속시키는 절대적인 권력이 뒤따라 나오는 것은 아니다. 모두가 자유인인 피정복자의 후손들은, 만약 정복자가 그의 나라

에서 살도록 재산과 소유물을 허용한다면(그것이 없다면 그 나라는 아무런 가치도 없을 것이다) 그가 무엇을 허용했든 상관없이 일단 허용된 것에 대한 소유권을 갖기 때문이다. 소유권의 특성은 소유자의 동의 없이는 빼앗아 갈 수 없다는 것이다.

194. 그들의 인신은 타고난 권리에 의해 자유로우며 그들의 재산은 많거나 적거나 그들의 것으로 그들만이 처분할 수 있으며 정복자의 것이 아니다. 만약 그렇지 않다면 재산이 아닌 것이다. 정복자가 어떤 사람에게 그와 그의 상속자가 영원히 소유할 1000에이커의 토지를 주고, 다른 사람에게는 살아 있는 동안 1000에이커의 토지를 주면서 1년에 50파운드 또는 500파운드의 지대를 받고 임대해 주었다고 가정한다면, 첫 번째 사람은 1000에이커의 땅에 대한 영구적인 권리를 갖고 있으며 두 번째 사람은 살아 있는 동안에는 지대를 지불하면서 그 토지에 대한 권리를 갖고 있는 것이 아닐까? 그리고 차지인(借地人)은 살아 있는 동안 자신의 노동과 근면에 의해 지대를 초과하여 수확한 모든 것에 대해 그것이 지대의 두 배에 달하더라도 소유권을 갖게 되는 것이 아닐까?

왕이나 정복자가 권리를 부여한 후에 정복자의 권력에 의해 전자에게서는 그의 상속인으로부터, 후자에게서는 지대를 지불하며 사는 동안 토지의 전부나 일부를 빼앗을 수 있다고 말할 사람이 있을까? 또는 자기 마음대로 그들이 토지에서 얻게 된 재물이나 돈을 빼앗을 수 있는 것일까? 만약 그렇게 할 수 있다면 이 세상에서 자유롭고 자발적인 모든 계약은 끝이 나고 무효가 되고 말 것이다. 언제든 그 계약들을 해지하기 위해서는 권력 외에는 아무것도 필요하지 않을 것이며, 권력자의 모든 권리 부여와 약속은 단지 조롱거리와 은밀한 결탁일 뿐이다. 과연 이렇게 말하는 것보다 더 우스꽝스러운 일이 있을까? "나는 너와 너의 후손들에게 이것을 영원히 주겠다. 만들어낼 수 있는 가장 확실하고 가장 격식을 차린 방식으로 양도할 것이다. 하지만 내가 원한다면 내일이라도 다시 빼앗아 갈 권리가 있다는 것은 알고 있어야 한다."

195. 지금 여기에서 군주들이 자기 나라의 법으로부터 면제되는지에 대해서는 논의하지 않을 것이다. 그러나 신법과 자연법에 복종할 의무가 있는 것만은 확신한다. 그 어느 누구도 그 어떤 권력도 이 영원한 법에 대한 의무로부터 면제될 수는 없다.

약속의 경우 그 의무는 너무나 크고 강력해서 전능한 존재도 구속될 수 있다. 권리 부여와 약속 그리고 맹세는 신도 억누르는 속박이다. 아첨꾼들이 이 세상의 군주들에게 어떤 말을 하든 모든 군주들과 그들의 신민들을 다 합쳐도 위대한 신과 비교한다면 양동이 속의 물 한 방울이거나 저울에 묻은 먼지처럼 하잘것없는 아무것도 아닌 존재이다!

196. 정복에 대해 요약하자면 다음과 같다. 만약 정당한 이유가 있다면, 정복자는 그를 상대로 한 전쟁을 실질적으로 지원했거나 협조한 모든 사람에 대해서는 전제적인 권리를 가지며 자신의 손해와 비용을 그들의 노동과 재산으로 보상받을 권리가 있으므로 그 밖의 다른 사람들의 권리를 침해해서는 안 된다.

그 전쟁에 동의하지 않았던 나머지 사람들과 포로들의 자식들에 대해 또는 그들 모두의 소유물에 대해서 그는 아무런 권력도 갖지 못한다. 그러므로 정복에 의해 그들을 지배할 합법적인 자격을 가질 수 없으며 후손에게 그 자격을 넘겨줄 수도 없다. 만약 그들의 재산을 침해하려 한다면 침략자일 뿐이며 그로 인해 그들과 맞서는 전쟁 상태에 놓이게 된다. 그 자신이나 그의 후계자는 덴마크인 힝가나 후바가 이곳 영국에서 가졌던 것 이상의 지배권을 갖지 못한다. 또는 스파르타쿠스(BC 1세기 로마 시대의 검투사. 노예들을 이끌고 반란을 일으켰다.)가 로마를 정복했다면 갖게 되었을 것 이상의 지배권을 갖지 못한다. 그것은 신이 종속된 사람들에게 용기와 기회를 준다면 즉시 벗어날 수 있는 구속일 뿐이다.

그러므로 무력으로 유다를 정복한 아시리아의 왕들의 칭호에도 불구하고 신은 무력으로 정복한 제국의 지배에서 벗어나도록 히즈키야를 도왔던 것이다.

　"어디를 가든지 주님께서 그와 같이 계시므로, 그는 늘 성공하였다. 그는 아시리아 왕에게 반기를 들고 그를 섬기지 않았다." (열왕기하 18장 7절) 그러므로 정의가 아닌 무력으로 세워진 권력에서 벗어나는 것은 비록 반란이라고 불려도 신 앞에서는 범죄가 아니며, 심지어 약속과 서약도 무력에 의한 것이라면 신이 허용하고 후원한다는 것은 분명하다.

　아시리아인들이 아하즈를 제압하여 왕위에서 내쫓고 그의 아버지가 살아 있는 동안 히즈키야를 왕으로 삼았지만, 히즈키야는 협정에 따라 언제나 아버지에게 충성하여 공물을 바쳤다는 아하즈와 히즈키야의 이야기를 주의 깊게 읽어본 사람에게는 당연히 있음직한 일이기 때문이다.

제17장

찬탈에 대하여 OF USURPATION

197. 정복을 외세의 찬탈로 부를 수 있는 것처럼 찬탈은 일종의 국내적인 정복이며 다음과 같은 차이가 있다. 찬탈자는 결코 정당한 권리를 가질 수 없다. 찬탈은 다른 사람에게 권리가 있는 소유물을 차지하는 것일 뿐이기 때문이다. 찬탈이라면 단지 인물이 바뀌는 것일 뿐 정부의 형태나 규칙이 변경되는 것은 아니다. 만약 찬탈자가 자신의 권력을 그 국가의 합법적인 군주나 통치자에게 속한 권리 이상으로 확대한다며, 찬탈에 덧붙여진 폭정이기 때문이다.

198. 모든 합법적인 정부에서 통치를 담당하게 될 인물을 임명하는 것은 정부 형태를 결정하는 것만큼이나 자연스럽고 없어서는 안될 일이며, 처음부터 인민에 의해 정립된 제도이다. 무정부상태란 정부의 형태가 전혀 없는 것과 흡사하거나 군주제를 합의

했지만 권력을 갖게 될 인물을 결정할 방법을 정해두지 않고 군주가 되도록 하는 것이다. 그러므로 정부 형태를 확립한 모든 국가는 공적인 권력의 일정한 부분을 담당할 사람을 지명하는 규칙과 그들에게 권한을 부여하는 방법들을 정해놓고 있다.

누구든 국가의 법이 규정해 놓은 것 외의 방식으로 권력을 행사하거나 일정한 부분을 담당하게 된 자는 비록 그 국가의 형태가 여전히 유지된다 해도 복종을 요구할 권리가 없다. 그는 법으로 임명된 인물이 아니며 당연하게도 인민이 동의한 인물이 아니기 때문이다. 그러한 찬탈자이거나 그에게서 비롯된 자는 모두 인민이 자유롭게 동의하거나, 찬탈한 이후로 차지했던 권력을 허용하고 인정하기로 실질적으로 동의할 때까지는 그런 자격을 가질 수 없다.

제18장

폭정에 대하여 OF TYRANNY

199. 찬탈은 다른 사람에게 권리가 있는 권력을 행사하는 것이므로 전제는 권리를 넘어선 권력을 행사하는 것이며 아무도 그런 권리를 가질 수 없다. 이것은 지배받는 사람의 행복이 아닌 자신의 개별적인 사적 이익을 위해 권력을 행사하는 것이다. 어떤 칭호로 불리든 통치자는 법이 아닌 자신의 의지를 규칙으로 삼으며 그의 명령과 행위는 자기 인민의 재산을 보호하려는 것이 아니라 자신의 야심과 복수, 탐욕 또는 그 밖의 변덕스러운 열망을 충족시키기 위해 이루어진다.

200. 만약 미천한 신민이 작성한 것이기 때문에 이러한 논의가 진실이며 합리적이라는 것을 의심하는 사람이 있다면, 나는 왕의 권위가 그를 이해시켜 주기를 기대한다. 제임스 1세는 1603년에 의회 연설에서 이렇게 말한다.

나는 좋은 법과 헌법을 만드는데 있어 나의 특별하고 사적인 목적보다 공공의 복리와 국가의 번영을 앞세우게 될 것이다. 언제나 국가의 번영과 복리가 나의 가장 큰 행복이며 이 세상의 더 없는 행복으로 생각할 것이다. 이것이 합법적인 왕이 전제군주와 직접적으로 구분되는 논점이다. 나는 올바른 왕과 권력을 찬탈한 전제군주 사이의 특별하고도 가장 큰 차이점은 다음과 같다는 것을 인정하기 때문이다. 즉, 거만하고 욕심이 많은 전제군주는 자신의 왕국과 인민이 오직 자신의 욕망과 부당한 욕심을 채우기 위한 것이라고 규정하지만, 올바르고 공정한 왕은 그와는 반대로 자기 인민의 부와 재산을 확보하기 위해 임명된 것이라고 자인한다는 것이다.

그리고 1609년의 의회 연설에서 그는 다시 이렇게 말한다.

왕은 이중의 서약에 의해 자기 왕국의 기본법 준수에 스스로를 구속한다. 암묵적으로는 왕으로서 왕국의 법과 인민을 보호할 의무를 갖는다. 명시적으로는 대관식의 서약에 의해 확립된 왕국의 모든 공정한 왕이 그렇듯이, 대홍수 이후에 신이 노아와 맺은 협약에 따라, 정부를 구성할 때 법에 의해 자신의 인민과 맺은 협약을 준수해야 한다. "땅이 있는 한, 뿌리는 때와 거두는 때, 추위와 더위, 여름과 겨울, 낮과 밤이 그치지 아니 할 것이다."(창세기 8장 22절) 그러므로 확립된 왕국을 지배하는 왕은 자신의 법에 따라 통치하기를 그만두자마자 왕의 자리를 벗어난 폭군으로 전락하게 된다.

그리고 잠시 후에는 이렇게 말한다.

그러므로 폭군이 아니거나 서약을 저버리지 않은 모든 왕들은 기꺼이 자신들이 만든 법의 한계 내에 머물게 될 것이다. 그와 반대되는 것으로 왕들을 설득하려는 자들은 왕들과 국가 모두에 반대하는 독사나 해충인 것이다.

이처럼 사안들에 대해 잘 이해하고 있는 박식한 왕은 오직 이러한 것으로 왕과 전제군주를 구별한다. 즉, 왕은 법을 권력의 경계로 삼으며 공공의 행복을 정부의 목적으로 삼으며, 전제군주는 자신의 뜻과 욕망에 모든 사람들을 복종시킨다.

201. 이런 과오가 오직 군주제에만 속하는 것이라 생각하는 것은 잘못이다. 다른 형태의 정부도 군주제와 마찬가지로 그런 과

오를 범하기 쉽다. 인민의 정부와 그들의 재산을 보호하기 위한 권력이 누구에게 있든, 그 권력을 다른 목적들을 위해 적용하여 인민을 가난하게 만들거나 괴롭히기 위해 또는 독단적이고 불법적인 명령으로 인민을 굴복시키기 위해 사용한다면, 그것이 1인이거나 다수이거나 즉시 전제정치가 되고 말기 때문이다. 그러므로 우리는 시라쿠사의 1인의 참주와 더불어 아테네의 30인의 참주에 대한 글을 읽게 되는 것이며, 로마의 10인의 집정관이 펼친 참혹한 지배도 더 나을 것이 없다.

202. 만약 법을 위반하여 다른 사람에게 해를 가하는 곳이라면 어디에서나 법은 끝이 나고 전제정치가 시작된다. 권한을 가진 자가 누구이든 법에 의해 부여된 권력을 뛰어넘어 자신의 무력으로 신민들에게 법이 허용하지 않는 것을 강요한다면 위정자이기를 멈추는 것이다. 권한 없는 행동은 다른 사람의 권리를 무력으로 침해하는 자와 마찬가지로 저항을 받게 될 것이다. 이것은 하급 관리들에게도 적용된다.

거리에서 나의 인신을 체포할 권한을 가진 자도 만약 영장 집행을 위해 나의 집에 침입하려 한다면, 문밖에서 나를 체포할 권력을 부여하는 영장과 법적 권위가 있다는 것을 알고 있음에도 불구하고 그에게 도둑이나 강도에게 하는 것처럼 저항할 수 있다. 나는 이것이 왜 가장 직급이 낮은 관리와 마찬가지로 최고의 위정자에게도 적용되지 않는 것인지를 알려주면 좋겠다. 장남이 아버지의 재산 중의 가장 큰 부분을 갖기 때문에 그로 인해 어린 동생들의 몫까지 빼앗을 권리를 갖는다는 것이 타당한 일일까? 혹은 어떤 지방을 모두 소유하고 있는 부자는 자기 마음대로 가난한 이웃의 오두막과 정원을 강탈할 권리가 있는 것일까?

대부분의 아담의 후손들보다 월등히 많은 권력과 재산을 합법적으로 소유하고 있다는 것이 강탈과 억압의 이유가 될 수 없을 뿐더러 구실도 될 수 없다. 아무런 권한도 없이 다른 사람에게 피해를 주는 것은 훨씬 더 나쁜 일이다. 권한의 경계를 넘어서는 것은 하급관리는 물론이고 고위관리에게도 정당하지 않은 일이기 때문이다. 경찰은 물론이고 왕도 정당화될 수 없다. 하지만 왕에게는 더 많은 신뢰가 주어져 있으며 이미 나머지 동포들보다 훨씬 큰 몫을 차지하고 있고 또한 교육과 직책 그리고 조언자들의 도움을 받으면서 옳고 그름을 가리는 기준을 더 많이 알고 있다고 생각할 수 있으므로 더욱 더 나쁜 일이다.

203. 그렇다면 군주의 명령에 저항할 수 있을까? 자신이 침해를 받고 있을 때마다 저항할 수 있으며, 군주가 그에게 고통을 가할 권리는 없다고 생각할 수 있을까? 이것은 모든 정치 조직을

흔들리게 하고 전복시키게 될 것이며, 통치와 질서 대신 무정부 상태와 혼란만이 남게 될 것이다.

204. 이에 대해 나는 오직 부당하고 불법적인 무력 외에는 무력으로 대항할 수 있는 것은 아무것도 없다고 답변하겠다. 그 밖의 경우에 대항한다면 누구든지 신과 인간으로부터 정당하게 비난을 받게 될 것이므로 종종 제시되는 것과 같은 위험이거나 혼란은 발생되지 않을 것이다. 그 이유는 다음과 같다.

205. 첫째, 일부 국가에서 그렇듯이 군주의 인신은 법에 의해 신성시되므로 그가 어떤 명령을 내리거나 행위를 하더라도 그의 인신은 여전히 모든 의심이거나 폭력으로부터 자유로우며 무력이거나 사법적인 비난 또는 유죄판결을 받지 않는다. 하지만 하급관리이거나 군주가 임명한 다른 관리의 불법적인 행위에는 대항할 수 있다. 군주가 자신의 인민과 실질적인 전쟁상태에 돌입하면서 정부를 해체하고 자연 상태의 모든 사람에게 방어태세를 갖추도록 만들지 않는 한, 그런 일들이 어떻게 끝나게 될 것인지 누가 말할 수 있을까? 그리고 이웃의 어떤 왕국은 뜻밖의 실례를 이 세상에 보여준 적도 있다.

다른 모든 경우에는 인신의 신성함이 모든 불편을 겪지 않도록 해주었으며 정부가 존속하는 동안에는 그 어떤 폭력과 위해로부터 지켜준다. 이보다 더 현명한 제도는 있을 수 없다. 그가 자신의 인신을 해치는 일은 자주 일어날 수 없을 뿐만 아니라 더 널리 확장시킬 수도 없을 것이기 때문이다.

어떤 군주이든 기꺼이 그렇게 할 정도로 심약하고 나쁜 본성을 갖고 있다 해도 자기 혼자의 힘만으로는 법을 파괴할 수도 없고 전체 인민을 억압할 수도 없기 때문이다. 분별없는 군주가 왕위에 오를 경우 가끔 일어날 수도 있는 특별한 해악들로 인한 폐단은 사회의 평화와 정부의 안전에 의해 충분히 보상되므로 최고 위정자의 인신에는 위험이 미치지 않게 된다. 사회 전체를 위해 국가의 우두머리가 하찮은 이유들로 쉽사리 고통을 겪는 것보다 때로는 일부 개인들이 고통을 겪을 위험에 처하는 것이 더 안전하다.

206. 둘째, 그러나 이 특권은 오직 국왕의 인신에만 속하는 것이므로 국왕에게 위임받았다고 주장하며 법이 허용하지 않는 부당한 폭력을 행사하는 자들에게는 이의를 제기하고 반대하고 저항하는 것을 방해하지 않는다. 이것은 왕으로부터 완전한 위임을 받아, 어떤 사람을 체포하라는 왕의 영장을 갖고 있는 사람의 경우에도 분명히 해당된다. 비록 그 위임에는 예외를 적시하지 않

앗다 해도 영장을 가진 자가 집행을 위해 그 사람의 집을 부수고 들어갈 수 없으며 왕의 명령을 특정한 날이나 장소에서 집행할 수는 없다. 그것은 법이 제한하는 것이므로 누구든 위반하면 왕의 위임도 그를 용서하지 않는다.

왕의 권위는 오직 법에 의해 주어지는 것이므로 그는 법에 거슬러 행동하는 권한을 부여할 수 없으며 또한 그의 위임에 의해 그렇게 행동하는 것도 정당화될 수 없기 때문이다. 위정자의 위임이나 명령도 아무런 권한이 없는 곳에서는 어느 한 개인의 그것과 마찬가지로 효력이 없으며 아무런 의미도 없다.

이 두 가지의 차이점이라면 위정자는 어떤 목적을 위해 일정한 권위를 갖지만 개인은 전혀 그렇지 않다는 것이다. 행동할 권리를 주는 것은 위임이 아닌 권위이며 법을 거스르는 권위는 있을 수 없기 때문이다. 그러나 그러한 저항에도 불구하고 왕의 인신과 권위는 모두 다 계속 보장되므로 통치자나 정부에게는 아무런 위험이 없다.

207. 셋째, 최고 위정자의 인신이 신성시되지 않는 정부를 가정해보아도, 그의 모든 부당한 권력 행사에 저항하는 것이 정당하다는 교의가 사소한 모든 경우마다 위정자를 위험에 빠지게 하거나 정부를 혼란에 빠뜨리지 않는다. 피해자 측이 법에 호소하

는 것으로 구제받고 손해를 배상받는 곳에서는 무력을 사용할 구실이 전혀 없기 때문이다. 무력은 법에 호소할 수단이 차단되었을 때만 사용할 수 있다. 오직 그런 호소를 통한 치유책이 없는 곳에서는 적대적인 무력 외에는 기댈 것이 없기 때문이다. 그리고 그러한 무력만이 그것을 사용하는 자를 전쟁 상태에 몰아넣으며, 그에게 저항하는 것을 정당하게 만든다.

칼을 든 사람이 대로에서 지갑을 달라고 한다면 비록 내 호주머니에 12페니뿐이 없었다 해도 나는 합법적으로 그를 죽일 수 있다. 마차에서 내려 있는 동안 맡아달라고 100파운드를 다른 사람에게 건넸는데 내가 다시 마차에 올라타 돌려받으려 하자 거부하면서 무력으로 그 돈을 지키기 위해 칼을 빼들었다고 하자.

이 사람이 나에게 끼친 손해는 어쩌면 나의 지갑을 빼앗으려 했던 다른 사람보다(실질적으로 손해를 끼치기 전에 내가 죽였을) 100배이거나 어쩌면 1000배는 될 것이다. 그러나 전자는 합법적으로 죽일 수 있지만 후자는 합법적으로 상처를 입힐 수도 없다.

그 이유는 명확하다. 무력을 사용하여 내 생명을 위협한 사람의 경우, 내 생명을 보호하기 위해 법에 호소할 시간을 가질 수 없기 때문이다. 생명이 사라진 후에는 법에 호소할 수 없으며 법은 나의 시체에 생명을 돌려놓을 수 없는 것이다. 그 손실은 돌이킬 수 없는 것이며 그것을 방지하기 위해 자연법은 스스로 전쟁 상태에 돌입하여 나를 죽이겠다고 위협한 자를 살해할 권리를 내게 준 것이다. 그러나 후자의 경우, 나의 생명은 위험하지 않아서 나는 법에 호소할 수 있으므로 100파운드를 돌려받을 수도 있다.

208. 넷째, 만약 위정자에 의해 저질러진 불법적인 행위가 (그가 가진 권력에 의해) 유지되고, 법에 의해 마땅히 받아야 할 배상이 동일한 권력에 의해 방해받고 있다 해도 그처럼 명백한 폭정에 대한 저항의 권리가 갑작스럽거나 사소한 경우들로 통치를 교란시키지는 않을 것이다. 만약 그러한 폭정의 피해가 몇몇 개인들의 경우를 벗어나지 않는다면, 비록 그들 자신을 방어하고 불법적인 무력으로 빼앗아간 것을 무력에 의해 되찾을 권리가 있다. 그러나 그렇게 할 권리가 그들이 패배할 것이 분명한 싸움으로 쉽게 끌어들이지는 않을 것이기 때문이다. 전체 인민이 자신들과 관련된 일이라 생각하지 않는 경우 한 사람이거나 소수의 억압받는 사람들의 힘으로는 정부를 교란시키는 것은 불가능하다. 마치 사납게 미쳐 날뛰는 사람이거나 완고한 불평분자가 안정된 국가를 뒤집어엎지 못하는 것과 같다. 인민은 후자와 마찬가지로 전자도 쉽게 따르지 않을 것이다.

209. 그러나 만약 이러한 불법적인 행위가 대부분의 인민에게 확대되거나 폐해나 억압이 오직 일부에게만 가해지지만 선례나 그 영향이 모든 사람을 위협하는 것처럼 보이는 경우와 인민이 그들의 법과 함께 재산과 자유와 생명 그리고 어쩌면 종교까지 위험하다고 의식하게 되는 경우에는 그들이 어떻게 자신들에게 가해지는 불법적인 무력에 대한 저항을 억제할 수 있을지 나로서는 알 수 없다.

고백하건대, 이것은 통치자가 전반적으로 인민의 의심을 받는 위기에 빠지게 될 때 모든 정부에 수반되는 폐단이다. 그것은 통치자들이 스스로 자초할 수 있는 가장 위험한 상태이다. 이것은 너무나도 쉽게 피할 수 있는 것이기 때문에 그들은 거의 동정을 받지 못하게 된다. 한 가족의 아버지가 자식들을 사랑하고 보살핀다는 것을 자식들이 알지 못하게 할 수 없듯이, 통치자가 진심으로 인민의 행복을 위해 인민을 보호하고 법을 지키면서 그들이 그것을 확인하고 느끼지 못하게 만들 수는 없다.

210. 그러나 만약 모든 세상 사람들이 명분과 다른 행동들을 알아차리게 된다면 즉, 법을 교묘히 회피하기 위한 술책들과 신탁된 대권(인민에게 해를 끼치는 것이 아니라 이익을 주기 위해 군주에게 넘겨준 독단적인 권력)이 주어진 목적과는 반대로 사용

된다는 것을 알아차리게 된다면, 만약 인민이 대신들과 하급관리들이 그런 목적들에 맞춰 선택되고 그들이 그러한 목적들을 진척시키거나 반대하는가에 따라 총애를 받거나 파면된다는 것을 알아차리게 된다면, 만약 그들이 독단적인 권력이 행사되는 몇 가지 시도를 확인하고, (비록 공개적으로는 반대하지만) 언제든 도입할 준비가 되어 있는 비밀스러운 신조를 두둔하며, 그 내부의 조작자들이 최대한의 지지를 받으며, 그렇게 할 수 없는 경우에도 줄곧 인정을 받으며 더 선호한다면, 그리고 만약 일련의 행위들이 평의회도 모두 그 방향을 지향하고 있다는 것을 보여준다면, 어떻게 사태가 진전되는 방향을 더 이상 알아차리지 못하거나 자신들을 구할 방법을 찾으려 하는 것을 막을 수 있을까?

이것은 자신이 타고 있는 배의 선장이 비록 역풍이나 배의 누수 그리고 선원이나 식량의 부족으로 부득이하게 항로를 일시적으로 다른 방향으로 돌리기도 하지만 바람과 날씨 그리고 그 외의 상황이 좋아지면 언제나 제 항로로 돌아온다는 점을 알아차린다면 그 선장이 자신과 나머지 일행들을 알제(북아프리카 알제리의 최대 항구. 노예시장이 성행했다.)로 데려가고 있다고 믿지 않을 수 없는 것과 같다.

제19장

정부의 해산에 대하여

OF THE DISSOLUTION OF GOVERNMENT

211. 정부의 해산에 대한 논의를 보다 명확하게 하려면 우선 사회의 해산과 정부의 해산을 구분해야만 한다. 공동체를 구성하고 사람들을 느슨한 자연 상태로부터 벗어나 하나의 정치사회로 진입하도록 만드는 것은 모든 사람이 그 밖의 사람들과 통합하고 하나의 집단으로 행동함으로써 하나의 구별되는 국가가 된다는 협정이다.

이런 결합이 해체되는 일반적이며 거의 유일한 방법은 외국 군대가 침략하여 그들을 정복하는 것이다. 그럴 경우에는(하나의 완전하고 독립된 집단으로서 스스로를 유지하고 보호할 수 없는) 그 집단을 내부적으로 구성하는 결합이 필연적으로 끝나게 되어 모든 사람이 이전에 속해 있던 상태로 돌아가기 때문이다. 자신이 적절하다고 생각하는 바에 따라 다른 일정한 사회로 스스로 이동하여 자신의 안전을 제공할 자유를 지닌 상태로 돌아가는 것이다.

사회가 해산될 때는 언제든 그 사회의 정부가 살아남을 수 없다는 것은 분명하다. 그러므로 정복자의 칼은 종종 정부를 뿌리째 잘라내고 사회를 난도질하여 조각내고 정복당하거나 흩어진 대중을 폭력으로부터 지켜야만 하는 그 사회의 보호와 의존 관계로부터 분리시킨다. 세상은 이런 방식으로 이루어지는 정부의 해산을 너무나도 잘 이해하고 있으며 쉽게 인정하므로 더 이상의 설명은 필요하지 않다. 사회가 해체되는 곳에서는 정부가 살아남을 수 없다는 것을 증명하기 위한 논의는 부족하지 않다. 그것은 마치 건축물의 구조를 지탱해야 하는 자재들이 회오리바람에 의해 뿔뿔이 흩어져 사라지거나 지진에 의해 뒤죽박죽이 되었을 때 집의 구조를 유지하려는 것처럼 불가능한 일이다.

212. 이러한 외부로부터 발생하는 전복 외에도 정부는 내부로부터 해체되기도 한다.

첫째, 입법부가 변경될 때이다. 시민사회는 평화 상태로서 그 사회를 구성하는 사람들 사이에서 중재인에 의해 전쟁 상태로부터 배제되어 있다. 중재인은 구성원들 사이에서 일어날 수도 있는 모든 분쟁들을 끝내기 위해 입법부에 마련된 것이다. 입법부

내에서 국가의 구성원들은 연합하고 결합하여 하나의 통일성 있는 살아 있는 조직이 된다.

입법부는 국가에 형태와 생명 그리고 통일성을 부여하는 영혼이다. 이것을 통해 구성원들은 상호 영향력을 행사하고 공감을 느끼며 결속된다. 그러므로 입법부가 파괴되거나 해산될 때 사회의 해체와 소멸이 뒤따른다. 사회의 핵심 그리고 연합은 하나의 의지를 갖는 것이며 일단 다수에 의해 확립되면 입법부가 그 의지를 공표하고 존속시키기 때문이다. 입법부의 설립은 그 사회 최초의 기본적인 행위로서 그것에 의해 그들의 연합을 지속시키기 위한 규정들이 인민의 동의와 임명에 의해 권한을 부여받은 사람들에 의해 제정된 방침과 법의 구속 하에서 마련된다. 인민의 동의와 임명 없이 그들 중의 어느 누구도 나머지 사람들을 구속하는 법을 제정할 권한을 가질 수 없다.

인민이 임명하지 않은 사람들이 법을 제정한다면 권한 없이 법을 제정한 것으로 인민은 복종할 의무가 없다. 그런 방법에 의해 인민은 다시 복종에서 벗어나 그들이 최선이라고 생각하는 바에 따라 새로운 입법부를 구성할 수 있다. 권한 없이 그들에게 무엇인가를 부과한 자들의 무력에 저항할 완전한 자유가 있다. 사회의 위임에 의해 공공의지를 공표할 자격을 갖춘 자들이 배제되고 아무런 권한이나 위임도 없는 다른 사람들이 그 자리를 찬탈한다면 모든 사람은 자신만의 의지에 따라 행동하게 된다.

213. 이것은 일반적으로 국가에서 자신들이 갖고 있는 권력을 남용하는 사람들에 의해 발생한다. 하지만 그런 일이 일어나는 정부의 형태를 알지 못한다면 이 문제를 올바로 고찰하기 어려우며 누구의 책임인지도 알기 어렵다. 그렇다면 입법권이 서로 다른 세 당사자의 의견일치에 따른 것으로 가정해 보자.

  1. 한 명의 세습 받은 자로 항구적인 최고의 집행권을 가지고 있으며 일정한 기간 내에서 다른 두 당사자의 회의를 소집하고 해산하는 권력을 가지고 있다.

  2. 세습적인 귀족의 의회

  3. 인민에 의해 일시적으로 선출된 대표자들의 의회

  이상과 같은 정부형태를 가정해보면 다음과 같은 사실은 분명하다.

214. 첫째, 단일한 인물 또는 군주가 입법부에 의해 공표된 그 사회의 의지인 법을 대신해 자신의 독단적인 의지를 수립할 때 입법부는 변경된다. 사실상 입법부의 규칙과 법이 집행되어 복종할 것을 요구하고 있는데, 사회에 의해 구성된 입법부가 제정한 것과 다른 법이 제정되고 다른 규칙들이 제시되어 시행될 때 입

법부는 변경된 것이 분명하기 때문이다. 누구든지 사회의 기본적인 임명에 의해 권한을 부여받지 않은 채 새로운 법을 도입하거나 과거의 법을 폐기하는 자는 그 법들을 제정한 권력을 인정하지 않고 전복시켜 새로운 입법부를 창설한 것이다.

215. 둘째, 군주가 시기가 정해진 입법부의 소집을 방해하거나 설립된 목적에 의거한 활동을 방해한다면 입법부는 변경된다. 입법부가 존재하는 곳에서는 일정한 수의 사람이거나 집회뿐만이 아니라 사회의 안녕을 위한 일을 토론할 자유와 완성할 시간적 여유 또한 있어야 하기 때문이다. 그렇게 사회로부터 합당한 권력의 행사를 박탈하기 위해 이러한 것들을 빼앗거나 변경한다면 입법부는 실질적으로 변경된 것이다. 정부를 구성하는 것은 명칭만이 아니라 그 명칭에 수반되도록 의도된 권력들이 사용되고 행사되는 것이기 때문이다. 그러므로 입법부의 자유를 박탈하거나 정해진 시기에 입법부가 활동하는 것을 방해하는 자는 실질적으로 입법권을 빼앗는 것이며 정부를 종식시키는 것이다.

216. 셋째, 군주가 독단적인 권력에 의해 인민의 동의 없이 그리고 인민의 공통된 이익에 반해 선거인단이나 선거방법을 변경한다면 입법부 역시 변경된 것이다. 사회로부터 권한을 부여받지

않은 다른 사람들이거나 사회가 규정한 것과 다른 방식으로 선거를 실시해 선출된 자들은 인민에 의해 임명된 입법부가 아니기 때문이다.

217. 넷째, 군주 또는 입법부가 인민을 외국 세력에게 복종하도록 넘긴다는 것은 분명한 입법부의 변경이며 정부의 해체이기도 하다. 인민이 사회에 가입하는 목적은 완전하고, 자유로우며 독립적인 사회의 보호를 받고 자체적인 법에 의해 통치되는 것이기 때문에, 그들이 다른 나라의 권력에 넘겨지면 이 목적은 상실된다.

218. 이와 같은 통치구조에서 이러한 경우들에 있어 정부의 해체가 왜 군주의 책임인지는 명확하다. 군주는 국가의 무력과 재정 그리고 관직을 운용할 권력을 갖고 있으며 종종 최고의 위정자로서 아무도 그를 통제할 수 없다는 것을 스스로 혹은 다른 사람들의 아첨에 의해 확신하고 있기 때문이다. 그 혼자만이 합법적인 권한이라는 명분으로 그러한 변화들을 위한 과감한 조치를 취할 수 있는 지위에 있으며, 반대자들을 당파적이고 선동적인 존재 그리고 정부에 대한 적으로서 위협하거나 탄압할 권력도 갖고 있다. 반면에 입법부나 인민은 쉽게 발각되기에 충분한 공개

적이며 명백한 반란이 되지 않고는 스스로 입법부의 변경을 시도할 수 없다. 그러한 시도가 성공하게 되면 외국의 정복과 다를 바없는 결과를 만들어낸다.

게다가 그러한 정부 형태에서 군주는 입법부의 다른 부분들을 해산할 권력을 가지고 있으며, 그것에 의해 그들을 사적인 개인들로 만들 수 있기 때문에 그들은 절대로 군주와 대립할 수 없으며, 또한 그들이 공표하는 어떠한 법령이든 군주의 동의가 필수적이므로 그의 협력 없이는 법에 의해 입법부를 변경할 수 없다. 하지만 입법부의 다른 부분이 정부를 공격하려는 시도에 어떤 방식으로든 가담하여 그러한 시도를 진척시키거나, 저지하지 않았다면 그들은 죄를 범한 것이며 그 일에 가담한 것이다. 그것은 분명 인간이 다른 인간을 향해 저지를 수 있는 가장 큰 범죄이다.

219. 그런 정부가 해체될 수 있는 한 가지 방식이 더 있다. 그것은 최고 집행권을 가진 자가 임무를 게을리 하고 포기하여 이미 제정된 법이 더 이상 집행될 수 없을 때이다. 이것은 노골적으로 모든 일들을 무정부 상태로 격하시켜 결과적으로 정부를 해체하는 것이다. 법률은 그 자체를 위해 만들어지는 것이 아니라 집행에 의해 사회의 유대를 유지하고 정치체제의 모든 부분이 적절한 위치와 기능을 유지하기 위한 것이다. 그런 일들이 모두 정지

될 때, 정부는 명확하게 정지되며 인민은 아무런 질서나 결속도 없는 혼란스러운 군중이 되고 만다.

사람들의 권리를 확보해 주기 위해 정의가 더 이상 집행되지 않거나 공동체 내에 물리력을 행사하거나 일반 국민에게 필요한 것들을 제공해 줄 지속적인 권력이 유지되지 않는다면 분명 정부는 남아 있지 않는 것이다. 법이 집행될 수 없는 경우 그것은 법이 없는 것과 같다. 그리고 법이 없는 정부를 정치에서는 불가사의라 생각하며, 인간의 능력으로서는 상상할 수 없는 것이며 인간사회와 양립할 수도 없다.

220. 이러한 것들과 이와 비슷한 경우에 정부가 해체되면 인민은 자신들의 안전과 행복을 위해 가장 좋다고 생각하는 바에 따라 인원이거나 형태 또는 둘 다 변경시켜 전과 다른 새로운 입법부를 창립하는 것으로 스스로 대비할 자유가 있다. 사회는 다른 사람의 과오에 의해 그 자체를 보호할 타고난 본래의 권리를 잃어버릴 수는 없기 때문이다. 사회는 오직 확립된 입법부에 의해 그리고 입법부가 제정한 법의 공정하고 치우치지 않는 집행에 의해서만 보호될 수 있다.

그러나 너무 늦어 아무런 대책도 마련하지 못할 때까지 이런 구체책을 활용할 수 없을 정도로 인류의 상태가 비참하지는 않다. 탄압과 술책이거나 외국 권력에게 양도하는 것에 의해 기존의 입법부가 없어졌을 때 인민들에게 새로운 입법부를 설립하여 스스로 대비할 수 있다고 말하는 것은 단지 너무 늦어서 해악을 치료할 수 없을 때 구제를 기대해 볼 수도 있다고 말하는 것일 뿐이다.

이것은 사실상 일단 노예가 되고 나서 자신들의 자유를 보살피라거나, 사슬에 묶였을 때 자유인처럼 행동할 수 있다고 말하는 것이나 다름없다. 이것은 간신히 그렇게 할 수 있다 해도 구제이기보다 조롱인 것이다. 만약 폭정에 완전히 지배될 때까지 피해갈 방법이 없다면 인간은 절대로 폭정으로부터 안심할 수 없다. 그러므로 인간은 폭정에서 벗어날 권리뿐만 아니라 예방할 권리도 갖고 있는 것이다.

221. 그러므로 정부가 해체되는 또 다른 두 번째의 방법은 입법부이거나 군주 둘 중 어느 한편이 신탁에 반대되는 행동을 하는 것이다. 첫째, 입법부가 자신들에게 주어진 신뢰에 반하는 행동을 하면서 신민의 재산을 침해하려 하거나 그들 스스로 또는 공동체의 일정한 부분이 인민의 생명과 자유 또는 재산의 주인이거나 독단적인 감독자로 행세하려고 할 때이다.

222. 인간이 사회에 가입하는 이유는 재산의 보호이며, 입법부를 선출하고 권한을 부여하는 목적은 사회 모든 구성원들의 재산을 지키는 안전장치이자 울타리로서 법을 제정하고 규칙을 확립하여 그 사회의 모든 부분과 구성원의 권력을 제한하고 지배력을 억제하는 것이다. 모든 개인이 사회에 가입하는 것으로 확보하려 했던 것 그리고 인민이 그것을 위해 스스로 결정한 입법자들에게 복종하기로 한 것을 입법부가 파괴할 권력을 갖는다는 것이 사회의 의지라고는 상상할 수조차 없기 때문이다.

입법자들이 인민의 재산을 빼앗거나 파괴하려고 시도하거나 인민을 독단적인 권력 하에 놓인 노예로 격하시키려 할 때는 언제든지 그들 스스로가 인민과의 전쟁 상태에 돌입하는 것이며, 그로 인해 인민은 더 이상의 복종에서 벗어나 신이 무력과 폭력에 대비하여 모든 인간을 위해 마련해 놓은 공통의 피신처로 대피하게 된다.

그러므로 입법부가 야심, 두려움, 어리석음이거나 부패로 인해 인민의 생명과 자유 그리고 재산에 대한 독단적인 권력을 차지하려 하거나 다른 자들에게 넘겨주려 하는 것으로 사회의 기본적인 규칙을 침해하면 언제든지 신탁의 위반으로 인해 인민이 전혀 상반된 목적으로 그들에게 맡겼던 권력을 상실하게 되고 권력은 인민에게 이전된다. 원래의 자유를 회복할 권리를 갖고 있는 인민은 새로운 입법부를 설립하는 것으로 (그들이 적합하다고 생각하는 바에 따라) 그들이 사회에 가입한 목적인 안전과 안정을 스스로 마련한다. 여기에서 입법부에 대해 말하는 것은 전반적으로 최고 집행자에게도 적용된다.

입법부의 한 부분을 담당하며 법의 최고 집행자라는 이중의 신탁이 부여된 그가 자신의 독단적인 의지를 사회의 의지로 세우려 한다면 둘 다 위반하는 것이다.

그가 사회의 무력과 재화 그리고 관직을 대표자들을 매수하고 자신의 목적에 끌어들이는데 이용하거나 선거인들에게 공공연하게 미리 약속을 하고 청탁, 위협, 약속 등에 의해 자신의 의도에 맞게 선택하도록 지시하는 것 그리고 사전에 무엇에 투표를 하고 무엇을 제정할 것인가를 약속한 자들을 고용하는 것도 신탁에 반해 행동하는 것이다.

그러므로 입후보자와 선거인들을 통제하고 선거방식을 다시 만드는 것은 정부를 송두리째 무너뜨리고 공공의 안전을 원천적으로 망가뜨리는 것일 뿐이지 않을까? 재산에 대한 울타리로서 자신들의 대표자를 선택할 권리를 유보하고 있는 인민에게는 대표자들이 언제나 자유롭게 선출되고, 그렇게 선출된 대표자들이 면밀한 검토와 토론에 의해 국가에 필요한 것과 공공선이 요구한다고 판단되는 바에 따라 자유롭게 활동하고 충고하는 것 외의 다른 목적이 없기 때문이다.

이것은 토론을 듣고 모든 측면에서 논거들을 판단하기 전에 표를 던지는 사람들은 할 수 없는 일이다. 이것과 같은 의회를 마련하고 자신의 의지를 공공연히 선동하는 자들을 인민의 진정한 대표자와 사회의 입법자로 세우기 위해 시도하는 것은 분명 겪을 수 있는 가장 심각한 신탁위반이면서 정부를 전복시키려는 의도의 완벽한 선언이다. 게다가 그와 동일한 목적에 보상과 처벌을 공공연히 적용하고 그러한 목적에 방해가 되는 사람들과 자기 나라의 자유를 저버리는 것에 따르거나 동의하지 않는 모든 사람들을 제거하고 파괴하기 위해 왜곡된 법을 활용한 온갖 술책들을 덧붙인다면 어떤 일이 벌어지고 있는가는 의심의 여지가 없을 것이다. 처음 설립하면서 신탁에 반하여 권력을 사용한 자들이 그 사회에서 어떤 권력을 갖게 될 것인가를 판단하는 것은 쉽다. 일단 이러한 일을 시도했던 자는 더 이상 신뢰를 받을 수 없다는 것은 분명하다.

223. 이것에 대해 어쩌면 인민은 무지하고 언제나 불만을 품고 있어서 그들의 변하기 쉬운 의견과 변덕스러운 기질로 정부의 기초를 마련하는 것은 정부를 분명한 파멸에 노출시킬 것이라는 의견이 나올 수도 있다. 그리고 만약 인민이 기존의 입법부에 대해

화를 낼 때마다 새로운 입법부를 세울 수 있다면 오래 지속될 정부는 없다는 것이다.

나는 이것에 대해 정반대라고 답변하겠다. 인민은 일부 사람들이 주장하듯이 기존의 형식을 쉽게 벗어나려고 하지 않는다. 그들은 익숙해진 체제의 일반적으로 인정된 결함들을 바로잡는 일에는 거의 설득이 되지 않는다. 그리고 만약 근본적인 결함이 있거나 시간의 흐름이나 부패 행위에 의한 우발적인 결함이 발생한다면 온 세상이 그 결함을 고칠 기회라 할지라도 그들의 마음을 바꾸게 하는 것은 쉽지 않다.

낡은 제도를 포기하는 것에 대한 인민의 보수성이거나 반감은 현재와 과거에 이 왕국에서 목격했던 많은 혁명에서 몇몇 성과 없는 시도로 인한 시기 이후에는 여전히 우리를 왕과 귀족 그리고 평민들로 구성된 오래된 입법부로 다시 돌아가 머물도록 하고 있다. 몇몇 군주의 머리 위에서 왕관을 벗겨냈던 분노가 있었다 할지라도 그 왕관을 다른 왕가로 넘겨줄 정도로 인민들을 이끌고 갔던 적은 전혀 없었다.

224. 하지만 이와 같은 가설이 빈번한 반란을 촉발시키게 될 것이라 할 것이다. 이에 대해 나는 이렇게 답변하겠다.

첫째, 다른 가설과 크게 다를 것이 없다는 것이다. 인민들이 비참해지고 독단적인 권력 남용에 노출되어 있다는 것을 알게 되었을 때, 당신만큼이나 그들의 통치자들을 하늘로부터 내려왔다거나 권한을 부여받은 신성하고 거룩한 존재인 주피터의 아들이라 칭송하겠지만 똑같은 일이 일어날 것이기 때문이다.

일반적으로 비참한 대접을 받으며 권리를 침해받는 인민은 기회만 있다면 자신들을 무겁게 짓누르고 있는 괴로움에서 벗어나려고 한다. 그들은 그런 기회를 바라며 추구하며 인간사의 변화와 약점 그리고 우발적인 사고들로 인해 오래지 않아 기회는 제공된다. 자신의 일생 동안 이런 사례들을 지켜보지 못한 사람은 아직 인생을 오래 살아보지 못한 사람일 뿐이며, 이 세상의 모든 종류의 정부에서 그런 사례를 찾아볼 수 없는 사람은 책을 거의 읽지 않은 사람이라는 것이 분명하다.

225. 둘째, 그러한 혁명은 공적인 일들을 처리하면서 사소한 실수가 생길 때마다 일어나는 것이 아니라고 답변하겠다. 인민은 통치하는 측의 심각한 실책과 그릇되고 불편한 많은 법들 그리고 인간적인 약점에서 비롯된 모든 과실들을 반란이나 불평 없이 감내할 것이다. 그러나 만약 모두 동일한 방식으로 권력 남용과 얼버무림 그리고 술책이 오랫동안 이어진다면 그 의도는 인민들에게 발각되고 그들이 어떤 일을 당하고 있는가를 느낄 수밖에 없

으며, 나아가고 있는 방향을 알게 된다.

그럴 때 그들이 분기하여 애초에 정부가 수립된 목적을 자신들에게 확실히 보장해 줄 수 있는 자들에게 통치를 맡기려 하는 것은 전혀 놀라운 일이 아니다. 그렇게 되지 않는다면 오래된 명칭이나 그럴 듯한 형태도 자연 상태나 단순한 무정부 상태보다 전혀 나을 것 없이 훨씬 더 열악한 것이어서 폐해들은 모두 심각하고도 가까운 곳에 있지만 그 치유책은 더 먼 곳에 있으며 더 어렵게 된다.

226. 셋째, 입법자들이 재산을 침해하는 것으로 그들의 신탁에 반대되는 행동을 할 때 인민이 새로운 입법부에 의해 그들의 안전을 새롭게 보장받을 권력을 갖는다는 이 교의가 반란에 맞서는 최선의 방어막이며 그것을 저지할 수 있는 가장 틀림없는 수단이라고 답변하겠다. 반란은 사람에 대한 것이 아니라 오직 정부의 제도와 법에 근거를 두고 있는 권위에 대한 반대이기 때문이다. 누구든 무력으로 그런 제도와 법을 무너뜨리고, 무력으로 자신들의 침해를 정당화하려는 사람들이 실질적이며 명백한 반역자들이다.

인간은 사회와 시민정부에 가입하는 것에 의해 무력을 배제하고 재산과 평화 그리고 그들 사이의 화합을 보호하기 위해 법을 제정했던 것이기 때문이다. 법에 반대하여 다시 무력을 세우려는 자들은 반란을 일으키는 것으로 그것은 전쟁 상태로 되돌아가려는 것이므로 명백한 반역자인 것이다. 이것은 권력을 가진 자들이 (그들이 지닌 권위에 대한 명분과 그들이 갖고 있는 무력의 유혹 그리고 주변에 있는 자들의 아첨에 의해) 저지를 가능성이 가장 높다. 이러한 해악을 막는 가장 적절한 방법은 그러한 유혹을 가장 크게 느끼는 자들에게 그것의 위험성과 부당함을 증명해 보이는 것이다.

227. 앞에서 언급한 두 가지의 경우, 즉 입법부가 변경되거나 입법자들이 구성된 목적을 거슬러 행동하는 경우에 죄를 범한 자들은 반란의 죄를 범한 것이 된다. 누구든 무력에 의해 그 사회의 확립된 입법부와 신탁에 근거해 그들이 제정한 법을 빼앗으려는 자는 그들 사이의 전쟁 상태를 방지하고 모든 분쟁을 평화적으로 해결하기 위해 모두가 동의했던 심판자의 권위를 빼앗으려는 것이기 때문이다.

입법부를 제거하거나 변경하는 자는 인민의 임명과 동의 없이는 아무도 가질 수 없는 결정적인 권력을 빼앗는 것이다. 인민이 세우고 그 밖의 누구도 세울 수 없는 권위를 파괴하고 인민이 권위를 부여하지 않은 권력을 도입하는 것으로 실질적인 전쟁 상태

즉 아무런 권위도 없는 무력의 상태로 이끄는 것이다. 그러므로 그들은 사회에 의해 설립된 입법부(자신들의 의지에 따른 결정으로서 그들의 결정을 인민들이 묵묵히 따르고 연합하고 있는)를 제거하는 것으로 결속을 해체하고 인민을 새로운 전쟁 상태에 노출시키게 된다.

만약 무력으로 입법부를 제거한 사람들이 반란자라면, 앞서 살펴보았듯이, 인민의 자유와 재산의 보호와 보존을 위해 선출된 입법자들이 무력으로 그것을 침해하고 빼앗으려 한다면 반란자와 전혀 다를 수 없는 것으로 간주되어야 한다. 그러므로 평화의 보호자이며 후견인으로 세웠던 인민과 전쟁 상태에 돌입하게 된 그들은 정확하게 그리고 가장 나쁜 의미에서 '전쟁 상태를 재개하는 반란자들'이 되는 것이다.

228. 그러나 만약 이것이 반란의 근거를 제공해 준다고 말하는 사람들이, 자유와 재산에 불법적인 시도가 있을 때 인민은 복종의 의무로부터 면제되며 주어진 신탁에 반해 인민의 재산을 침해할 때 위정자들의 불법적인 폭력에 저항할 수 있다고 말하는 것이 내란이나 내분을 야기하므로 이런 견해는 이 세상의 평화에 너무 파괴적이어서 허용될 수 없다는 것을 의미하는 것이라면 똑같은 근거로 무질서와 유혈 사태를 야기하므로 정직한 인간은 강

도나 해적에게 저항해서는 안 된다고 말해야 할 것이다.

만약 그런 경우에 불행한 사태가 일어난다면 자신의 권리를 방어한 자가 아니라 이웃의 권리를 침해한 자에게 책임을 물어야한다. 만약 결백하고 정직한 사람이 평화 자체를 위해 자신이 가진 모든 것을 폭력적으로 뺏으려는 자에게 조용히 양보해야만 한다면 오직 폭력과 약탈만이 있는 세상에 어떤 종류의 평화가 있을 것인가를 생각해 보기를 바란다. 그런 세상은 오직 강도와 압제자들의 이익을 위해서만 유지될 것이다.

그렇게 된다면 어린 양이 저항하지 않고 사나운 늑대가 물어뜯도록 목을 내밀었을 때, 그것이 강자와 약자 사이의 감탄할 만한 평화라고 생각하지 않을 사람이 있을까? 폴리페모스(그리스 신화에 나오는 외눈박이 거인. 오디세우스 일행을 동굴에 가두고 잡아먹었다. 오디세우스는 날카롭게 깎은 나무 막대기로 그의 눈을 찌르고 도망쳤다.)의 동굴 이야기는 그런 평화와 그런 정부의 완벽한 본보기를 전해준다. 그곳에서 오디세우스와 그의 동료들은 아무것도 하지 않은 채 조용히 잡아먹힐 때만을 기다렸다. 아마도 신중한 오디세우스는 저항하지 말고 복종하라고 설득했으며 평화가 인류에게 얼마나 중요한지를 설명하고, 만약 지금 권력을 갖고 있는 폴리페모스에게 저항하면 일어날 수도 있는 폐해를 보여주면서 묵묵히 굴복할 것을 타일렀던 것이다.

229. 정부의 목적은 인류의 행복이다. 그렇다면 인민이 언제나 폭군의 무한한 의지에 시달리는 것과 통치자가 갈수록 권력을 터무니없이 행사하면서 인민의 재산을 보호하는 것이 아니라 파괴하기 위해 사용한다면 때로는 저항하는 것 중 어느 것이 인류에게 더 좋은 일일까?

230. 이것으로 인해 남의 일에 참견하거나 소동을 일으키기 좋아하는 자가 정부의 전복을 바라게 되는 것만큼이나 자주 불행한 사태가 일어날 수 있다는 말은 이제 그만 하도록 하자. 그런 사람들은 언제든 분란을 일으킬 수 있다는 것은 사실이지만 그것은 단지 그들의 파멸과 멸망이 될 수 있을 뿐이다. 폐해가 만연되고 통치자의 사악한 음모가 드러나거나 그들의 시도가 대다수의 사람들이 느낄 수 있게 될 때까지 인민은 저항으로 바로잡기보다 고통을 감당하려 하고 쉽게 동요하지 않기 때문이다.

개별적인 불법이나 여기저기에서 불운한 사람이 겪는 탄압의 예들은 인민을 동요시키지 않는다. 그러나 만약 그들의 자유에 반하는 음모가 실행 중이라는 사실을 명백한 증거에 의해 일반적으로 확신하게 되고 여러 가지 일들의 대체적인 흐름과 경향이 통치자의 사악한 의도에 대해 강한 의혹을 갖게 한다면 그것에 대해서는 누가 책임을 져야 하는 것일까? 의혹을 피할 수 있었던 사람들 스스로가 그런 의혹의 대상이 되도록 했다면 누가 도와줄 수 있을까? 만약 이성적인 피조물의 분별력을 갖고 있어서 자신들이 알게 되고 느낀 것과는 다르게 생각할 수밖에 없다면 인민이 비난받아야 하는 것일까? 오히려 일들을 그러한 상태로 만들어 놓고 있는 그대로 생각하도록 만들지 못한 자들의 잘못이 아닐까?

각 개인들의 오만과 야심 그리고 소란이 가끔은 국가에 커다란 혼란을 일으켰으며 파벌 싸움이 국가와 왕국에 치명적인 피해를 입혔다는 것은 인정한다. 그러나 그러한 해악이 인민의 변덕스러움과 통치자의 합법적인 권위에서 벗어나려는 욕구에서 더 자주 시작되었을까? 아니면 통치자들의 오만함과 독단적인 권력을 차지하고 자신의 인민에게 행사하려 했던 것에서 더 자주 시작되었을까? 처음에 무질서를 불러온 것이 탄압일까 아니면 불복종일까에 대해서는 공평한 역사가 판정하도록 남겨두기로 한다.

나는 이렇게 확신한다. 통치자나 신민이나 무력으로 군주나 인민의 권리를 침해하려 하면서 정당한 정부의 구조와 틀을 전복시키기 위한 근거를 마련하는 자는 인간이 범할 수 있는 가장 커다란 범죄를 저지르는 것이며, 정부를 산산조각 내는 것으로 나라에 일으킨 유혈사태, 약탈, 황폐화와 같은 모든 해악에 대해 책임을 져야 한다고 생각한다. 그리고 그런 일을 저지른 자는 당연

하게 인류 공통의 적이며 흑사병으로 간주되고 그에 따른 대가를
치러야 한다.

231. 신민이나 외국인들이 무력으로 인민의 재산을 침해하려
는 시도에는 무력으로 저항할 수 있다는 것은 모든 사람들이 동
의한다. 그러나 똑같은 일을 저지르는 위정자에게 저항할 수 있
다는 것은 ― 마치 법에 의해 가장 큰 특권과 편의를 누리고 있는
자들은 법률을 파기할 권력을 갖고 있으며 그것만으로도 동포들
보다 더 나은 지위를 차지하고 있다는 듯이 ― 최근에 거부되었
다. 반면에 그로 인해 법에 의해 차지하고 있는 더욱 커다란 몫에
대해 감사할 줄 모르고 동포들이 그들에게 맡긴 신탁을 파기하는
것으로 그들의 위법행위는 더욱 심각해지고 있다.

232. 누구든 권리 없이 무력을 사용하는 자는 법을 무시하고
무력을 행사하는 사회의 모든 사람들이 그렇듯이 그가 무력을 사
용하는 상대방을 전쟁 상태에 몰아넣는 것이다. 그 상태에서 이
전의 모든 관계는 무효화되며 그 밖의 모든 권리도 중지되고, 모
든 사람은 스스로를 방어하고 침략자에게 저항할 권리가 있다.
이것은 너무도 명백해서 왕의 권력과 신성함을 강하게 주장하
던 바클레이(William Barclay 1546~1608: 스코틀랜드 학자. 왕권신수설을 옹

호했다.) 자신도 어떤 경우에는 인민이 그들의 왕에게 저항하는 것이 합법적이라고 시인하지 않을 수 없었다. 게다가 신법은 인민이 일으키는 모든 종류의 반란을 차단한다는 것을 주장하기 위한 장에서 그렇게 밝혔다. 그러므로 그 자신의 견해에 의해서도 인민이 일정한 경우에는 저항할 수 있기 때문에 군주에 대한 저항이 모두 반란이 아닌 것은 명백하다. 그의 말은 다음과 같다:

(라틴어 원문 인용)

영어로 옮겨보면 다음과 같다.

233. 그러나 만약 누군가가 이렇게 물어본다고 하자. "그렇다면 인민은 언제라도 폭정의 잔인함과 광기를 순순히 받아들여야만 하는가? 그들의 도시가 약탈당해 잿더미가 되고, 아내와 자식들이 폭군의 욕망과 난폭함에 노출되고 그들 자신과 가족들이 그들의 왕에 의해 파멸되고 궁핍과 탄압의 온갖 고통을 겪고 있는 것을 보아도 여전히 가만히 있어야만 하는 것일까? 자연이 다른 모든 피조물들에게는 권리침해로부터 자신을 보호하기 위해 자유롭게 허용하고 있는 무력에는 무력으로 대항한다는 공통의 특권으로부터 인간만이 제외되어야만 하는 것일까?"

나는 이렇게 답변하겠다. 자기방어는 자연법의 일부이며, 왕 자신에게 대항하는 것일지라도 공동체에서 거부될 수는 없지만, 왕에게 복수하는 것은 절대로 허용될 수 없다. 그것은 자연법에 어울리지 않는다. 그러므로 만약 왕이 특별한 개인들에게 증오를 보여줄 뿐만이 아니라 자신이 지배자로 있는 국가 조직과 스스로 대립하면서 용납할 수 없을 만큼 난폭하게 인민 전체이거나 상당수의 인민을 향해 잔혹하게 폭정을 펼치는 경우라면 인민은 위해에 대해 저항하고 방어할 권리가 있다.

그러나 그들은 오직 스스로를 방어할 수 있을 뿐이며 그들의 군주를 공격하지 않도록 주의해야만 한다. 인민들은 손해를 보상받을 수는 있지만 어떠한 도발일지라도 합당한 존중과 존경의 경계를 넘어서는 안 된다. 그들은 당면한 공격을 격퇴할 수 있지만 과거의 폭력에 대해 복수해서는 안 된다. 우리의 생명과 신체를 방어하는 것은 자연스러운 일이지만 하급자가 상급자를 벌하는 것은 자연을 거스르는 일이기 때문이다.

인민은 그들에게 가해지려는 위해가 실행되기 전에 막을 수 있지만, 실행되었다면 비록 왕이 그 악행의 장본인이라 해도 복수해서는 안 된다. 그러므로 이것은 어떤 개인이 가지고 있는 것을 뛰어넘는 일반적인 인민의 특권으로, 개별적인 인간들에게는 우리와 의견을 달리하는 자들에 의해서도 ― 오직 부캐넌(George

Buchanan 1506~1582: 스코틀랜드의 역사가, 인문학자)을 제외하고 — 견디는 것 외에는 다른 구제책이 허용되지 않는다. 그러나 인민 집단은 존중을 하면서 견딜 수 없는 폭정에 저항할 수는 있다. 폭정이 단지 온건할 뿐이라면 그들은 견뎌야만 하기 때문이다.(바클레이,《반 모나르코마코스론(contra Monarchomachos)》, 제3권 8장)

234. 군주의 권력을 적극적으로 옹호하는 그도 이 정도의 저항은 허용하고 있는 것이다.

235. 그가 저항에 두 가지 한계를 추가한 것은 사실이지만 아무 의미도 없는 것이다.

그는 첫째, 존경심을 품고 저항해야만 한다고 말한다.

둘째, 저항은 보복 또는 처벌이 없어야만 한다면서, 하급자가 상급자를 처벌할 수 없기 때문이라는 것을 이유로 제시하고 있다.

첫째, 반격하지 않고 무력에 저항하는 법 또는 존경심을 품고 공격하는 법을 이해시키기 위해서는 일정한 기술이 필요할 것이다. 상대방의 일격을 받아내기 위해 방패만으로 맞서거나 공격자의 확신과 무력을 누그러뜨리기 위해 칼도 들지 않고 공손한 자세로 공격에 저항하는 자는 그 저항은 즉시 끝나게 될 것이며 그러한 방어가 더 나쁜 대접을 받게 만들 뿐이라는 것을 알게 될 것이다. 이것은 유베날리스(1세기경에 활동한 고대 로마의 시인)가 전투에 대해 생각했던 것만큼이나 우스꽝스러운 저항 방식이다: "네가 때린다면 나는 모두 맞고 있겠다." 그리고 전투의 결과는 어쩔 수 없이 그가 서술하는 것과 똑같을 것이다:

그런 것이 초라한 자의 자유:
녹초가 되도록 두들겨맞고
몇 개 남지 않은 이를 드러내며
집으로 돌아가게 해달라고 빌고 또 비는 것.

이것은 반격을 할 수 없다는 가상의 저항이 언제나 맞이하게 될 결과일 것이다. 그러므로 저항할 수 있는 사람에게는 반드시 공격이 허용되어야만 한다. 그렇게 한 후에야 우리의 저자(바클레이)나 다른 어느 누구이든 자신이 적절하다고 생각하는 바에 따라 충분한 존중과 존경을 담아 머리에 일격을 가하거나 얼굴을 베도록 해야 한다. 공격과 존중을 조화시킬 수 있는 사람은, 나로서는 잘은 모르겠지만, 그렇게 할 수 있을 때마다 예의 바르고 존경심을 담은 몽둥이로 고통 받게 되기를 원하는 것이다.

둘째, 하급자가 상급자를 처벌할 수 없다는 그의 두 번째 주장에 대해 일반적으로 말하자면 그 사람이 상급자인 동안에는 그 말이 옳다. 하지만 양측의 차별이 없어지는 전쟁 상태에서 무력으로 무력에 저항하는 것은 존중과 존경 그리고 우월함과 같은 과거의 모든 관계를 소멸시켜 버린다. 그리고 난 후에 남게 되는 우열관계는 부당한 침략자에게 대항한 자가 이기게 되었을 때 이러한 우월함을 갖게 된다는 것이다. 즉, 평화를 깨뜨린 것과 그에 따라 나타난 모든 해악에 대해 위반자를 처벌할 권리를 갖는 것이다.

그래서 바클레이는 다른 곳에서는 조금 더 분명하게 어떤 경우에도 왕에게 저항하는 것은 합법적이라는 것을 부정한다. 하지만 그곳에서 그는 왕이 스스로 왕위를 내려놓는 두 가지 경우를 제시하고 있다. 그의 말은 다음과 같다.

(라틴어 원문 인용)

236 . (라틴어 원문 인용)
영어로는 다음과 같다.

237. 그렇다면 인민이 정당하게 그리고 자신들만의 권위에 의

해 스스로의 힘으로 무기를 들고 오만하게 지배하는 왕에게 공격하는 경우는 전혀 일어날 수 없는 것일까? 그가 왕으로 있는 동안에는 절대로 그럴 수 없다. '왕을 존중하라. 그 권력에 저항하는 자는 신의 법령에 저항하는 것이다.'라는 것은 그것을 절대로 용납하지 않으려는 신의 계시인 것이다. 그러므로 인민은 왕이 스스로 왕이 되기를 끝내려는 어떤 일을 저지르지 않는 한, 절대로 그의 권력을 차지할 수 없다.

그런 일을 저지르게 되면 왕은 스스로 왕관과 위엄을 벗어버리고 한 개인의 상태로 돌아가며, 인민은 자유롭게 되고 우위를 차지하게 된다. 그들이 그를 왕위에 앉히기 전인 공백 기간에 가졌던 권력은 다시 그들에게 위임된다. 그러나 이러한 사태로 이끌어가는 잘못은 거의 없다. 이것을 모든 측면에서 고려한 후에 나는 오직 두 가지 경우만을 찾아낼 수 있다. 그 두 가지 경우란, 왕이 사실상 왕이 되지 못하고 인민에 대한 모든 권력과 국왕다운 권위를 잃게 되는 것으로 원제러스(니니안 윈젯Ninian Winzet 1518~1592) 역시 주목했던 것이었다.

첫 번째 경우는, 만약 왕이 정부를 전복시키려 시도한다면, 즉 네로(AD 1세기경의 로마의 폭군)에 대한 기록에 있듯이, 자신의 왕국과 국가를 파멸시키려는 목적과 의도를 가지고 있는 경우이다. 네로는 로마의 원로원과 인민을 죽이고 도시를 불과 폭력으로 황폐화시킨 다음 다른 곳으로 옮기려고 결정했었다.

칼리굴라(로마 제국의 제3대 황제. 기독교도를 탄압하는 등 네로와 더불어 폭군으로 유명하다.)의 경우, 그는 더 이상 인민이나 원로원의 우두머리가 아니며, 두 계급의 가장 훌륭한 사람들을 모두 죽이겠다고 생각했으며, 그 후에 알렉산드리아로 물러날 것이라고 공공연히 공표했다. 그리고 인민은 모두 목이 하나뿐이 없으므로 단칼에 벨 수 있기를 원했다고 한다. 어떤 왕이든 이런 음모를 머릿속에 품고 진지하게 추진하려 한다면, 그는 그 즉시 국가에 대한 모든 애정과 생각을 포기한 것이다. 그러므로 그는 자신이 버린 노예에 대한 지배권을 상실한 주인처럼 신민을 다스릴 권력을 상실하는 것이다.

238. 또 다른 경우는, 왕이 스스로를 다른 왕에게 종속시키고 조상들이 그에게 남겨준 자신의 왕국과 자유롭게 자신에게 맡겨진 인민을 다른 왕의 지배에 떠넘기는 경우이다.

비록 인민에게 피해를 입히려는 의도는 아니었다 해도 그 결과로 국왕의 존엄성의 주된 부분, 즉 자신의 왕국에서 신 다음의 최상의 지위를 잃어버리기 때문이다. 또한 자유를 세심하게 보호해야만 하는 자기 인민을 배반하거나 외국의 권력과 지배에 강제로 편입시켰기 때문이다. 이렇게 실질적으로 자신의 왕국을 양도하는 것으로 그는 과거에 가졌던 권력을 스스로 잃어버리게 되지만, 그 권력을 넘겨주려 했던 자에게는 최소한의 권리도 이전되는 것이 아니다. 그러므로 이런 행위에 의해 인민은 자유롭게 되며 그들 스스로가 결정할 수 있게 되는 것이다. 이러한 예는 스코틀랜드 연대기에서 찾아볼 수 있다.

239. 이러한 사례들의 경우에 절대군주의 열렬한 옹호자인 바클레이도 왕이 저항을 받을 수 있으며 더 이상 왕일 수 없다는 것을 마지못해 인정했던 것이다. 한마디로 말하자면, 여러 가지 사례를 들지 않더라도, 아무런 권위도 갖지 못하는 한 더 이상 왕이 아니며 저항도 받을 수 있다는 것이다. 권위가 끝나게 된다면 왕도 역시 끝이 나며 아무런 권위도 없는 다른 사람처럼 된다는 것이다.

그리고 그가 예로 들고 있는 이러한 두 가지 사례는 내가 정부를 파괴하는 것으로 앞서 언급했던 것들과 아무런 차이도 없다. 다만 그는 자신의 견해를 도출하는 원칙을 빠뜨린 것일 뿐이다. 즉, 그것은 신탁의 위반으로, 합의한 정부의 형태를 보존하지 않고 공공의 이익과 재산의 보호라는 정부의 목적 자체를 지향하지 않았다는 것이다. 왕이 스스로 왕위에서 물러나 자신의 인민들과 전쟁 상태에 돌입할 때, 자신들과 전쟁 상태에 돌입하게 된 다른 사람과 마찬가지로 이제는 왕이 아닌 자에 대한 공격을 주저하도록 만드는 것이 과연 무엇이 있을까? 바클레이나 그와 의견이 같은 자들이 이 질문에 답해주어야 할 것이다.

더 나아가 바클레이가 이렇게 말했다는 것을 주목해 주기를 바란다. "인민을 향해 계획된 위해에 대해 인민은 그것이 실행되기 전에 막을 수 있다." 여기에서 그는 전제정치가 단지 계획 중인 단계일 때 저항을 허용하고 있다.

그는 이렇게 말한다. "어느 왕이든 이런 음모를 머릿속에 담고 진지하게 추진하려 한다면 그는 그 즉시 국가에 대한 모든 애정과 생각을 포기한 것이다."

그러므로 그의 말에 따르자면 공공의 이익을 소홀히 하는 것은 그러한 음모의 증거이거나 최소한 저항의 충분한 원인으로 받아들여져야 하는 것이다.

그리고 그 모든 것에 대한 이유를 이렇게 말한다. "인민의 자유를 신중하게 보호했어야만 했던 그는 인민을 배신하고 강제로 복종시켰기 때문이다." 그가 '외국의 권력과 지배하에'라고 덧붙인 것은 아무런 의미도 없다. 그의 잘못과 왕위 상실은 보호해야만 하는 인민의 자유를 잃게 했다는 것에 있는 것이지, 인민이 어떤 인물의 지배에 복종하게 되었는가는 아무런 차이도 없다. 자기 나라의 노예가 되거나 외국의 노예가 되거나 인민의 권리는 똑같이 침해당한 것이며 자유를 잃어버린 것이다. 바로 여기에 침해가 있는 것이며, 그들은 오직 이것에 저항하는 것에만 방어의 권리를 가진다.

그리고 인민을 화나게 하는 것은 통치자의 국가가 바뀌는 것이 아니라 정부가 바뀌는 것이라는 사실을 보여주는 사례들은 모든 국가에서 찾아볼 수 있다. 만약 내가 오해하고 있는 것이 아니라면, 군주의 권력과 대권을 위해 꽤나 잔소리가 심한 우리 교회의 빌슨 주교(Thomas Bilson: 16세기 영국 국교도의 주교로 활동하며 《킹 제임스 성경》 발간에 참여했다)는 〈기독교도의 복종(Christian Subjection)〉"이라는 자신의 논문에서 군주들도 신민들의 복종에 대한 그들의 권력과 자격을 상실할 수 있다는 것을 인정하고 있다.

만약 이처럼 논거가 너무나도 분명한 문제에 있어 권위가 필요하다면 나는 독자들에게 브랙턴(Henry de Bracton 13세기 영국의 성직자, 법학자)과 포테스큐(Sir John Fortescue 15세기 영국의 법학자) 그리고 《거울(Mirror)》(1640년대의 저술 《정의의 거울(The Mirrour of Justices)》을 가리킨다)의 저자 등을 소개할 수도 있다. 이 저자들은 우리 정부에 대해 무식하다거나 정부의 적들이라고 의심받을 수 없는 사람들이다. 그러나 나는 후커 한 사람만으로도 그들을 만족시키기에 충분할 것이라고 생각했다. 그 사람들은 자신들의 교회 정치론을 후커에게 의존하지만 이상한 운명에 의해 그가 구축한 원리들을 부정하게 되었던 것이다.

이로 인해 그들이 교활한 기술자들의 도구로 사용되어 자신들만의 구조를 무너뜨리게 된 것인지는 그들 스스로 성찰할 필요가 있다. 그들의 시민정책은 너무나 새롭고 너무나 위험했으며 통치자와 인민 모두에게 너무나 파괴적이어서 이전 시대에는 전혀 말도 꺼내보지 못할 것이었다.

그러므로 나는 후대의 사람들이 이들 이집트의 하청 현장감독들이 부과했던 무거운 짐들로부터 벗어나 그처럼 굴욕적인 아첨꾼들에 대한 기억을 혐오하게 되기를 희망한다. 그들은 자신들의 필요에 맞는 것처럼 보이면 모든 정부를 절대적인 전제정치로 변형시키고 모든 사람들이 자신들의 야비한 영혼에 적합한 노예 상태로 태어나기를 바랐던 사람들이다.

240. 여기에서 이런 평범한 질문이 제기될 수 있을 것이다. 군주나 입법부가 그들에게 부여된 신탁에 반하는 행동을 하고 있는지에 대해서는 누가 재판관이 되어야 할까? 군주가 오직 정당한 대권만을 행사하고 있을 때, 어쩌면 불만을 품고 있는 당파성 강한 인물이 이런 질문을 인민들 사이에 퍼뜨릴 수 있을 것이다. 이 질문에 대해 나는 인민이 재판관이 되어야 한다고 답변하겠다. 수탁자 또는 대리인이 자신에게 위임된 신탁에 따라 직무를 잘

하고 있는지에 대해서는 그에게 위임한 사람만이 그가 신탁을 제대로 수행하지 못할 때 위임했다는 것에 의해 여전히 해임할 권력을 갖고 있는 것이 아닐까?

만약 이것이 개인들의 특정한 사례들의 경우에 이치에 맞는 것이라면 왜 수백만 명의 복지와 관련되어 있으며 만약 미리 막지 않는다면 해악이 더욱 커져 배상은 더욱 어려워지며 비용도 많이 들고 위험해지는 가장 중요한 일에 다른 방법이 있어야만 할까?

241. 그러나 더 나아가 이 질문(누가 재판관이 될 것인가?)은 재판관이 아무도 없다는 의미가 될 수는 없다. 인간들 간의 분쟁을 판정할 사법부가 없는 곳에서는 하늘에 있는 신이 재판관이다. 실제로 오직 그분만이 정의의 재판관이다. 하지만 다른 모든 경우에도 그렇듯이 이 경우에도, 다른 사람이 그와 전쟁 상태에 돌입해 있는 것인지 그리고 입다가 그랬듯이, 최고의 재판관에게 호소해야 하는지에 대해서는 모든 인간 스스로가 재판관이 된다.

242. 만약 법이 침묵하고 있거나 확실치 않은 문제 그리고 매우 중대한 결과를 초래할 일에서 군주와 일부 인민들 사이에 분쟁이 일어난다면 나는 그런 경우에 타당한 심판자는 인민 집단이어야 한다고 생각한다. 군주가 신탁을 부여받고 통상적인 법의

규칙에서 면제되어 있는 경우, 만약 누군가 권리를 침해당하고 있다는 것을 발견하고 군주가 신탁에 반하거나 넘어서는 행동을 하고 있다고 생각한다면, 신탁의 범위가 어디까지 미치게 할 것인지에 대해 인민 집단만큼(처음에 그에게 신탁을 부여했던) 적절하게 판단할 사람이 누가 있을까?

그러나 만약 군주나 행정부에 있는 자들이 그런 결정 방식을 거부한다면, 오직 하늘에 호소하는 방법 외에는 없다. 이 세상에서 알려진 상급자가 없거나 이 세상에 호소할 심판관을 용납하지 않는 사람들 간의 무력은 당연히 전쟁 상태이므로 오직 하늘에만 호소할 수 있다. 그 상태에서 피해를 입은 측은 언제 호소를 하여 하늘에 의탁하는 것이 적절한지를 스스로 판단해야만 한다.

243. 결론적으로 각 개인이 사회에 들어갈 때 양도했던 권력은 사회가 존속하는 한 절대로 개인들에게 되돌아가지 않으며 언제나 공동체에 남아 있게 된다. 그런 권력 없이는 그 어떤 공동체나 국가도 존재할 수 없으며, 그것은 본래의 협정에 반대되는 것이기 때문이다. 또한 사회가 후계자를 임명할 지침과 권위와 함께 사람들로 구성된 집회에 입법권을 부여하고, 그 집회가 그들과 그들의 후계자들을 통해 지속될 때, 그런 통치가 지속되는 한 입법권은 절대로 인민에게 되돌아가지 않는다. 입법부에 영구히 지

속될 권력을 부여하여 그들의 정치권력을 입법부에 양도한 것이므로 다시 회수할 수 없기 때문이다.

그러나 만약 그들이 입법부의 존속기간을 제한하고 이 최고 권력을 특정한 인물이거나 집회에 오직 일시적으로만 부여했거나 권한을 가진 자들이 잘못에 의해 몰수되었다면, 통치권의 몰수나 기간의 종료에 맞춰 권력은 사회로 되돌아간다. 그리고 인민은 최고 권력자로서 그들이 옳다고 생각하는 바에 따라 자신들이 입법권을 계속 가지고 있거나 새로운 정부형태를 수립하거나 과거의 형태를 유지하며 새로운 사람들에게 입법권을 맡길 것인지를 결정한 권리를 가진다.

*

부록

존 로크(John Locke 1632~1704)
: 17세기 유럽의 정치체제를 개척한 혁명적 사상가

잉글랜드의 정치 사상가이며, 계몽주의 철학자이다. 1632년 잉글랜드 남부 서미싯 주의 링턴이라는 작은 마을에서 태어났다. 로크의 집안은 당시의 전형적인 중산층(젠트리gentry: 16세기경에 나타난 중소 지주, 부농 계급. 귀족보다 지위가 낮으나

존 로크

이후 영국 사회를 이끄는 주류가 되었다. 젠틀맨 gentleman의 어원.) 가문이었다. 할아버지가 영국 산업 발전의 근간인 모직물 사업으로 재산을 모은 편이며, 어머니 쪽은 피혁업에 종사했다.

로크의 아버지는 변호사를 하거나 치안판사의 비서로 일했으며, 잉글랜드 내전(로크가 10살 때 일어났다. 국왕 찰스 1세를 옹호하는 왕당파와 그에 반대하는 의회파 간의 갈등이 폭발한 것이다. 새롭게 부상한 젠트리 세력(비국교도)과 국왕 및 귀족 세력(국교도) 간의 투쟁). 당시에는 의회군에 가담했다.

그때 잉글랜드의 유명한 정치가가 된 알렉산더 포프햄(Alexander Popham)과 친교를 맺었다. 훗날 로크는 포프햄의 후원으로 웨스트민스터 학교에 진학할 수 있었다. 그리고 옥스퍼드의 크라이스트처치 칼

리지로 진학했다.

졸업 후에는 옥스퍼드에서 연구직으로 일했다. 당시 잉글랜드에서는 내전에서 승리한 크롬웰이 정권을 장악하여 공포정치를 행하고 있었다.

근대 철학의 아버지로 불리는 프랑스의 사상가, 르네 데카르트.

로크는 히브리어 및 아랍어 문헌을 비롯한 고전 교육과 철학을 공부했으며 그 외에 자연과학과 의학에도 관심이 많았다. 당대의 과학자 로버트 보일(1627~1691), 아이작 뉴턴(1642~1727)과의 학문적 교류를 통해서 새로운 지식을 쌓았다. 또한 데카르트(1596~1650)와 가상디(1592~1655: 데카르트를 비판한 수학자)의 저서를 섭렵하여 경험주의 철학의 기반을 만들었다. 17세기 당시 사상가들 사이에서 가장 관심이 높았던 학문은 데카르트의 사상이었다.

그러나 여러 학문 중에서 로크의 인생에 전환점이 된 것은 특히 의학이었다. 1666년 애슐리 쿠퍼(Ashley Cooper 1621~1683)의 간 종양 제거 수술을 훌륭하게 성공하여, 그것을 계기로 애슐리의 주치의가 된 것이다. 새프츠베리 백작 작위를 받게 되는 애슐리는 잉글랜드의 고위 귀족으로 영향력 있는 정치가였다. 로크는 그와 함께 런던에서 지내는 동안 잉글랜드 정계 내에서 결정적인 경험을 하게 된다. 사실 로크는 그를 만나기 전에는 왕정복고를 환영하는 보수적인 성향이었다. 그러나 새프츠베리를 만나면서 의회주의자의 견해를 갖게 된다.

새프츠베리 백작은 찰스 2세(재위 1660~1685)의 궁정에서 휘그당(Whig Party: 의회파)의 지도자였다. 휘그당은 의회의 권한을 중시하는 시민 계급이었으며, 이를 반대하는 왕당파인 토리당(Tory Party)은 귀족을 중심으로 왕권신수설과 절대왕권을 주장했다.

새프츠베리 백작은 찰스 2세에 의해 대법관의 자리에까지 오르게 되지만, 국왕의 절대왕정과 국교회의 강압에 반대하며 개신교에 대한 자유와 관용을 지속적으로 주장했다. 결국 찰스 2세의 통치를 전복시키려는 혁명을 계획하게 된다. 찰스 2세의 동생이며, 가톨릭교도인 요크 공 제임스를 왕위계승에서 배제시키려는 '배척법안'을 만들어 왕정을 반대하는 정치운동을 벌인 것이다. 이 시기에 로크도 백작을 도우며 종교적 관용과 통치 행위에 대한 연구를 시작한 것으로 보인다.

1681년 새프츠베리는 '프로테스탄트 음모 사건'의 혐의로 체포되어 감옥에 투옥되었다. 다행히 법정에서 그를 석방해주어 네덜란드로 망명했으나 1683년 1월 그곳에서 죽었다.

새프츠베리의 비서로 활동했던 로크 역시 정치적으로 안심할 수 없는 처지가 되었다. 새프츠베리의 반란과 혁명에 개입된 것으로 여겨진 로크에게 감시자가 따라붙은 것이다. 1683년에는 휘그당의 지도자들이 체포되어 처형되었으며, 로크도 반란 혐의로 기소되었다. 1684년 옥스퍼드는 그의 연구원 직위를 박탈했다.

결국 로크도 네덜란드로 망명했다. 그의 나이 51세였다(1683년). 1689년 사면이 될 때까지 로크는 힘들고 어려운 망명 시절을 보내야 했다. 체포될 것을 두려워하여 가명을 사용하기도 했다. 그러나 네덜란드에서 머무는 동안 철학 연구와 저술에 몰두할 수 있었다.

잉글랜드의 정치 상황은 신구교의 갈등과 함께 혼란 상태가 지속되었으나, 명예혁명(1688년)이 성공함으로써 왕권과 의회의 대결에 종지부를 찍게 되었다. 의회의 권한이 확대되고 왕권이 약화되었으며, 왕위 계승도 의회의 결정에 따라야 했다. 근대 시민사회로의 출발이 시작된 것이다.

명예혁명의 성공으로 윌리엄 3세와 메리 2세가 잉글랜드의 왕위에 오르게 되자, 로크도 다시 런던으로 돌아왔다. 그리고 망명 기간 동안 집필했던 자신의 저술들을 출판했다. 1689년 유럽 계몽주의 시대의 가장 유명한 두 권의 책, 《인간오성론》과 《통치론》이 출간되었으며, 1667년부터 저술한 것으로 알려진 《관용에 관한 편지》도 출간되었다.

이후 로크는 잉글랜드에서 주요 공직을 제의받았으나 무역위원회의 감독관을 잠시 맡았을 뿐이다. 1700년 에식스의 오츠에 있는 친구 마샴 부처의 저택으로 은퇴하여 그곳에서 1704년 72세의 나이로 사망했다.

로크는 《통치론》을 익명으로 출판했으나 저자가 로크일 것이라는 추측은 공공연한 비밀이었다. 로크는 임종에 이르러 익명으로 출판된 자신의 모든 저작에 대해서 자신이 저자라고 밝혔다.

《통치론》에 대하여
: 근대 시민 혁명의 사상적 기원

　로크가 《통치론》을 집필한 시기와 동기 등에 대해 여러 주장들이
제기되었는데, 찰스 2세 시절 새프츠베리 백작의 비서로 일하는 동안
구상되었을 것으로 본다. 잉글랜드의 정치적 상황이 절대왕정 시대에
서 근대 시민사회로 전환되는 변혁기에 의회주의자 새프츠베리의 정
치적 활동에 많이 관여했기 때문이다. 따라서 실제로는 명예혁명 이
전에 완성되었으나, 명예혁명 이후에 출간하여 혁명의 정당성을 이론
적으로 뒷받침했다.

　《통치론(Two Treatises of Government)》은 정부에 관한 두 개의 논문으로
구성되어 있다. 두 논문 중에서 제1논문(The First Treatises of Government)은
왕권신수설과 절대왕정의 합법성을 극단적으로 주장하는 로버트 필머
(1589~1653: 로크의 후원자였던 새프츠베리 백작이 국왕의 축출을 시도하자, 그에 맞
서 《가부장권론(Patriarcha)》를 출판했다. 시민 혹은 의회의 왕권 통제라는 개념에 맞서
왕권신수설을 옹호했다. 왕권이란 신의 선물로 아담에게 수여된 것이고, 아담의 직계
상속자로서 군주들에게 자연히 세습되는 것이라고 주장했다.)를 비판한다. 그리고
제2논문(The Second Treatises of Civil Government)에서 자신의 정치이론을
펼친다.

　《통치론》은 대부분 '제2논문'을 지칭한다. 내용은 시민정부의 올바
른 기원과 목적, 통치권력이 정당성을 상실했을 때 시민들이 취할 수

있는 저항권 등등에 대한 것이다. 인간에게 주어진 천부의 자연권에서부터, 사회계약론, 소유권, 정부의 형태, 시민의 저항권에 이르기까지 로크의 자유주의적 정치철학을 기술하고 있다.

❖ 자연권에 대해

"자연상태에서 모든 인간은 자유와 평등을 누리며,
자신의 재산을 보호할 권리가 있다."

로크의 자연권 사상은 토머스 홉스(Thomas Hobbes 1588~1679)로부터 많은 영향을 받았다. 그러나 로크와 홉스 사이에는 약간의 차이가 존재한다. 홉스는 자연상태에서 인간의 본성은 악(惡)하다는 인식에서 출발한다. 따라서 홉스의 인간은 자기 보존 본능으로 (만인의 만인에 대한) 투쟁을 할 수밖에 없는 존재이다.

그러나 로크에게 인간은 현명하고 관용적인 존재다. 즉 인간의 마음에는 본래 아무 것도 담겨 있지도 쓰여 있지도 않았으므로(백지설), 인간의 본성 자체는 이기적일 수 있지만 선과 악을 판단할 수 있는 이성을 신이 부여했다고 믿었다.

로크는 아리스토텔레스와 마찬가지로 인간은 본질적으로 사회적인 존재이며, 최소한 자연상태에서 '자연법'을 알아낼 수 있을 만큼 이성적이라는 사실을 당연한 것으로 받아들였다. 자연상태는 자연법이 지배하는 평화로운 상태이며, 그 안에서 모든 인간에게는 자신의 자유와 평등, 재산을 보호할 권리가 주어졌으며, 이것은 모든 인간이 보존해야 하며 누구도 침해할 수 없는 것이다.

자연법의 근거로 로크가 제시한 것은 인간의 이성이다. 로크는 인간은 신의 창조물이므로 신이 인간에게 옳고 그름을 판단할 수 있는 이성을 반드시 주었을 것이라고 믿었다.

인간의 이성은 모든 사람이 평등하고 독립된 존재이며, 어느 누구도 다른 사람의 자유, 생명, 소유물에 해를 끼쳐서는 안 된다고 명령한다. 따라서 자연법에 의하면 인간은 영원히 자유롭고 평등하게 살 수 있었다.

그러나 자연법은 인간을 완벽하게 보호해 주지 못한다. 자연상태에서 불평등과 갈등이 야기되면 언제든지 자연법을 위반할 수 있는 불완전한 상태에 놓여진다. 이때 공동체의 권위로 갈등을 해소하지 못하면 인간들은 타인에 의해 자연권을 침해당하는 경험을 하게 된다. 로크는 이것을 전쟁 상태라고 말한다.

전쟁 상태를 경험하게 된 인간들은 자기보존의 안전을 위해서 자연상태에서 벗어나 공동체라는 새로운 정치사회의 질서를 원하게 된 것이다. 이 '공동체(commonwealth)'가 지금 우리가 말하는 국가를 의미한다. 로크는 '공동체'를 최초의 정치사회라고 규정한다.

로크는 '공동체(commonwealth)'는 라틴 사람들의 키비타스(Civitas)라는 용어가 뜻하는 독립적인 공동체에 가까운 것이라고 덧붙였다. 코먼웰스는 직역하면 공공의 복리, 즉 공적인 'well-being'이다. 즉 공동체 전체의 행복을 위해 조직된 국가로서 '공공의 선과 질서'를 위해 존재해야 한다는 것을 강조한 것이다. 현재 사용되고 있는 '영국 연방 (Commonwealth of Nations 또는 The British Commonwealth)'이란 명칭은 이와 같은 의미가 부여된 것이라고 할 수 있다.

❖ 사회계약론과 정부의 형태

"공동체에 속하는 모든 구성원들은
사회계약을 통해 자신의 권리를 통치자에게 위임한다."

　자연 상태에서 자유와 평등을 누리던 사람들이 불평등과 위협이라는 전쟁 상태로 빠져들면 계약을 통해 공동체라는 사회 속으로 들어가게 된다. 이것이 홉스, 그리고 로크에 의해 제기된 정부의 기원으로서의 사회계약론이다.

　그러나 역사상 최초의 사회계약론을 연상시키는 주장은 고대 그리스의 철학자, 소크라테스와 플라톤에게서 찾아볼 수 있다. 소크라테스는 도시국가에 살고 있는 시민은 국가의 법을 지켜야 할 의무가 있으며, 그 법을 준수하는 계약에 자발적으로 동의한 것으로 생각했다.

　플라톤은 자신의 저서 《국가론》에서 이상적인 도시국가에 대해, 국가 즉 공동체의 설립은 개인이 자신의 필요를 충족시키기 위해 다른 인간들을 필요로 하면서 생겨났다고 보았다. 이때 개인들이 자발적으로 계약에 합의함으로써 공동체, 즉 국가가 성립하게 되었다는 것이다. 부모와 조상들에게 복종해야 하는 것과 마찬가지로 국가의 법에 복종해야 한다는 것이다.

17세기에 이르러 정부의 기원으로서의 사회계약론이 로크에 의해 다시 제기된다. 로크의 사회계약론은 자연 상태에서 출발한다. 즉 자연상태에서 인간은 아무런 제약없이 자유롭고 평등하다. 하지만 자연법을 위반하는 사람들이 나타나기 시작하면 자연 상태로부터 위협을 받게 된다.

이러한 이유로 사람들은 공동체를 만들어 위협으로부터 보호받기를 원했다. 다수의 사람들이 의결을 통해 공동체, 즉 국가를 만들고 공동체에 속하는 모든 구성원들은 사회계약을 통해 자신의 권리를 통치자에게 위임한다. 이때 통치자는 권리를 위임한 구성원들의 생명과 자유, 재산을 보호해야 할 의무를 갖는다.

공동체와 정부는 계약으로 결합되며 정부는 시민의 권리를 대표해야 하는 의무를 가지며, 한편 시민은 국가의 법에 복종해야 한다. 이것이 사회계약론의 핵심이다.

중세의 절대왕정 시대의 왕권은 신으로부터 부여받은 것이었다. 따라서 신민은 절대왕권에 무조건 복종해야 했다. 그러나 자연권과 사회계약론은 이러한 절대왕권을 거부한다. 바람직한 국가의 형태는 통치자가 시민들의 동의하에 통치하는 형태만이 합법적인 정부가 되는 것이다. 이와 같은 로크의 사상은 기존 정치권력의 세습과 절대군주제를 반대한 것이었다.

로크보다 조금 앞선 시기에 사회계약론을 기반으로 한 합리적인 근대국가론을 주장한 사람이 있었다. 바로 토머스 홉스이다. 로크는 사실 홉스의 사회계약론을 계승했다고 볼 수 있다. 그러나 홉스의 주장에 전적으로 동의하지 않았다.

홉스는 자신의 저서 《리바이어던(1651)》에서 모든 인간은 자연상태에서의 자신의 권리를 계약을 통해 절대 권위자에게 위임함으로써 자신의 생명과 안전을 보호받을 수 있다고 했다. 그러나 여기에서 군주 또는 통치자는 '리바이어던(구약 성서에 나오는 바다괴물)'과 같은 무제한의 권력을 가진 전능한 지배자여야 한다고 주장했다. 통치자

토머스 홉스의 《리바이어던》

는 신하가 될 시민들에 의해 선출된다. 그러나 이후 모든 신민들은 군주의 권위에 절대적으로 동의해야 한다. 그렇게 함으로써 사회적 무질서와 혼란으로부터 보호될 수 있다는 것이다.

홉스의 절대군주제에 대해 로크는 시민의 저항권을 제기했다. 공동체의 목적은 오로지 구성원들의 안전과 공공의 이익을 위해 존재해야 하는 것이므로, 공동체가 시민의 기본권을 침해할 경우, 시민들은 저항할 권리를 가지며, 그 정부를 해산하고 새롭게 구성할 권리가 있다는 것이다.

로크의 주장은 절대주의를 반대하는 혁명을 지지하고, 의회와 시민의 자주권이 확대되는 근대 자유주의 사상의 근간이 되었다. 이후 미

국의 독립선언(1776)과 프랑스 혁명(1789) 등 세계 시민혁명의 사상적 기원이 되었다.

❖ 소유권에 대하여

"신이 내린 공유물에 자신의 노동을 가한 것은 그 자신의 소유이다."

로크는 자연상태에서 인간은 자유와 평등뿐만 아니라 개인적으로 재산을 가질 권리 역시 부여받았다고 믿었다. 재산이란 각 개인의 소유권이다. 어떤 사람이 자신의 재산을 박탈당했다면 그것은 자유를 박탈당한 것과 똑같은 것으로 이해했다.

왕권신수설에 의하면 이 세상 만물의 주인은 왕이다. 이에 대해 로크는 신이 인간에게 내려준 자연의 공유물에 한 개인의 노동, 즉 채집, 사냥, 경작 등이 결합되어 가치가 창출된 것에 대해서는 누구도 빼앗을 수 없는 소유권이, 바로 노동을 투여한 사람에게 있다고 말한다. 여기에서 공유물이란 자연의 모든 산물을 가리킨다.

"비록 샘에서 흐르고 있는 물은 모든 사람의 것이지만 주전자에 담긴 물은 오직 그것을 샘에서 길었던 사람의 것이라는 사실을 누가 의심할 수 있을까? 그의 노동이 모든 사람들에게 동등하게 속해 있으며 공유하던 자연의 소유로부터 물을 길어내 혼자 차지하게 된 것이다."

로크는 다만 공유물을 자신의 소유로 만들 때는 다른 사람도 가질 수 있도록 남겨 두어야 하며, 부패하기 전에 사용해야 하며, 반드시 자신의 노동력이 더해져야 한다는 합법적인 전제를 두었다. 이와 같은 과정에서 타인에게 해를 끼치지 않을 이성적 판단은 신이 인간에 내려주었을 것이라는 믿음이 로크에게 있었다.

로크는 사람들이 사회계약을 통해 공동체를 만드는 근본적인 동기는 재산을 보호하려는 마음이라고 보았다. 즉 자연상태에서 벗어나 정치사회로 이행하는 것은 인간의 자유와 생명(신체) 외에 자신의 재산을 보존하기 위해서이다. 구성원의 위임된 권력으로 형성된 공동체는 구성원의 자유, 생명 그리고 재산을 반드시 보호해 주어야 할 의무가 있는 것이다.

로크는 앞에서도 말했지만, 인간은 자연상태에서 자기보존의 권리가 있으며, 자기보존의 권리가 바로 자연이 제공한 것에 대한 권리라고 주장한 것이다. 로크가 규정한 '사적 소유권'은 귀족에 의한 재산 착취의 부당함에 대한 근거가 되었다.

지금까지도 자본주의의 성장에 가장 많은 영향을 끼친 주제인 '사적 소유권'은 로크의 정치사상을 지배하는 핵심적인 개념이었다.

❖ 국가의 권력에 대하여

"권력분립의 필요성을 최초로 주장하다"

공동체의 구성원에 의해서 통치자에게 위임된 권력은 어떻게 행사되어야 하는 것일까? 이에 대해 로크는 그 유명한, 입법부와 행정부의 권력분립론을 주장했다.

공동체 구성원의 안전과 공공의 목적을 위해서는 법률을 제정하는 입법부가 있어야 하며, 입법부(의회)의 구성원은 시민을 대표하는 사람들이며, 그들에게 시민의 권한이 위임된 것이다. 그러나 법을 제정한 사람들이 법을 집행하는 것이 아니라 행정부에서 법을 집행함으로써 법의 균형을 유지하는 것이 이상적이라고 생각했다.

또한 입법권에 대해서는 그것이 한 사람에게 있든, 몇몇 사람에게 있든 국가 내에서 최고의 권력이 되어야 한다. 또한 그 권력에 부여된 한도 내에서 행사되어야 한다는 것을 분명히 명시했다.

입법부에 의해 만들어진 법이 지속적이고 영구적으로 집행되기 위해서는 그것에 대응할 만한 권력이 필요하다고 생각했기 때문에 입법부와 행정부의 분리가 요구되었다. 이렇게 함으로써 상호 견제와 균형이 가능한 효율적인 권력분립을 이루게 된다.

명예혁명 이후 잉글랜드는 세계 최초의 입헌군주국이 되었다. 왕의 권리는 계약에서 파생되며, 지배자와 신하에게 똑같이 준수해야 할 의무가 주어졌다. 자유선출된 의회에게 입법부로서의 권리를 보장했고, 집행의 권리는 왕에게 주어졌다.

훗날 프랑스의 정치학자 몽테스키외(1689~1755)는 1748년 자신의 저서 《법의 정신》에서 입법부와 행정부, 그리고 제3의 권력기관인 사법부를 제안하여 삼권분립을 주장했다. 이후 삼권분립은 헌법적 원칙으로 발전하여 오늘날 보편화되었다.

부록 2 : 존 로크의 저서로 살펴본 철학사상

《관용에 관한 편지(A Letter Concerning Toleration)》

1685~1686년경 네덜란드의 망명 기간 동안 집필되어 1689년에 출판되었다. 정부가 보호해야 할 자유의 본성 중에서 종교의 자유를 아주 중요하게 생각한 로크가 본격적으로 종교 문제에 관해 글을 쓰게 된 것은 프랑스의 왕 루이 14세(1638~1715)의 낭트 칙령의 폐지가 동기가 되었다.

1598년 프랑스의 왕 앙리 4세는 프랑스의 개신교들에게 종교의 자유를 허용하는 칙령을 발표했다. 그러나 1685년 절대 왕권주의자 루이 14세가 이 칙령을 취소하면서 프랑스를 가톨릭 국가로 선포하고, 개신교와 개신교 국가를 적으로 삼게 되면서 종교적 관용과는 거리가 먼 불길한 움직임이 전개되었다. 프랑스 개신교(위그노)의 종교적, 시민적 자유가 박탈되었으며, 이들은 주변의 다른 나라로 신앙의 자유를 찾아 떠나야 했다.

잉글랜드, 스코틀랜드, 네덜란드 등으로 건너간 개신교는 그 지역에서 종교적 대립으로 갈등을 겪었으나 지역에 따라 공존을 하기도 했다. 그러나 유럽의 대부분이 프랑스 왕 루이 14세의 정치적 영향력 아래 있었기 때문에 개신교에 대한 종교적 박해는 더욱 심해졌다.

따라서 1685년을 전후로 유럽에서는 종교적 관용에 관한 논쟁이 벌어졌는데, 로크도 이 논쟁에 가세하여 가톨릭 세력이 유럽의 개신교를 압박하는 것에 대해 종교적 자유와 관용을 요구했다.

특히 잉글랜드의 종교적 갈등은 유럽의 여러 나라와 다르지 않았다. 메리 1세 여왕(1516~1558)은 헨리 8세에 의해 불행한 삶을 살았던 자신의 어머니, 캐서린 왕비의 명예를 회복하기 위해, 어머니가 따르던 가톨릭을 부활시키고, 신교도를 무자비하게 처형하여 '피의 메리'라고 불릴 정도였다.

메리 여왕의 뒤를 이은 엘리자베스 1세는 메리의 가톨릭 법령을 전부 폐지하고 국교회(성공회)를 정착시켰다. 그러나 종교적 갈등은 더욱 심화되었다.

1660년 찰스 2세(1630~1685)의 즉위로 왕정복고가 되었을 때, 찰스 2세는 자유로운 종교 정책을 펼치는 것처럼 보였지만 친 가톨릭적 성향을 버리지 않았다. 결국 왕과 대결하던 잉글랜드의 의회는 명예혁명을 계기로 잉글랜드를 개신교 국가로 재정립하고 프랑스 왕과 대결 구도를 시도했다.

이처럼 종교 개혁 이후 개신교의 확산은 기존의 가톨릭과 대치하면서 서로에 대한 관용은 찾아볼 수 없는 시대로 흘렀다. 독단에 빠진 종교가 무자비하고 잔혹해지는 경험을 목격하게 된 로크는 종교에 대해 묻지 않을 수 없었다.

로크는 진정한 신앙이 무엇인지를 생각하지 않는 종교인들의 편협한 사고를 비판했다. 어떠한 권력도 개인의 종교를 강요할 수는 없다고 주장했다. 통치자나 국가가 종교적 양심과 자유를 억압하는 것은 명백히 정치권력을 남용하는 것으로 규정했다.

통치권의 행사는 오직 시민의 이익을 위한 것이기 때문에 신과 인간 사이의 문제에도 간여할 수 없다는 것이 로크의 생각이었다. 정치권력과 교회권력의 분리를 요구한 로크의 혁명적인 사상은 지금은 당연한 상식으로 되어 있으나, 당시에는 엄청난 논란을 불러왔다.

다만 한 가지, 로크는 종교에서의 관용을 옹호하면서 무신론자에 대해서는 논하지 않았다.

《인간오성론(An Essay Concerning Human Understanding)》

근대 철학의 기원, 인식론과 경험론

로크는 인간 지식의 원천은 오로지 사물에 대한 경험과 성찰을 통해 이루어진다고 보았다. 로크가 제기한 경험론은 인간의 이성에 대한 절대적 신뢰를 기반으로 한 근대철학의 출발점이 되었다.

로크와 데카르트는 근대철학에서 대립하는 두 학파, 즉 지식은 경험을 기반으로 한다는 경험론과 이성의 사변을 신뢰하는 합리론의 창시자로 생각되곤 한다.

17세기 프랑스에서 활동한 데카르트는 1637년 '나는 생각한다. 그러므로 나는 존재한다'라는 명언으로 인간 지식의 기반을 '이성적 사유'라고 전제했다.

이것은 '신의 가르침'이 모든 진리와 질서에서 최고의 권위였던 중세적 철학에서 벗어나는 태도였다. 데카르트는 인간의 영혼과 육체를 별개로 보는 이원론자였다. 그리고 이것을 과학과 수학적 방법으로 탐구한 그의 저서 《방법서설》《철학의 원리》는 유럽 전역에 퍼져 나갔다. 당시의 지식인들 대부분은 데카르트를 연구하고 논쟁을 벌였다. 데카르트의 이원론은 20세기에 철저히 비판을 받게 되지만, '이성적 사유'라는 개념은 수세기 동안 철학의 흐름을 바꾸어 놓을 정도로 혁명적이었다. 즉 중세의 전통에서 벗어나 근대의 합리성을 추구하는 새로운 사상의 근원이 되었다.

데카르트의 사후에 잉글랜드에서 활동하기 시작한 로크에게도 데카르트의 사상은 연구과제였다. 로크는 데카르트의 모든 저서를 섭렵하고 1689년 《인간 오성론》을 출간했다. 이것은 인간이 가질 수 있는 지식의 한계와 범위에 대해 논한 것이다.

로크는 데카르트의 '나는 생각하는 존재이다'라는 인간의 본유관념을 부정했다. 즉 '인간의 정신에는 본래 아무 것도 담겨 있지 않고 쓰여 있지도 않다(백지설)'라고 주장한 것이다. 그는 본유관념, 즉 지식의 원천은 오로지 사물에 대한 경험과 성찰에 의해 생긴다고 말했다.

지식은 경험을 바탕으로 만들어지는 관념의 철학이며, 이 결합을 이룩하는 것은 이성의 직관능력이 있기 때문이다. 인간에게 선천적인 신념이나 인식의 대립이란 존재하지 않는다. 따라서 관념이나 언어의 의미를 명백히 증명하게 되면, 이론적으로 근거가 되며, 실천할 수 있는 보편타당한 인식이 존재하게 된다는 것이다.

로크는 오감, 즉 시각, 청각, 미각, 후각, 촉각 등 모든 관념이 본유적이라고 가정하는 것은 세상에서 이보다 더 이성과 경험에 어긋나는 일은 없을 것이라고 주장했다.

이러한 로크의 인식론은 '백지 상태의 마음(타블로 라사: Tableau rasa)'에 써넣어 진다는 것이다. 데카르트의 인식 체계를 수학적, 과학적 근거로부터 인식하는 합리론이라고 말한다면, 지식의 근원을 경험과 성찰이라고 말하는 로크의 사상을 경험론이라고 한다. 합리론과 경험론은 근본적으로 인간의 이성에 대한 절대적 신뢰를 기반으로 한다. 따라서 신 중심의 중세 철학에서 벗어나 인간의 이성을 중시한 근대 철학의 시발점이 되었다.

데카르트나 로크의 인간의 이성에 대한 신뢰는 16~17세기에 발달한 과학적 지식으로부터 체계화되었다. 갈릴레이, 코페르니쿠스에서부터 1687년 뉴턴의 만유인력의 법칙, 관성의 법칙 등등 자연세계에 대한 경험과 관찰로부터 보편적 진리를 이끌어내게 된 것이다.

로크에게 자연과학에 대해 영향을 끼친 사람 중에는 데카르트의 사상을 이어받아 잉글랜드에서 활동한 베이컨이 있다. 베이컨은 자연세계에 대한 경험에서 참된 지식을 얻을 수 있다며 '아는 것이 힘이다'라고 주장했다. 1620년 자신의 저서 《신기관》에서 '개별적 사례에 대한 경험에서 가장 일반적인 진리를 이끌어내는 인식 방식인 귀납법'을 제시한 것이다.

로크는 베이컨의 경험 중시 철학을 이어받았으며, 이후 로버트 보일, 뉴턴 등 자연과학자들과의 교류를 통해 과학적 지식을 체계화할 수 있었다.

자연과학자들과의 협업이 없었다면 '신이 인간에게 사물의 본질에 대한 지식을 알 수 있도록 본유관념을 부여했다'는 당시의 지배적 사고에 도전할 엄두를 내지 못했을 것이다.

로크의 인식론은 버클리(1685~1753), 흄(1711~1776), 밀(1806~1873)에 의해 경험론의 전통으로 계승되어 칸트(1724~1804)의 비판 철학의 출발점이 되었다.

《인간오성론》은 총4권으로 구성되어 있다. 제1권은 본유관념, 제2권은 관념에 관해서, 제3권은 언어의 구조 분석과 기능, 제4권은 관념에 의한 지식의 문제에 관해 고찰하고 있다.

존 로크(1632~1704)

- 1649: 찰스 1세의 처형

- 1658: 올리버 크롬웰 사망

- 1660: 군주정과 국교회의 복고

- 1685: 제임스 2세 즉위

- 1688: 명예혁명

- 1689: 권리장전

- 1707: 잉글랜드와 스코틀랜드의 통합(연합왕국)

- 1714: 앤 여왕 사망(스튜어트 왕조 단절)

1. 종교개혁

존 로크의 《통치론》이 출간된 17세기 영국의 시대적 상황을 이해하려면 먼저 유럽 전체를 관통하고 있던 종교적 갈등에 대해 이해해야 한다. 영국이라는 국명은 1922년 잉글랜드, 스코틀랜드, 웨일스, 북아일랜드로 통합된 연합왕국을 가리킨다. 따라서 여기에서는 통합되기 전의 시대를 살펴보기 때문에 '잉글랜드'로 표기한다.

16~17세기에 걸쳐 유럽에는 로마 가톨릭 교회의 그릇된 관행을 비

가톨릭의 부당성에 대한 95개
조의 반박문을 발표하는 마르틴
루터.

판하는 새로운 종교 운동이 일어났다. 본격적인 개혁은 1517년 독일
의 수도승 마르틴 루터(Martin Luther 1483~1546)에 의해 시작되었다.

독일의 수도승이며 신학대학의 교수였던 루터는 비텐베르크 성당
의 문에 95개조의 반박문 써 붙였다. 이것은 당시에는 널리 통용되던
신학 논쟁 요구방식이었다. 특히 교황(율리우스 2세)의 면죄부 판매에
대한 부당성을 고발한 것이다. 당시 교회는 돈을 받고 죄를 면해주는
면죄부를 판매했다.

그러나 루터는 인간의 구원은 '오로지 성서만'을 원칙으로 내세웠
다. 모든 사람은 신 앞에서 평등하며, 성서에 따른 믿음에 의해 그리
스도를 통해서, 신의 은총을 받음으로써 구원이 이루어진다고 반박한
것이다.

교황의 권위를 전적으로 부정한 루터의 글은 짧은 시간에 전 유럽
으로 퍼져나갔다. 그러나 당시에는 성직자만이 성서의 지식을 해석하
고 전파할 수 있었다. 일반 민중들은 라틴어로 되어 있는 성서를 이해
할 수 없었다.

루터는 성서를 독일어로 번역했다. 때마침 발달하기 시작한 인쇄술 덕분에 번역된 성서들이 일반 민중에게 전해졌다. 인쇄술의 발달은 성서의 보급뿐만 아니라 다양한 지식과 사상을 폭발적으로 확산시켰다. 이제 민중은 새로운 성서와 교리를 이해하고, 경직되어 있던 교회의 질서에 저항하며 종교개혁을 지지했다.

17세기 유럽은 종교혁명으로 가톨릭과 개신교 사이의 대결과 갈등이 곳곳으로 확산되어 갔다.

2. 칼뱅교

스위스의 제네바에서 장 칼뱅(Jean Calvin 1509~1564)의 종교개혁 운동으로 생겨난 개신교의 한 파이다. 칼뱅은 프랑스 파리 대학 신학과 학생이었다. 그러나 종교개혁을 요구하다가 프랑스에서 쫓겨나 스위스로 옮겨가서 활동했다.

칼뱅은 루터의 주장에서 한 발 더 나아갔다. '신께서 인간을 구원할지 말지를 미리

장 칼뱅

정해 놓았다'는 예정설을 주장했다. 즉 구원은 전적으로 신의 섭리이므로 성서의 가르침에 따른 엄격한 신앙생활을 요구한 것이다. 그리고 '신정정치체제'를 확립하여 종교와 정치의 개혁을 추진했다.

특히 칼뱅은 근면하고 금욕적인 생활과 세속적인 직업에 충실해야 한다는 윤리를 강조했다. 열심히 일해서 부자가 되면 좋은 일이라고 말한 것은, 귀족 계급이 아닌 일반 자산가, 중산계급에게 환영을 받았다. 따라서 칼뱅교는 봉건 귀족으로부터 독립하고자 했던 신흥 도시 계급 사이에서 퍼져 나갔다.

칼뱅의 사상은 전 유럽에 영향을 끼쳐 프랑스는 위그노파, 스코틀랜드는 장로파, 잉글랜드는 청교도, 네덜란드는 고이센이라는 개신교들이 생겨났다.

로마 교황청의 부당함에 저항을 느낀 개신교는 종교적 모순 외에 속세에서의 억압에 대해 의문을 갖기 시작했다. 수도원이 수많은 토지를 소유하고 있으면서 세금을 착취하는 것이 이해되지 않았다. 따라서 본래의 성서의 가르침을 따르고자 한 사람들은 과거 종교의 생활방식에서 깨우침을 얻었다. 즉 모든 것을 공동으로 소유하지 않는 봉건 질서의 사회체제를 거부하기 시작한 것이다. 가톨릭은 개신교에 대한 탄압과 배척을 강화했으며, 전쟁으로 이어지기도 했다.

특히 잉글래드에서는 청교도에 대한 탄압이 심했다. 엘리자베스 1세(1533~1603 : 국교도의 확립을 꾀하고 가톨릭과 개신교의 화합을 추진했다. 15~16세기 신대륙 개척과 상공업 정책의 활성화를 통해 잉글랜드의 최전성기를 만들어냈다.) 시절 여왕은 신구교 간의 갈등을 해결하기 위해 전 국민에게 국교회의 의식과 기도서를 강요하며(통일령) 가톨릭과 청교도를 억압하고 종교적 통일을 추진했다. 그러나 청교도들은 칼뱅주의에 의한 엄격한 개혁을 요구하며 순종하지 않았다. 청교도(Puritan)라는 의미는 교회의

의식 안에 남아 있는 가톨릭적 요소를
깨끗이 정화(pure)시키고 간결함(plain)
을 유지해야 한다고 주장했기 때문에
붙여진 명칭이다.

엘리자베스 1세

훗날 급진적인 다수의 청교도가 잉
글랜드의 탄압을 피해 종교의 자유를
찾아 메이플라워 호를 타고 신대륙으
로 건너갔는데(1620), 이들 이민자들
이 아메리카의 '순례의 조상들(Pilgrim
Fathers)'이다.

그러나 잉글랜드 내의 청교도는 탄압을 받으면서도 젠트리와 일반
민중 사이에 꾸준히 뿌리를 내렸다. 의회에서 다수의 의석을 차지하
고 왕권에 대항했으며, 의회의 권리를 강도 높게 주장했다.

3. 헨리 8세의 국교도 성립

유럽의 다른 지역에서 종교개혁이 활발해지고 있을 때, 튜더 왕조
기 잉글랜드에서는 위로부터의 종교개혁이 펼쳐졌다.

헨리 8세(1491~1547)는 로마 교황청에 왕비 캐서린과 이혼을 허락해
달라고 했다. 캐서린에게서 후계자가 없자, 합법적인 왕위 계승자를
원했던 왕이 왕비와의 결혼을 무효로 하고 새로 결혼할 수 있도록 교

헨리 8세

황에게 탄원을 넣은 것이다.

로마 교황청을 지배하고 있던 신성
로마제국의 황제 카를 5세(1500~1558:
에스파냐와 신성로마제국의 왕위를 계승받았
다. 루터가 가톨릭을 비판하며 95개조의 반박
문을 내자, 루터를 파문하고 추방령을 내렸
다.)는 캐서린의 조카였다. 따라서 교
황청에서 헨리 8세의 요구를 허락할
리 없었다. 이에 헨리 8세는 로마 가
톨릭과의 단절을 선언하고, 의회의
결정을 거쳐 독자적으로 잉글랜드 국
교회(성공회)를 만들었다(1534년). 왕
을 교회의 수장으로 하고 수도원을
해산하고 수도원 소유의 재산을 몰수했다.

당시 잉글랜드에서의 종교개혁은 불가피한 것은 아니었다. 헨리도
처음에는 루터가 교황청에 반발하는 것에 대해 적대적 입장이었다.
그러나 국교회를 설립하게 된 데에는 신앙의 문제가 아니었고, 오로
지 정치적 행위였다.

잉글랜드 대다수의 민중은 국교회 성립에 큰 관심이 없었다. 다만
교회의 부패, 독단적인 성직자의 권력, 수도원의 엄청난 토지 소유를
싫어했다. 따라서 왕실이 교회 재산을 몰수하자 대다수의 민중이 왕
을 지지했다.

그러나 헨리 8세는 왕의 권위를 과시하며, 국교회를 받아들이지 않는 사람들을 고문하고 처형했다. 이후 국왕이 바뀔 때마다 잉글랜드는 가톨릭, 개신교, 국교회까지 세 종교 사이에 종교적 대립이 심화되었다. 그들 사이에서 다른 종교에 대한 관용은 거의 찾아볼 수 없는 시대였다.

4. 1640~1660년 : 잉글랜드의 내전, 청교도 혁명

유럽의 17세기 중엽을 흔히 혁명적인 격변기였다고 말한다. 그것은 1640~1660년에 걸쳐 일어난 잉글랜드의 내전에서 최초로 국왕이 처형되는 사건이 일어났기 때문이다.

전 유럽의 왕실에서 국왕을 의회의 법에 따라 처형한 것은 역사상 처음이었다. 이로써 군주도 처형될 수 있다는 엄청난 사건에 유럽의 왕실들은 충격을 받았다. 이 정치적 사건은 잉글랜드에서 왕정시대의 종말을 의미했다.

청교도에 의해 일어났다고 해서 청교도 혁명이라고도 한다. 잉글랜드에서 교세를 확장하고 있던 청교도들은 일체의 가톨릭 의식을 거부하고, 엄격한 도덕성을 요구했으며, 신성한 종교 생활을 주장하고 국교회를 거부했다. 그래서 금욕적인 삶의 태도를 청교도 정신이라고 말한다.

제임스 1세(1566~1625)와 찰스 1세(1600~1649) 재위 시절 청교도를 비롯하여 국교회의 규정을 따르지 않는 많은 성직자와 신도들이 배척을 당했다. 그러나 의회에는 청교도가 의석수를 넓혀가고 있었다.

청교도 혁명의 원인을 종교적 신념 때문이라고도 하는데, 그 때문만은 아니었다. 왕권신수설을 주장하는 왕과 권한이 확대되고 있는 의회와의 갈등도 주요한 원인이었다.

1625년 찰스 1세가 프랑스 왕 앙리 4세의 딸인 가톨릭교도 앙리에트 마리와 결혼하자 비판이 쏟아졌다. 찰스는 선조 왕(헨리 8세, 엘리자베스 1세)들과 달리 민중의 삶에 관심이 없었다. 10년 넘게 의회도 소집하지 않고 잉글랜드를 통치했다.

의회의 권한은 왕권보다 제한되어 있었지만, 이들은 세금 인상에 대한 권한이 있었다. 잉글랜드의 의회는 양원제였다. 상원은 부유한 귀족들이 대부분이었으며, 하원은 돈이 많은 상인계급으로 이루어져 있었다.

하원은 급진적인 성향을 보이지는 않았으나, 찰스의 전쟁 비용을 비롯한 조세정책은 자산 소유자들을 반대편으로 만들었다. 또한 빈민계층은 가톨릭 왕비에 의해 가톨릭 세상이 되는 것은 다시 모순으로 가득 차 있는 가톨릭의 지배를 받는 것으로 생각했기 때문에 찰스 1세의 반대편이 되었다.

1628년에 의회는 국왕의 대권을 제한하는 '권리청원'을 작성했다. 의회의 승인 없는 일체의 과세는 불법이며, 자유인을 이유 없이 구속할 수 없다고 명시한 것이다. 재정의 곤란을 겪고 있던 국왕은 문서에 서명했다. 그러나 무리한 과세 정책을 반복하는 국왕에 대해 의회의 비판은 계속되었다. 왕은 다시 의회를 해산해 버리고 의회의 간섭 없이 마음대로 통치했다.

1640년 4월 찰스 1세는 다시 의회를 소집했는데 스코틀랜드와의 전쟁에 필요한 비용 때문이었다. 찰스 1세는 잉글랜드의 국교회를 변화시키는 데 그치지 않고, 장로교였던 스코틀랜드에게도 국교회를 강요하여 결국 전쟁이 일어난 것이다.

그러나 의회는 국왕의 요구를 전적으로 거부했다. 결국 찰스 1세는 군대를 이끌고 의회로 쳐들어가 자신을 반대하는 의원을 체포하려는 상황이 발생했다.

왕과 의회의 대결 속에 의회도 무력으로 맞섰다. 1642년 찰스 1세는 봉건영주들과 함께 군대를 일으켰다(왕당파). 이로써 잉글랜드를 휩쓴 내전이 시작되었다. 처음에는 왕당파가 유리했지만 차츰 의회파가 강해졌다. 독실한 청교도였던 올리버 크롬웰(1599~1658)이 국왕의 군대에 맞섰기 때문이다.

크롬웰은 청교도 정신으로 무장한 철기군을 조직하여 의회군을 지원했다. 군사적 능력이 뛰어난 그는 전국적인 규모로 군대를 이끌고, 출생 신분이 아니라 능력을 중시함으로써 병사들의 사기를 진작시켰다. 결국 1645년 6월 의회군은 승리를 만들어냈다.

그러나 찰스 1세는 여전히 국왕은 신의 선택을 받은 통치자라는 왕권신수설을 신봉하며 절대왕정으로 돌아가려고 했다. 한편 의회파 내에는 온건파와 강경파로 나뉘고 있었다. 국왕과 적당히 타협해야 한다는 온건파를 못마땅하게 생각한 크롬웰은 의회를 기습하여 온건파

의원 2백여 명을 내쫓았다. 그리고 남은 의원('잔부의회'라 부른다)들이 모여서 찰스 1세의 재판을 진행했다. 1649년 1월 30일 의회는 찰스 1세를 반역죄로 처형했다.

5. 크롬웰의 공포정치

올리버 크롬웰

엘리자베스 1세에 의해 절대주의의 최전성기를 이루었던 잉글랜드는 찰스 1세가 의회 재판에 의해 처형당하는 과격한 해결책으로 내전과 전쟁이 종식되었다.

왕을 처형한 사회는 여전히 혼란스러웠다. 의회를 장악한 크롬웰은 왕정에 대한 대안으로 입헌공화정을 시도했다. 그러나 극단적인 청교도주의자였던 크롬웰은 국민에게 지나치게 엄격한 도덕성을 요구했다. 술, 연극, 도박 등을 금지하고, 군사력을 장악하여 공포정치를 행하였다. 의회의 비판도 용납하지 않고 의회를 해산했다. 자신에게 '호국경(나라를 지키는 호족)'의 권한을 부여하고, 잉글랜드, 스코틀랜드, 아일랜드를 통치했다.

그러나 왕당파들이 여전히 지하에서 세력을 유지하고 있었으며, 내전을 겪는 동안 아주 급진적인 사상들이 나타났다. '수평파'라고 불리는 사람들이 신 앞에서 모두 평등한 사회, 종교적 관용, 경제적 평등을 위한 공동체 사회를 만들어야 한다고 주장했다.

크롬웰은 이들을 특히 강력하게 억압했다. 그러나 이들의 주장은 강한 호소력을 지닌 이상적인 사상으로 팸플릿을 통해 민중들에게 전달되었다. 비록 당대에는 세력을 확대하지 못했으나, 근대 사회를 향한 자유주의 사상이 싹트고 있었던 것은 확실하다. 다양한 사상 중에서 후대에 지대한 영향력을 미친 것은 토머스 홉스의 《리바이어던》이었다. 특히 로크는 홉스의 모든 저작물을 섭렵하며 철학적 사상을 넓혀갈 수 있었다.

크롬웰은 자신의 정치적 이상을 실현하지 못하고 1658년 사망했다. 그후 혁명의 기운은 소진되고 말았다. 영국의 새 의회는 급진적인 의회파가 밀려나고 보수파에 의해 프랑스에 망명해 있던 찰스 2세를 왕위에 올렸다(1660). 결국 다시 왕정으로 돌아가 스튜어트 왕조가 부활된 것이다. 형식적으로는 입법부의 동의에 의해 국왕이 결정되었다. 따라서 왕권신수설 대신 의회에 의한 군주정이 들어서게 된 것이다.

한편 청교도 혁명은 잉글랜드 내에 청교도주의가 깊숙이 자리 잡게 했으며, 개인의 신앙의 자유를 지지하는 힘을 이끌어냈다.

6. 찰스 2세와 제임스 2세의 왕정 복고

크롬웰이 죽은 후 잉글랜드 의회는 프랑스로 달아났던 찰스 2세(재위 1660~1685)를 귀국시켜 왕정을 복고시켰다.

왕이 다시 돌아왔지만 잉글랜드는 혁명 전 세상과 많이 달라져 있었다. 정치적으로 완전히 근본적인 변혁이 일고 있었다. 즉 국왕은 과거의 시대와 달리 모든 것을 의회와 상의해야 했다. 또한 도시와 지방의 자산가들이 차츰 의회의 하원을 장악했으며, 상원을 장악한 귀족들의 정치적 영향력은 줄어들고 있었다. 그러나 찰스 2세는 새로운 변혁을 깨닫지 못하고 가톨릭적 성향으로 전제정치를 행하려 했다.

찰스 2세는 가톨릭 국가였던 프랑스 왕 루이 14세를 추종하여 잉글랜드를 가톨릭 국가로 만들겠다는 비밀조약을 프랑스와 체결했다. 그리고 그 대가로 프랑스로부터 재정적 지원을 약속받았다. 또한 신교자유령을 선포하여 종교적 관용을 허용하는 것처럼 보였다. 그러나 프랑스와 맺은 비밀조약이 폭로되자, 의회는 찰스를 믿지 못하고 '심사율과 인신보호법'을 제정하여 대항했다.

심사율은 정부와 군대의 고위직에서 가톨릭을 배제시킨 법안이며, 인신보호법은 불법으로 시민을 체포하지 못하며, 누구든 정식 재판을 받을 권리가 있다고 규정한 것이다.

또한 루이 14세가 네덜란드와 전쟁을 벌이자, 국왕이 이를 지원하려 했다. 의회는 개신교의 나라인 네덜란드와의 전쟁을 지원할 수 없다며 국왕과 대립했다. 그리고 왕의 동생인 요크 공작 제임스의 딸 메리와 네덜란드의 오렌지 공 윌리엄과 결혼을 추진했다. 이들은 왕위 계승권을 가진 왕족이며 개신교였기 때문이다.

1679년 찰스 2세 이후의 왕위 계승 문제로 의회가 소집되었다. 찰스에게는 왕위를 계승할 적자가 없었다. 따라서 동생인 제임스가 왕위를 물려받아야 했는데, 문제는 제임스가 가톨릭 신자였다는 점이다. 의회는 가톨릭 교도의 왕위 계승을 배제하는 법안을 토의했다. 그러자 왕은 다시 의회를 해산시켜 버렸다. 이때 의회는 휘그당과 토리당으로 나뉘었다. 휘그당은 개신교를 지지했으며, 토리당은 가톨릭 지지자들이었다.

(이때 로크의 후견인이었던 새프츠베리 백작은 제임스의 계승을 주도적으로 반대했다.)

그동안 잉글랜드는 페스트와 대화재를 겪으며 민중들은 엄청난 고통을 받고 있었으나, 국왕 찰스 2세는 전제군주의 통치만 하다가 1685년에 죽었다. 찰스 2세의 뒤를 이은 제임스 2세(재위 1685~1688)는 토리당에 의해 왕위에 올랐다. 가톨릭 교도였으나 국교회의 기존법을 준수하겠다고 서약을 했다.

그러나 제임스 2세 역시 잉글랜드의 정치적 환경에 적응하지 못했다. 여전히 가톨릭을 신봉하여 로마 가톨릭과 개신교(국교회)와 갈등을 심화시키며, 왕권신수설에 대한 신뢰를 버리지 못했다. 왕정의회를 다수의 토리당으로 채우고, 심사율을 무력화하기 위해 가톨릭 신도를 상비군으로 임명하면서 의회의 동의도 받지 않았다. 의회는 다시 왕에 대해 적대적인 입장을 취할 수밖에 없었다.

1687~1688년 두 차례의 신교 자유령(관용령)이 선포되었다. 그러나 로마 가톨릭에 대한 억압을 철폐하려고 한 것이었다. 개신교와 국교회는 연합하여 왕의 지시를 격렬하게 반대하고 나섰다. 결국 제임스 2세와 의회의 갈등은 점점 더 심화되었다.

8. 명예혁명(Glorious Revolution)

1688년 제임스 2세에게서 아들이 태어났다. 원래는 왕위 계승이 네덜란드 총독 오렌지공과 결혼한 메리에게 돌아갈 것으로 기대하고 있던 의회는 제임스 2세의 폐위를 시도했다. 제임스 2세의 아들에게 왕위가 계승되면 다시 가톨릭 국가가 될 것이기 때문이었다.

의회 내의 토리당과 휘그당은 함께 동맹을 맺었다. 그리고 네덜란드의 윌리엄에게 잉글랜드로 와 달라고 청했다. 윌리엄은 네덜란드 공화국의 총독으로 가톨릭과 프랑스의 전제정치에 대항하는 유럽 개신교의 대표였다. 윌리엄과 메리가 대규모 함대를 이끌고 잉글랜드에 상륙하자, 제임스는 아무 행동도 취하지 못하고 프랑스로 피신해 버렸다.

1689년 의회는 제임스 2세를 퇴임시키고 윌리엄 3세와 메리 2세의 공동 왕위를 결정했다. 윌리엄과 메리는 의회로부터 권리장전((Bill of

월리엄 3세와 메리 2세

Right)를 전달 받고 서명함으로써 잉글랜드의 왕권이 이양되었다. 이러한 과정이 피 한 방울 흘리지 않고 명예롭게 이루어졌다는 의미에서 '명예혁명'이라고 한다. (제임스 2세 때 새프츠베리 백작의 반란에 가담했다는 혐의를 받고 네덜란드로 망명했던 로크는 월리엄과 메리가 잉글랜드로 돌아오는 배에 함께 타고 귀국했다.)

'권리장전'은 의회의 입법권, 과세, 상비군 유지에 있어서 의회의 동의를 받아야 하며, 신앙의 자유, 언론과 출판의 자유를 법으로 명시한 것이다. 이로써 왕권의 기반이 의회에 있다는 사실이 분명하게 선포되었으며, 왕의 권위는 권리장전에 의해 제약받게 되었다. 잉글랜드에서 의회민주주의의 시발점이 되었다.